Ralph Eckert

Modernes Pool

Techniken und Training

Fotos: Stefan Schmidt, Markus Ißle, Thomas Lindemann
Titelfoto: Denys Rudyi - fotolia
Grafiken: sofern nicht anders angegeben von Thomas Lindemann

1. Auflage 1995
2. überarbeitete und ergänzte Auflage 1996
3. Auflage 2001
4. Auflage 2002 / Nachdruck 2003
/ Nachdruck 2006
/ Nachdruck 2014
/ Nachdruck 2019
/ Nachdruck 2021
Printed in Germany

ISBN Print: 978-3-9804706-0-5
ISBN Ebook PDF: 978-3-941484-59-7
ISBN Ebook epub: 978-3-941484-58-0

Der Autor bedankt sich bei:

Billard-Bistro Pool-Position in Bensheim an der Bergstraße und Billard Bianco in Mannheim, in denen die vielen Aufnahmen zu diesem Buch entstanden sind, sowie besonders bei im folgenden genannten Personen für Ratschläge, Unterstützung und Ideen:

Renate und Tobias Kim, Jimmy Reid, Grady Mathews, Dirk Emmerich für die Texterfassung, Stefan Schmidt und Markus Ißle für die Fotografien, Ute Maag für die Korrekturlesung, sowie Antonio Gahete, Mike und Francine Massey, Bob und Cathy Vanover, Dick Lane, Bernd Woitanowski, Pradit Vandeevatanakul, John Thomas, Chin Chance, Gary Urinowsky, Bob Ferrel, Tim Perkins und Achim Solmius.

Inhalt

Vorwort

Ich betrachte Pool-Billard als Unterhaltungsspiel sowie als Leistungssport. Die Konzeption des Buches möchte beiden Spielauffassungen gerecht werden. So liegt es am Leser, ob er dieses Buch durcharbeiten oder als Lektüre betrachten will.

Pool-Billard als Sport bedarf besonders in der Lernphase sehr viel Übung, wenn man ihn beherrschen will. Man entscheidet sich dabei aber auch für einen Sport, den man bis ins hohe Alter aktiv und erfolgreich betreiben kann.

Das vorliegende Lernprogramm ist ein aufeinander aufbauendes Programm der sich abwechselnden Erklärungs- und Trainingssessions. Den Trainingssessions liegt ein Leistungsprinzip zugrunde, d.h. man muss eine bestimmte Übung auch erfüllt haben, bevor man einen Schritt weitergehen kann. Dies hat den Sinn, dass, wenn ich z.B. auf die theoretischen Spielabläufe der verschiedenen Spielregeln zu sprechen komme, sich diese Abläufe dann an Spielern orientieren, die sich eine entsprechende Spielstärke bis dahin auch angeeignet haben.

Die Anforderungen, die bei den Übungen gestellt werden, sind nicht immer einfach, aber wie sich in Trainingskursen, die ich schon seit Jahren durchführe, gezeigt hat, durchaus erfüllbar. Manche Übungen fallen leicht, andere bedürfen eines gewissen Trainingsaufwandes.

An dieser Stelle soll erwähnt werden, dass sich dieses Programm als spielbegleitendes Programm versteht. D.h. man muss nicht ständig nur versuchen, die Übungen durchzuspielen. Es reicht vielmehr, dass man sich ein- oder zweimal die Woche eine Übung vornimmt und ansonsten den üblichen Spielfreuden nachgeht. Sollte eine Übung dennoch nach wiederholtem Anlauf nicht zu schaffen sein, so sind außerdem einige sogenannte Ausweichprogramme integriert, die den Schüler ein wenig ablenken und dennoch weiter aufbauen sollen.

Die im Programm reichlich und ausführlich vorhandenen Erklärungen sollen den Einzelnen auch in die Lage versetzen, sich selbst zu kontrollieren und dadurch zu verbessern. Denn wenn etwas nicht gelingt, muss man auch in der Lage sein, den eigenen Fehler zu erkennen, damit er sich nicht wiederholt.

Gehen Sie dieses Programm Schritt für Schritt durch, und wenn Sie glauben, schon alles zu wissen, wiederholen Sie es noch einmal. Wenn man etwas zum zweiten Mal durchgeht, findet man immer Dinge, die man beim ersten Mal nicht beachtet hatte. Dieses Lernprogramm ist schließlich nicht nur für Anfänger gedacht, sondern auch für erfahrene Spieler, die nicht weiterkommen, weil Fehler den Fortschritt behindern. Jeder, der dieses Programm durcharbeitet, kann ohne Zweifel ein guter Pool-Billard Spieler werden. Vielleicht sehen wir uns ja irgendwann bei einem Turnier?

Ralph Eckert

Nicht das Beginnen
wird belohnt, son-
dern einzig und allein
das Durchhalten

Katharina von Siena

1 Materialhinweise

1.1 Tisch

Zur Beurteilung eines Tisches sind vier wesentliche Kriterien zu beachten:

A) Spielfläche / Spielbarkeit
B) Stabilität
C) Design
D) Preis

1.1.1 A) Spielfläche / Spielbarkeit

1.1.1.1 Prioritäten

Dieser Punkt ist für den Spieler der Interessanteste. Denn die Spielbarkeit hat für den Spieler immer noch die höchste Priorität. D.h. in diesem Zusammenhang folgendes: Der Laie kann sich vorstellen, dass auch der nachlässigst zusammengebaute Tisch einigermaßen bespielbar sein muss. Es hängt nur von den Prioritäten ab, die der Einzelne an einen Tisch und dessen Spielbarkeit setzt. Die Ansprüche des Laien oder des Anfängers werden sich gewöhnlich auf die Ebenmäßigkeit der Spielfläche beschränken. Mit anderen Worten, der Tisch darf nicht ablaufen. Ein Spitzenspieler würde jedoch weit höhere Anforderungen an den Tisch stellen, auf dem er vielleicht ein sehr wichtiges Match zu spielen hat. An dieser Stelle wollen wir uns mit den höchsten Ansprüchen befassen.

1.1.1.2 Belag

Mehrere Dinge sind für den passionierten Pool-Spieler dabei maßgebend. Dies sind zum Ersten der Belag, d.h. das Tuch, mit dem der Tisch bespannt ist. Ist das Tuch schnell oder langsam, ist es alt oder gar frisch bezogen, greift die Kugel gut darauf oder rutscht sie mehr, fusselt es oder nicht, ist das Tuch sehr stramm gezogen worden oder locker, so dass man es fast anheben kann? Auf diese und andere Fragen werde ich noch näher eingehen, da unter der Rubrik Materialhinweise das Tuch gesondert behandelt wird.

1.1.1.3 Taschenöffnungen

Zum Zweiten interessiert sich der Spieler für die Löcher bzw. Taschen und deren Öffnungen. An dieser Stelle treten immer wieder Meinungsverschiedenheiten auf, nicht nur von Seiten der Spieler: Auch die Hersteller und verschiedene Billardorganisationen bzw. Verbände können sich nicht so recht auf eine einheitliche Taschenöffnung einigen. Das Problem ist, dass es verschiedene, mitunter auch konkurrierende Billardsportverbände gibt, die entsprechend unterschiedliche Auffassungen über die Taschenöffnungen an einem Pool-Billardtisch vertreten. Zum zweiten gibt es zahlreiche Hersteller von Pool-Billardtischen, deren Taschenöffnungen in Ausmaßen, Winkeln und Toleranzen voneinander abweichen. Was die Spieler betrifft, so versteht es sich von selbst, dass diese die Taschen eines Tisches, auf dem sie gerade spielen, je nach Tagesform und Spiellaune entweder als zu eng oder als zu weit kommentieren.

Es gibt zwar eine allseits bekannte und weitestgehend akzeptierte BCA-Norm (Billard Congress of America), doch wird diese von Seiten der Hersteller nicht allzu genau genommen. Für Fragen zu diesem Thema bleiben aufgrund dieser Situation eigentlich nur folgende Verbände als Ansprechpartner:

BCA	Billard Congress of America
PBTA	Professional Billard Tour Association
WPA	World Pool-Billard Association
PCA	Professional Cue Sport Association

1.1.1.4 Banden

Was gibt es noch an der Spielfläche des Tisches zu beachten? Hier wären die Banden anzuführen. Dies ist ebenfalls ein sehr komplexes Thema, da es sehr viele verschiedene Banden mit wiederum unterschiedlichen Eigenschaften gibt. Dieses Thema in allen Einzelheiten auszuführen dürfte hier den Rahmen sprengen. Im vorliegenden Werk steht außerdem der spielerische Aspekt im Vordergrund.

Man unterscheidet bei Banden zwischen Hard-, Medium- und Soft-Speed-Banden. D.h. man muss wissen, ob eine Bande nun hart oder weich ist. Spielerisch macht das einen großen Unterschied, auch die Bandenhöhe spielt dabei eine wesentliche Rolle. Was die Auswirkungen auf das Pool-Billardspiel betrifft, muss ich auf ein späteres Kapitel verweisen, in dem wir uns mit Bank-Shots (Bandenstößen) und Vorbandenkicks beschäftigen werden. Den Abschnitt Banden möchte ich mit dem Hinweis abschließen, dass sich ein Spieler vor dem Spiel vergewissert, mit welcher Art Banden er es zu tun hat. Als guter Spieler muss man in der Lage sein, sich auf die gegebenen Bandeneigenschaften eines Tisches einzustellen, zumindest solange, bis diese tatsächlich vereinheitlicht werden.

1.1.1.5 Schieferplatten

Noch ein Wort zu den Schieferplatten, auf die das Tuch gespannt wird. Sie sind auch von spielerischem Interesse, besonders wenn es um Extremstöße wie z.B. den Kopfstoß geht. Schiefer kann sich etwas verziehen, da es ein temperaturempfindliches Material ist. Auch das kann ein Grund dafür sein, dass ein Tisch manchmal abläuft. Die Schieferplatte für einen Pool-Tisch ist gewöhnlich dreiteilig. Einteilige Platten sind nicht nur unpraktisch, sie verziehen sich auch leichter und werden fast ausschließlich für die kleineren Automatentische verwendet. Meist weisen die Schieferplatten im Pool eine Stärke von 20-25 mm auf. 30 mm wären wünschenswert, sind aber selten anzutreffen. (Vgl. Karambolage u. Snooker, Plattenstärke hier gewöhnlich 50 mm).

1.1.1.6 Spielfläche

Noch sind wir mit der Spielfläche nicht fertig. Sie sollte auch korrekt eingezeichnet sein, d.h. Fußpunkt, Mittelpunkt, Kopflinie, Dreieck und Fußlinie sollten markiert sein (vgl. dazu Abb. 1).

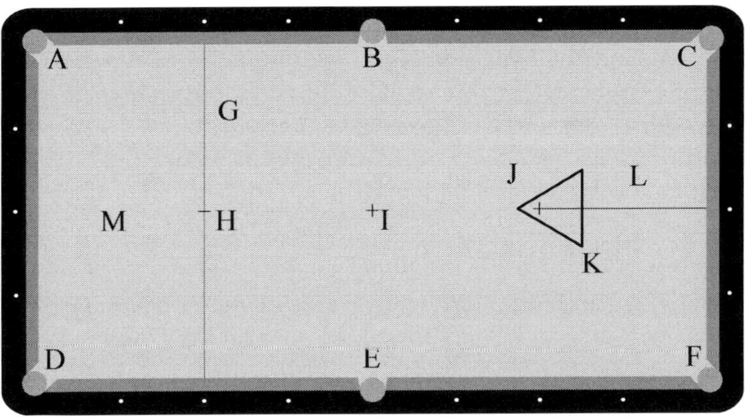

A *Tasche Kopf Links*
B *Tasche Mitte Links*
C *Tasche Fuß links*
D *Tasche Kopf rechts*
E *Tasche Mitte rechts*
F *Tasche Fuß rechts*
G *Kopflinie*
H *Kopfpunkt*
I *Mittelpunkt*
J *Fußpunkt*
K *Dreieck*
L *Fußlinie*
M *Kopffeld*

Abb. 1: Tisch mit korrekten Markierungen und Bezeichnungen

1.1.2 B) Stabilität

Nachdem wir nun einige Anhaltspunkte zu den spielerischen Anforderungen eines Tisches gesammelt haben, kommen wir nun zu Punkt B) unserer vier Kriterien: die Stabilität: Wovon hängt diese ab und was bringt sie uns? Wenn der Unterbau eines Tisches vorwiegend aus Pressspan besteht, kann man sich vorstellen, dass dieser Tisch bei täglichem Gebrauch nicht allzu lange stehen wird. Daher ist die Standfestigkeit natürlich ein Kriterium, das für den Käufer eines oder mehrerer Tische von großer Bedeutung ist. Wenn ein billiger Tisch nach z.B. vier Jahren ersetzt werden muss, war er eigentlich zu teuer. Meistens sind es die teueren Tische, die auch eine höhere Stabilität aufweisen, d.h. meistens einen Unterbau aus Massivholz besitzen und damit eine extrem hohe Lebenserwartung haben. Vom traditionellen Weg abweichend gibt es inzwischen auch Tische mit einem kompletten Metallunterbau, die damit theoretisch ewig halten.

Für den Spieler ist dies zwar von geringerem Interesse, aber ich finde, es sollte dennoch erwähnt werden. Das Buch wendet sich zwar in erster Linie an die Spieler, aber ich möchte auch Billardfans, die ihren Lieblingssport Zuhause spielen möchten, und Personen, die nur indirekt mit dem Spiel in Berührung kommen (z.B. Billardcafeinhaber, Funktionäre etc.) einige hoffentlich interessante Informationen geben. Schließlich sind es gerade diese Leute, die entscheiden, welches Material dem Spieler in ihren Räumlichkeiten zur Verfügung steht.

1.1.3 C) Design

Punkt C) unserer Kriterien ist für das Spiel völlig ohne Bedeutung, aber genauso wie beim Essen das Auge mitisst, spielt es auch beim Spiel mit. Das Design eines Tisches ist natürlich absolute Geschmacksache und darüber lässt sich ja bekanntlich streiten. Ein potentieller Tischkäufer wird sich einen Tisch möglichst passend zu seiner sonstigen Einrichtung aussuchen. Das Angebot reicht hier von rustikal bis modern, von schlicht bis pompös. Die verschiedenen Tischhersteller bieten meist zum gleichen Modell verschiedene Designvariationen an.

1.1.4 D) Preis

Der vierte Punkt sei hier zur Vollständigkeit erwähnt, denn in der Tischbeurteilung an sich spielt er schließlich keine unerhebliche Rolle. Gute Turniertische, die auch dem täglichen Gastronomiebetrieb ausgesetzt werden können, kosten gewöhnlich zwischen 2.500,- und 5.000,- Euro. Tische für Zuhause, sog. Heimtische, haben im Preis einen weitaus größeren Spielraum.

1.2 Queues

Für einen Pool-Billardanfänger beginnen die Schwierigkeiten bereits beim Queuekauf: Es gab und gibt viele unkundige Interessenten, die sich ganz aus Versehen anstatt eines Pool-Queues ein Karambolage- oder Snooker-Queue gekauft haben. Dabei muss es sich nicht einmal um ein schlechtes Queue handeln - wenn man damit das Spiel spielt, für das das Queue gedacht ist: eben Karambolage oder Snooker. Für Pool-Billard sind diese Queues eher ungeeignet. Es wäre in etwa so, als würde man mit einem Squash-Racket Tennis spielen oder umgekehrt. Für einen Fortgeschrittenen oder auch Spitzenspieler stellen sich beim Kauf eines Queues natürlich ganz andere Fragen, z.B. welche Stoßeigenschaften es haben sollte. Doch fangen wir vorne an.

Ein Pool-Billard-Queue ist gewöhnlich zweiteilig, ca. 148 cm lang und sein Gewicht liegt zwischen 17-22 Unzen (oz.), wobei 17 und 22 oz. bereits als Extreme anzusehen sind. Da die Erfahrung gezeigt hat, dass Spieler in ihrer Pool-Billard-Karriere beim Kauf eines neuen Queues mit dem Gewicht, wenn überhaupt, nach oben gehen, sollte man als Anfänger darauf achten, dass man sich zu Beginn kein allzu schweres Queue kauft. Ein gutes Pool-Queue verfügt außerdem über eine 13 mm Spitze. Es gibt auch 12,5- und 13,5 mm Spitzen, diese sind aber eher selten anzutreffen.

Hier eine kleine Auflistung, was einige Teilnehmer der amerikanischen Profi-Tour an Queues benutzen.

Spieler Name	Gewicht Spielqueue Unzen	Länge Spielqueue Inch	Spitze ø mm	Leder Härte	Gewicht Breakqueue Unzen	Länge Breakqueue Inch	Spitze ø mm
Belinda Bearden	18,3	58	12 3/4	Hard	18,6	58	13
Robin Bell	19 1/4	58	12 1/2	Med.-Hard	—	—	—
Nikki Benish	19	56	12	Hard	19 1/2	58	12
Peg Ledmann	18	58	13	Hard	—	—	—
Mary Guarino	19 1,2	58	12 1/2	Hard	19 1/2	58	12 1/2
Loree Jon Jones	19	58	12 7/8	Hard	19	58	12 7/8
Jeanette Lee	19 1/2	58	12 3/4	Hard	19 1/2	58	12 3/4
JoAnn Msn-Parker	18	56	12	Hard	19	56	12
Ewa Mataya	19	58	12 3/4	Medium	22	58	13
Dawn Meurin	19 1/2	58 1/2	13	Hard	20	58	13 1/4
Kelly Oyama	19	58	13	Hard	19	58	13
Vicki Paski	19 1/2	58	13	Medium	19 1/2	58	13
Laura Smith	18 3/4	57	13	Hard	19	57	13
Tammie Wesley	19 1/4	57	13	Hard	19	57	13
Vivian Villarreal	19	58	13	Hard	—	—	—

Spieler Name	Gewicht Spielqueue Unzen	Länge Spielqueue Inch	Spitze ø mm	Leder Härte	Gewicht Breakqueue Unzen	Länge Breakqueue Inch	Spitze ø mm
Johnny Archer	19 1/4 oz.	58 Inch	12 3/4	Medium	20 oz.	58	13
Kim Davenport	17 1/2	58	12 3/4	Hard	20	58	13 1/4
Tony Ellin	19 3/4	58	12 7/16	Hard	19 1/2	58	12 3/4
Roger Griffis	20	59	13	Hard	—	—	—
Buddy Hall	17 1/4	59 1/2	12,6	Med/Hard	19	58	13
Dennis Hatch	19 1/2	58	12 3/4	Medium	19 1/2	58	12 3/4
Allen Hopkins	19	58	13	Hard	19	58	13
David Howard	19 1/2	58	13 1/8	Hard	19	58	13 1/8
Mike Lebron	19 1/2	57 1/2	12	Hard	19 1/2	57 1/2	12 1/2
Jim Mataya	19	58	12 7/8	Medium	—	—	—
Steve Mizerak	21 1/4	59	12 3/4	Hard	20	59	12 3/4
Jose Parica	19 1/4	58	13	Medium	20 1/2	58	13
Jim Rempe	18 1/4	58	12 7/8	Medium	19	58	13
Efren Reyes	21	59	12 1/2	Medium	21	59	12 1/2
Mike Sigel	19 3/4	58	12 7/8	Medium	18	58	13 1/2
Nick Varner	19	57	12 3/4	Medium	19	57	12 3/4
Ralph Eckert	20 1/3	58	13	Hard	21	58	13

Eine Unze entspricht 28,35 Gramm. (19 Uz. = 538,65 Gramm.), ein Inch = Zoll = 25,4 mm (57 In. = 144,78 cm), Quelle: Pool & Billiard Magazine Mai 1993

Ebenfalls sollte man beachten, dass ein Pool-Queue ein sehr flexibles Queue ist. D.h. wenn man das Queue am Griffband festhält und mit der anderen Hand knapp hinter dem Gewinde dem Queue einen leichten Schlag gibt, dann wird man sehen, wie es anfängt zu vibrieren. Das soll es auch tun, und je nach Queue-Marke tut es dies mehr oder weniger, länger oder kürzer anhaltend. Dies ist jedoch kein Kriterium für gut oder schlecht. Wichtig ist nur, dass es eine gewisse Flexibilität besitzt. Der Grund hierfür liegt in der Spielart selbst. Um auch das zu erklären, muss ich auch auf die anderen Spielarten eingehen:

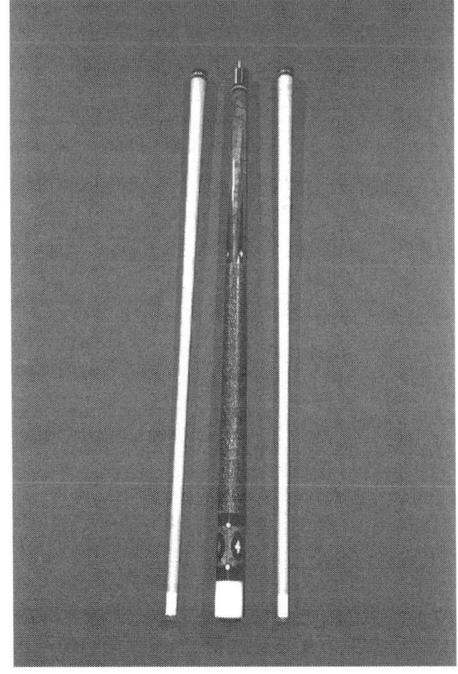

Foto 1: Pool-Billard-Queue mit zwei Oberteilen

Snooker z.B. wird im Gegensatz zu Pool auf einem 12-Fuß-Tisch mit kleineren Taschen gespielt (Pool auf einem 9"-Tisch), selbstverständlich gibt es auch andere Spielregeln, andere Kugeln und andere Queues. Aufgrund des größeren Tisches und der kleineren Löcher könnte man leicht zu dem Trugschluss kommen, dass Snooker schwieriger zu spielen sei als Pool. Tatsache ist, dass die Prioritäten anders gesetzt sind. Das

Treffen und Versenken einer Kugel ist schwieriger, dem Positionsspiel - also dem Beeinflussen der Weißen - sind, bedingt durch die geringen Lochtoleranzen, Grenzen gesetzt. Man wird z.B. einen guten Snookerspieler selten mit Effet spielen sehen, denn das kann man sich bei diesen engen Löchern einfach nicht erlauben. Das Versenken der Kugel wäre dadurch gefährdet.

Im Pool hingegen, bei dem die Löcher etwas geräumiger und die Tische etwas kleiner sind, ist das Treffen und Versenken einer Kugel das geringere Problem. Im Pool kommt es mehr auf die Kontrolle der Weißen an. Dies wird dem Spieler spätestens im Rotations-Pool-Billard (9-Ball, 10-Ball, Rotation) voll bewusst. Noch einmal: Das Positionsspiel, sowie das Versenken von Kugeln, ist bei beiden Spielarten von grundlegender Bedeutung, aber im Snooker ist die erste Kunst das Versenken eines Balles, dann erst das Positionsspiel. Im Pool-Billard ist die erste Kunst die Kontrolle der Weißen und dann erst das Versenken einer Kugel.

Daher gilt: Beide Dinge, Positionsspiel und das Versenken von Bällen, sind in beiden Spielen, Snooker und Pool, Grundvoraussetzung für ein erfolgreiches Spielen im Sinne der Spielregel.

Einfach ausgedrückt könnte man es etwa so formulieren:

Snooker:	genauestes Zielen, weniger Stoßtechnik möglich
Pool-Billard:	genaues Zielen, mehr Stoßtechnik möglich.

Im Pool-Billard z.B. kann man der weißen Kugel allein dadurch einen anderen Verlauf geben, indem man die zu treffende Kugel in die rechte oder linke Hälfte des Loches spielt. Im Snooker entfällt diese Alternative.

Da sich im Snooker das Positionsspiel gewöhnlich auf Rückläufer, Nachläufer, Stoppbälle und die Druckstoßtechnik beschränkt, bedarf es hier eines eher steifen Queues, das mit offener Brücke geführt wird, zum besseren Zielen, was im Snookerspiel die eigentliche Kunst darstellt. Im Pool-Billard jedoch benötigt man ein eher flexibles Queue, das hier mit geschlossener Brücke geführt wird. Denn außer den oben genannten Positionsbällen wird der Pool-Billardspieler u.a. auch noch mit Effet-, Kiss-, Throw-, Warp-, Kopf-, Jump- und Bogenstößen konfrontiert.

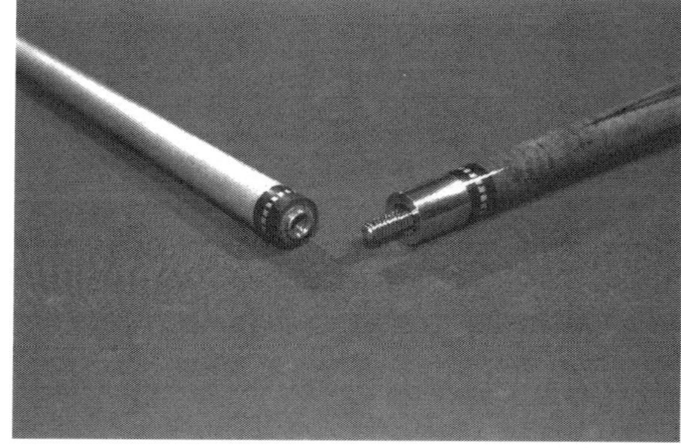

Foto 2: Verschraubung des Unter- mit dem Oberteil

Wenn man ein Pool-Queue wie vorher beschrieben in Schwingung setzt, wird man feststellen, dass die Spitze vorne stark ausschwingt, ca. 30 cm dahinter das Schwingzentrum liegt und dahinter wiederum die Schwingungen weitergeführt werden. Wenn man nun mit diesem Queue die Weiße mit rechtem oder linkem Effet anspielt und dabei das Queue gut durchgeführt wird, kann man sich vorstellen, wie das Queue im Stoßverlauf etwas in der Richtung des

Effets nachgibt. Dadurch wird der Kontakt des Queues mit der Weißen verlängert, und dadurch wiederum kann auf die Weiße mehr Wirkung übertragen werden. Genau diese Wirkung braucht man im Pool-Billard und genau deshalb muss ein Pool-Queue auch diese Eigenschaften besitzen.

Um Missverständnissen vorzubeugen: Es ist nicht das Ziel, ein möglichst flexibles Queue zu finden, das wäre falsch. Es gibt auch zu flexible oder weiche Queues, je nach dem, wie es der Spieler gewohnt ist. Entsprechend seinen spielerischen Fähigkeiten muss er es auswählen. Als Grundregel gilt, dass ein Spieler, für den die Erzeugung von (Effet-) Wirkung, gleich welcher Art (Nachläufer, Rückläufer etc.), an sich noch ein Problem darstellt, eher ein weiches Queue wählen sollte. Er wird damit früher und einfacher den gewünschten Erfolg erzielen. Dies begründet sich darin, dass, wenn man mit einem flexibleren Queue die Weiße außerhalb ihres Zentrums anspielt, das Queue entsprechend nachgibt und dadurch den Kontakt mit der Weißen verlängert. Je länger der Kontakt des Queues mit der Weißen ist, desto mehr Wirkung kann übertragen werden. Diese Kontaktlänge ist natürlich hauptsächlich eine Frage des Stoßes, bzw. wie weit man das Queue im Stoß durchführt. Da der Anfänger mit diesem geradlinigen, weichen, beherrschten, glatten und durchgehenden Stoß bekanntermaßen noch Schwierigkeiten hat, erklärt es sich von selbst, dass er es sich mit einem weichen Queue am einfachsten machen kann. Ein Spieler, für den die Erzeugung von Wirkung an der Weißen kein Problem mehr darstellt, sollte entsprechend ein eher hartes Queue bevorzugen. Denn für einen solchen Spieler geht es eher darum, die erzeugte Wirkung an der Weißen besser zu kontrollieren, einen Rückläufer z.B. nicht zu weit oder zu kurz laufen zu lassen.

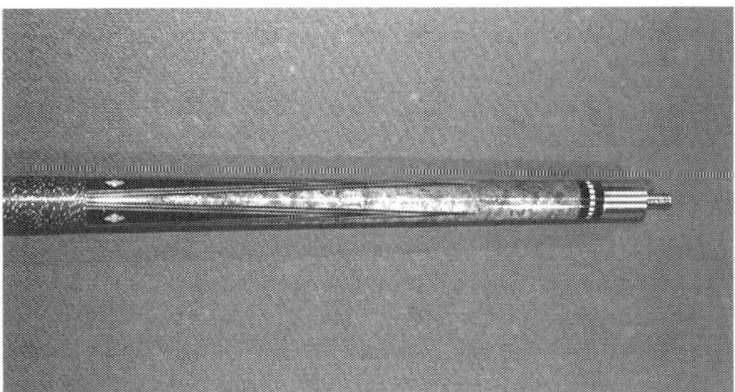

Foto 3: Mittelteil mit Einlegearbeiten

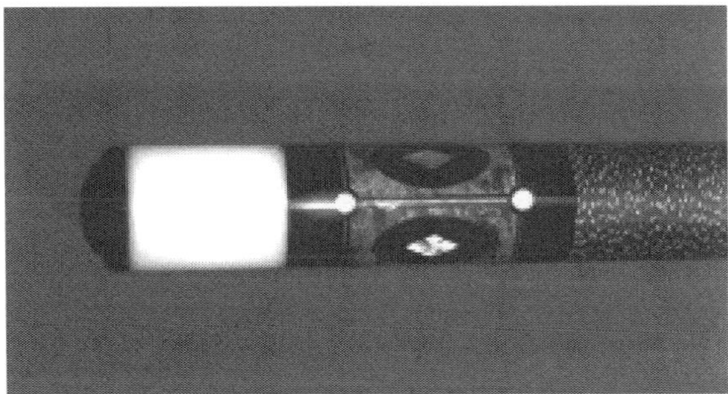

Foto 4: Butt-Teil mit Einlegearbeiten

Darüber hinaus gibt es zum Queue noch einiges zu sagen, z.B. über die Holzarten, die bei der Herstellung verarbeitet werden. Im Oberteil wird fast ausschließlich kanadisches Ahornholz verwendet. Im Unterteil gibt es dagegen etwas mehr Variationsmöglichkeiten. Ahorn, Esche, Schlangenholz, Vogelaugenahorn, mexikanisches Bocoteholz, Gabun-Ebenholz und Cocobolaholz, um nur einige zu nennen, werden für das Unterteil verwendet. Eventuelle Einlegearbeiten werden meist mit Ebenholz gefertigt. Außerdem werden Perlmutt, Silber, Gold, Edelsteine und bis vor kurzem auch noch Elfenbein dafür verwendet. Diese Dinge machen ein Queue nicht unbedingt besser, aber durch den erhöhten Arbeitsaufwand und den Wert der eingelegten Teile selbst erhöht sich natürlich der Preis bzw. Wert des Queues. Es wird dadurch seltener, teuer und exklusiver.

Denn die Queuefertigung ist nicht nur Industrie, sie ist auch eine Kunst: Es gibt heutzutage viele Queuehersteller. Man findet sie in der Massenherstellung und in der Einzelfertigung von Meisterhand. Bis auf wenige Ausnahmen sind fast alle bedeutenden Queuehersteller von heute in den USA aktiv.

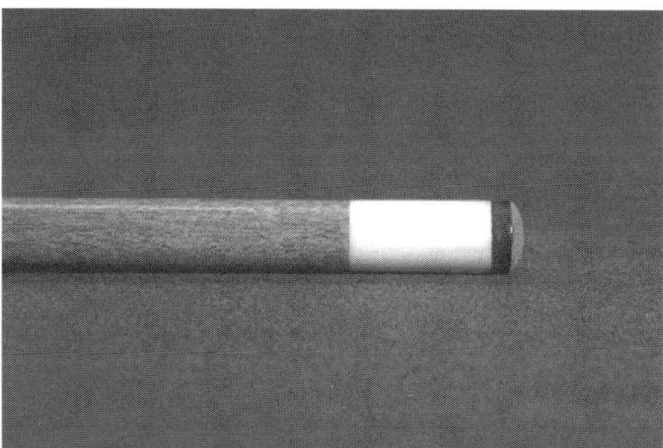

Foto 5: Queuespitze mit Leder und Ferrule in optimalem Zustand

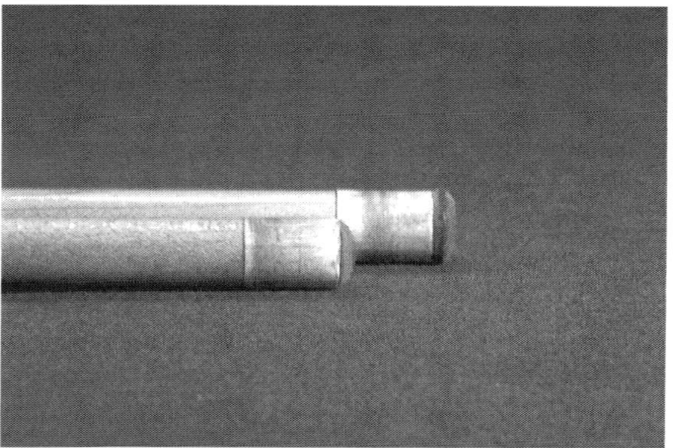

Foto 6: Zwei schlechte Beispiele mit überstehendem und abgespieltem Leder

Während in früheren Zeiten (Anfang / Mitte dieses Jahrhunderts) die Queues eher schlicht gehalten wurden, schrecken die Hersteller heutzutage selbst vor komplizierten und sehr aufwendigen Einlegearbeiten nicht mehr zurück, nicht zuletzt durch neue computergesteuerte Fertigungsmöglichkeiten. Dies hat in den letzten Jahren zu einer immensen Preissteigerung auf dem Queuemarkt geführt (auch bedingt durch eine stark gestiegene Nachfrage), obwohl durch diese modernen Fertigungsmöglichkeiten und den dadurch bedingten geringeren Arbeitsaufwand die Queuepreise eigentlich hätten fallen müssen. Queuehersteller, die auf diese Fertigungsweise umgestiegen sind und höhere Stückzahlen bei geringerem Zeitaufwand produzieren, und andere Hersteller, die mit dieser Fertigung begonnen haben, orientieren sich bei Ihrer Preisgestaltung jedoch weniger an ihrem Aufwand als vielmehr an Queues handgefertigter Art mit vergleichbarem Design. Beim Kauf sollte man daher darauf achten, ob ein Queue handgefertigt wurde oder nicht. Ersteres würde einen höheren Preis durchaus rechtfertigen. Ein Queue, das mit modernen Mitteln maschinell hergestellt wurde, muss deswegen spielerisch nicht schlechter sein, man sollte es aber bei vergleichbarem Design etwas preiswerter erstehen können.

Was macht nun aber die Kunst in der Queueherstellung aus? Sind es die feingearbeiteten, detaillierten Einlegearbeiten oder sind es die Spieleigenschaften, die ein Queue auszeichnen? Es gibt Queuehersteller, die darauf bedacht sind, ein möglichst schönes Queue herzustellen, die Spieleigenschaften ergeben sich bei diesen Herstellern eher zufällig. Das bedeutet, dass die Spieleigenschaften von Queues ein- und derselben Marke durchaus verschieden ausfallen können. Das eine Queue ist flexibler als das andere, es spielt sich weicher oder härter, oder es ist im Gewicht vorder- oder eher hinterlastig etc.

Die Queues können noch so schön und exakt gearbeitet sein, ein Spieler wird es schwer haben, ein für ihn geeignetes Queue herauszufinden. Tatsächlich zeichnet sich ein Meister-Cuemaker dadurch aus, dass er in der Lage ist, bei seinen Queues bestimmte Spieleigenschaften hervorzubringen, von denen der Cuemaker überzeugt ist, dass ein Queue eben diese Eigenschaften besitzen muss, damit man mit ihm hervorragendes Pool spielen kann. Nun müssen diese Queues noch nicht gut aussehen (wobei natürlich auch schlichte Queues gut aussehen können), doch gibt es auch einige wenige Queuehersteller, die beides miteinander vereinen können. Markennamen zu nennen wurde hier absichtlich vermieden, die Ausführungen zu den Charakteristika eines Queues sollen jedoch zur Erweiterung und Verbesserung der Auswahlkriterien beitragen.

Doch noch sind einige Punkte, die das Queue betreffen, offen, z.B. die Spitze, das Leder, das sich auf der sogenannten Ferrule befindet. Die Ferrule besteht gewöhnlich aus Kunststoff der verschiedensten Arten. Früher verwendete man Elfenbein, davon ist man allerdings in den letzten Jahren immer mehr abgekommen. Das Spielverhalten des Queues wird dadurch kaum beeinflusst. Mit dem Leder allerdings lässt sich das Spielverhalten des Queues beträchtlich verändern. Grundsätzlich gilt, dass für ein gutes Queue nur ein Klebeleder in Betracht kommt, d. h. das Leder wird auf die Ferrule geklebt. Man verwendet dazu am besten einen Zweikomponentenkleber. Das alte Leder wird zuerst entfernt, dann wird die Ferrule und das neue Leder fettfrei und plan geschliffen. Für die Ferrule gibt es dazu eine spezielle Vorrichtung. Dann wird der Klebstoff aufgetragen, das Leder mittig ausgerichtet und unter Druck, ebenfalls mit einer speziellen Vorrichtung, einige Stunden trocknen gelassen. Queues, die mit einem Schraub- oder Aufsteckleder ausgestattet sind, sind für sportliches Pool-Billard nicht empfehlenswert.

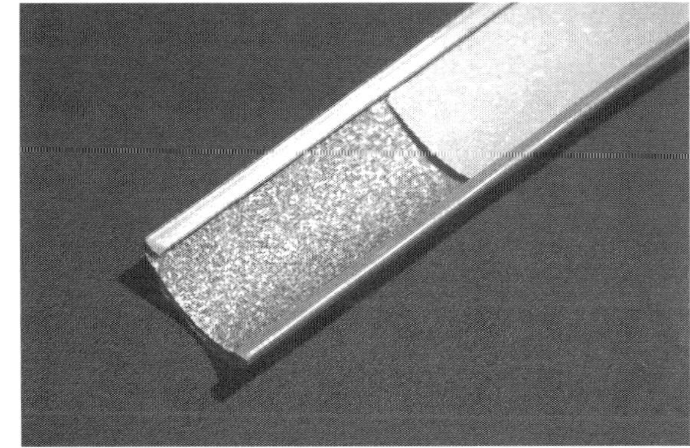

Foto 7: Schleifschiene

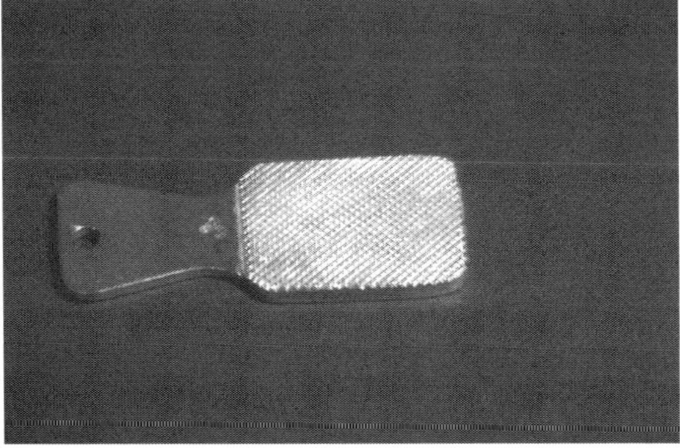

Foto 7: Lederaufrauer

Doch wie wirkt sich das Leder spielerisch aus? Es gibt Queueleder der verschiedensten Marken mit entsprechend unterschiedlichen Eigenschaften. Der Billardspieler unterscheidet meist zwischen hartem, weichem oder Mediumleder. Dies ist aber allenfalls eine

Richtlinie, denn auch wenn eine Marke verwendet wird, deren Leder gewöhnlich weich ausfallen, kann man dennoch ein Leder bekommen, das sehr hart ist und umgekehrt. Spielerisch kann man also ein Queue, das vom Schaft her eher unflexibel ist und sich daher hart spielt, mit einem weichen Leder etwas ausgleichen und umgekehrt.

Foto 9: Lederformer

Um lange Freude an den leider sehr teuren Queues zu haben, sollte man sie sorgfältig pflegen. Diese Pflege beschränkt sich gewöhnlich auf das Oberteil, denn das Unterteil ist praktisch keinem Verschleiß ausgesetzt. Gelegentlich fällt eine neue Wicklung an.

Zur Oberteilpflege, die auch das Trimmen des Leders beinhaltet, werden gewöhnlich folgende Hilfsmittel benutzt: Puder, Schleifschiene, Schleifpapier, Lederformer, Lederaufrauher, Reinigungsmittel u.v.a. mehr.

Schleifpapier mit äußerst feiner Körnung dient dazu, dass die Oberteile stets fettfrei zu halten und durch die saubere Oberfläche gut durch die Hand gleiten. Nachteil dabei ist, dass, wenn man sein Oberteil regelmäßig damit abschleift, es logischerweise immer dünner wird. Dies bedeutet nicht nur, dass man sich ungefähr alle zwei Jahre neue Oberteile leisten muss, sondern auch, dass sich das Spielverhalten des Queues geringfügig aber kontinuierlich verändert. Dieser Faktor ist aber fast vernachlässigbar. Der Vorteil dieser Methode ist seine bequeme Handhabung. Als Alternative empfiehlt sich hier das Puder oder besser Talkum. Es gibt Talkum, das speziell für Billardspieler hergestellt wird und auf deren Bedarf abgestimmt ist. Es ist etwas grobkörniger als z.B. Körperpuder.

Dies gewährleistet eine fast unbegrenzte Haltbarkeit des Oberteils. Der Nachteil ist, man muss ständig Puder bei sich haben, denn es wird bei Bedarf mehrmals im Spiel aufgetragen.

Eventuell entstandene Macken im Oberteil - sie passieren u.a. wenn das Queue umfällt - kann man übrigens gut durch kochend heißes Wasser, das auf die entsprechende Stelle tröpfchenweise aufgetragen wird, entfernen. Durch das heiße Wasser richten sich die beschädigten Holzteilchen wieder etwas auf. Fährt man die Stelle mit etwas Schleifpapier nach, ist das Oberteil wieder in Ordnung.

Man sollte allerdings beachten, dass man das Oberteil, nachdem es mit Schleifpapier behandelt wurde, mit einem Stück Papier (Geldschein oder Bierdeckel) oder mit eigens zu diesem Zweck erhältlichen Lederlappen stark und schnell nachreibt. Dies hat seinen Sinn, denn nach der Schleifpapierbehandlung sind die kleinen Holzporen geöffnet und würden schnell wieder Schmutz anziehen. Durch das feste Nachreiben wird am Oberteil Hitze erzeugt, diese glättet die Holzporen wieder und das Oberteil wird dadurch nicht mehr so schnell schmutzig.

Das Leder bedarf besonderer Pflege: Wenn die Lederoberfläche zu glatt geworden ist und dadurch die Kreide nicht mehr so gut haftet - häufiges Abrutschen ist die Folge (man sollte es allerdings früher merken) - genügt es, wenn man einen Lederaufrauher benutzt. Es handelt sich dabei um ein Stückchen Metall mit eingehauenen Riefen, ähnlich wie bei einer Feile. Zur Nachbearbeitung benutzt man einen Lederformer, z.B. wenn das Leder seine Rundung verloren hat. Es sollte in etwa die Rundung eines Zehnpfennigstückes und einen stabilen Rand haben. Die Handhabung des Formers ergibt sich von selbst. Nicht so bei der Schleifschiene, die, was das Leder angeht, am vielseitigsten angewandt werden kann. Mit der Schleifschiene können Sie Ihr Leder aufrauhen und ebenso formen. Besondere Anwendung findet die Schleifschiene allerdings, wenn das Leder sich etwas breitgespielt hat, d.h. der Rand nicht mehr parallel zur Ferrule läuft. Wenn dies der Fall ist, kann man mit der Schleifschiene vorsichtig, ohne die Ferrule zu beschädigen, den Rand des Leders abtragen. Nachdem dies geschehen ist, darf man das Leder allerdings nicht in diesem Zustand belassen, denn der Rand ist ja jetzt praktisch "geöffnet" und damit wieder leicht verformbar. Er muss nun wieder hart gemacht werden, denn es ist schließlich der Rand des Leders, der bei einem Effetstoß (beinhaltet auch Hoch und Tief) die volle Stoßbelastung aufnehmen muss. Zum Stärken des Lederrandes nach dem Abschleifen macht man zunächst den Lederrand etwas nass und reibt dann die Queuespitze am besten an einer Holzunterlage , zum Beispiel am Tisch, stark, schnell und unter viel Druck nach. Dadurch entsteht Hitze, die den Lederrand wieder stärkt und nicht wieder so schnell verformbar macht.

Am schonendsten bewahrt man das Queue in einem entsprechenden Koffer auf, der auch noch genügend Platz für das Pflegezubehör bietet.

1.3 Kugeln

Pool-Billard-Kugeln besitzen im Turnierbetrieb einen Durchmesser von 57 mm, sind allerdings auch in anderen Größen lieferbar. Sie bestehen aus Kunststoff, Phenolharz, um genau zu sein. Ein Satz besteht aus 16 Kugeln, eine weiße und 15 farbige. Die 15 farbigen sind von 1-15 nummeriert, wobei 1-8 vollfarbig und 9-15 halbfarbig gestaltet sind. Interessant ist außerdem, dass die Kugeln 1-7 in farbiger Assoziation zu den Kugeln 9-15 stehen. Allein aus den eben aufgeführten Fakten kann man sich vorstellen, dass nahezu unendliche Spielvarianten möglich sind. Dies ist einer der wesentlichsten Vorteile von Pool-Billard gegenüber anderen Billardarten.

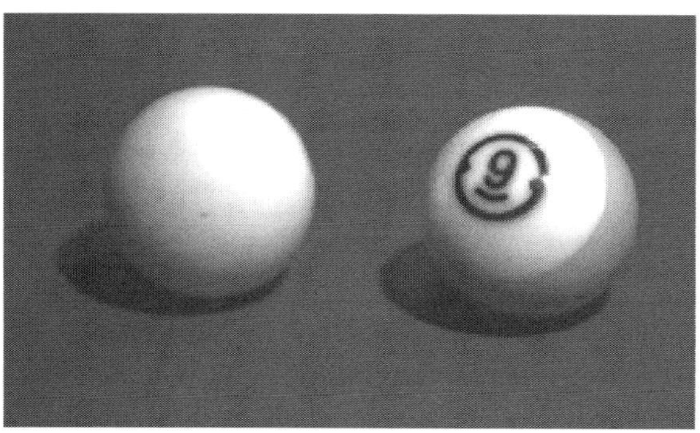

Foto 9a: Pool-Billard Kugeln, die Weiße und die Neun

Die weiße Kugel ist meist durch ein kleines Zeichen individuell gekennzeichnet, damit man sie dem Kugelsatz der entsprechenden Marke zuordnen kann.

Üblich von Anbeginn des Pool-Billards Mitte des letzten Jahrhunderts an, sind immer weiße Kugeln mit den gleichen Spezifikationen wie die farbigen, bedingt schon dadurch, dass man damals noch keinen Kunststoff kannte und man ohnehin keine Variationsmöglichkeiten hatte, da man immer das gleiche Material verwendete. Schwerere oder größere weiße Kugeln an automatenbetriebenen Billardtischen haben lediglich den Sinn, separat von den anderen Kugeln im Ballkasten zu landen. Spielerisch sind solche Kugeln eigentlich unzumutbar.

Ausgangsmaterial für die Kugeln war immer Elfenbein, sehr zum Leidwesen der Elefanten. In John Grissim´s Buch “Billiards” wird festgehalten, dass zu dieser Zeit etwa 12.000 Elefanten jedes Jahr ihr Leben lassen mussten, damit genug Elfenbeinkugeln hergestellt werden konnten. Gut vorstellbar, wenn man bedenkt, dass bereits für einen Satz Snookerkugeln vier Elefanten getötet wurden mussten. Das Resultat war, dass die Preise für Elfenbein stark anstiegen. So geschah es, dass eine bekannte Firma der Billardbranche 1850 einen Preis aussetzte für eine billigere Alternative zu Elfenbein. Der ausgesetzte Preis betrug 10.000 $, die heute ungefähr 100.000 $ entsprechen.

John Wesley Hyatt war es, der 1868 als Chemiker in New York ein Material entdeckte, das aus einer Mischung von Kampfer, Alkohol und Nitro-Cellulose bestand und elfenbeinähnliche Eigenschaften besaß.

Es ist eine wenig bekannte Tatsache, dass man auf der Suche nach Ersatz für Billard-Elfenbeinkugeln, sozusagen nebenbei, den Kunststoff erfand. Da das Material jedoch noch nicht perfekt war, versuchte man es auch noch mit anderen Materialien. Anfang des 20. Jahrhunderts wurden in den amerikanischen Billardhallen, zumindest was Pool-Billard betrifft, meist Kugeln aus Ton verwendet. Bis heute versucht man in der Billardkugelbranche, den Elfenbeineigenschaften immer noch näher zu kommen.

1.4 Tuch

(siehe auch Kapitel 1.1.1 Spielfläche - Belag)

Die Diskussion um das geeignetste Pool-Tuch wird seit kurzer Zeit sehr heftig geführt. Dass dieses Thema jung ist, hängt mit der Verbreitung des Pool-Billard in Europa zusammen. Pool in Europa begann zuerst in Schweden und Deutschland, dies sind auch heute die Nationen mit den führenden Spielern in Europa. Es begann in den Siebzigern und verbreitete sich zunehmend in den Achtzigern, woran maßgeblich der Film "Die Farbe des Geldes" mit Paul Newman und Tom Cruise beteiligt war. Was das mit der Tuchdiskussion zu tun hat? In Amerika stand das eigentlich nie in diesem Maße zur Diskussion, man spielte schon aus Tradition auf einem etwas langsameren Tuch. In Europa hingegen, wo bisher nur Karambolage einen Begriff in Sachen Billard darstellte, fing man damit an, die ersten Pool-Tische mit Karambolagetuch zu beziehen. Niemand dachte sich etwas Schlimmes dabei und innerhalb kurzer Zeit stellte eine der führenden Billard-Tuch-Firmen Europas sogar ein strapazierfähiges Tuch speziell für Pool-Billard her, welches dadurch sogar etwas langsamer war als das übliche Karambolagetuch. Nur war es für amerikanische Maßstäbe immer noch zu schnell. Als ein Billardservicehändler aufgrund seiner guten amerikanischen Kontakte ein amerikanisches Tuch auf seinen Tischen anbringen ließ, war der erste Kommentar eines für diese Zeit guten europäischen Poolspielers im Originalzitat: "Was habt ihr denn hier für Teppiche auf den Tischen!"

Dies dokumentiert beispielhaft den ersten Kontakt deutscher Poolspieler mit einem damals typischen amerikanischen Tuch. Es dauerte aber nicht lange, bis sich viele Spieler mit diesem Tuch angefreundet hatten. Und in den folgenden Jahren teilte sich die Gruppe der Spieler und auch Personen, die nur indirekt mit diesem Spiel zu tun hatten, in zwei Lager auf. Die eine Hälfte befürwortete das langsamere amerikanische, die andere Hälfte das schnellere europäische Tuch, wobei die verschiedensten Argumente vorgebracht wurden. In der Zwischenzeit waren jedoch auch amerikanische Spieler mit dem europäischen Tuch in Kontakt gekommen und einige dieser Spieler schwärmten regelrecht davon. Damit hatte sich der Konflikt ausgeweitet und wurde nun richtig interessant.

Man muss bedenken, dass es sich mit diesen verschiedenen Tüchern ähnlich wie im Tennis mit den verschiedenen Bodenbelägen verhält. Es ist für einen Poolspieler also durchaus von Belang, ob er auf einem Tuch spielen muss, das er seit langem gewohnt ist, oder auf einem Tuch, an dessen Tempo er sich erst gewöhnen muss.

Doch kommen wir nun zu dem Für und Wider eines schnelleren oder langsameren Tuches, bzw. welches für das Pool-Spiel am geeignetesten ist. Es ist zu erklären, dass bei einem schnelleren Tuch die Kugeln weiter bzw. länger laufen als bei einem langsameren. Es erscheint wohl logisch, dass sich die Weiße bei einem langsameren Tuch leichter kontrollieren lässt, ähnlich wie wenn man - um ein übertriebenes Beispiel zu geben - probiert, auf einem groben Teppich eine Kugel durch Rollen einige Meter von sich weg zu rollen. Versucht man das gleiche dann auf einem glatten Parkettboden oder auch nur auf einem dünneren Teppich, stellt man fest, dass man auf dem glatteren Unterboden ein viel größeres Toleranzfeld benötigt. Die Abweichungen vom gewollten Punkt X sind erheblich größer als auf dem dicken Teppich. Was das Tempo der Kugeln angeht, und beim Poolspiel insbesondere das der Weißen, so lässt sich dieses also auf einem langsameren Tuch besser kontrollieren.

Dies muss allerdings nicht für ein langsameres Tuch sprechen, denn andere würden aus obigen den Schluss ziehen, dass das Poolspiel auf einem schnelleren Tuch also schwieriger ist, nicht aber schlechter. Daraus stellt sich wieder die Frage, ob es denn wünschenswert ist das Poolspiel noch schwieriger zu machen, oder vielmehr, ob es denn nötig ist. Mit einem etwas schnelleren Tuch ist hier immer noch das Tuch gemeint, das von einer europäischen Firma eigens für Pool etwas strapazierfähiger gehalten wurde. D. h. es ist immer noch bedeutend langsamer als ein Karambolagetuch.

Karambolagetücher für Pool stehen nämlich längst nicht mehr zur Diskussion. Da aber auf Profiturnieren sowohl auf den etwas schnelleren Tüchern als auch auf den langsameren, typisch amerikanischen, vergleichbare Leistungen erzielt wurden, kann man davon ausgehen, dass man sich hier innerhalb einer entsprechen Toleranz befindet, in der das Spiel seinem Wesen gemäß gespielt werden kann.

Was in diesem Zusammenhang mit Wesen gemeint ist, sollte hier noch kurz erläutert werden. Wenn man z.B. Karambolage, Pool und Snooker miteinander vergleicht, hat jedes dieser Spiele eine andere Priorität. Das bedeutet, jedes dieser Spiele hat eine besondere Schwierigkeit für sich. Die des Snooker wurde bereits in der Rubrik “Queues” erläutert: Snooker ist das Spiel, bei dem man eine andere Kugel mit einer wahnsinnigen Genauigkeit treffen muss, um sie zu versenken. Im Karambolage (im wesentlichen beim Dreibandspiel) kommt es darauf an, eine Kugel möglichst genau einer vorberechneten bzw. vorbedachten Bahn über drei oder mehr Banden zu lenken, wofür man sehr gleichmäßige Stoßqualitäten benötigt. Daher entspricht es dem “Wesen” des Spiels, ein möglichst schnelles Tuch zu verwenden, damit die Spielkugel die entsprechende Zahl an Banden auch erreicht. Im Pool-Billard hingegen ist man bestrebt, die Weiße möglichst wenig laufen zu lassen, um eben die nötige Kontrolle über diese nicht zu verlieren. Beobachtet man einen Profi beim Poolspiel, stellt man fest, dass die Weiße sich nicht allzu weit über den Tisch bewegt, also nur relativ kurze Entfernungen zu überwinden hat. Dies gilt im Rahmen des Poolspiels vor allem für Straight-Pool oder auch 14.1e, auf das im eigentlichen Trainingsprogramm noch eingegangen wird.

Man kann also mit Recht hier schlussfolgern, dass es dem Wesen des Poolspiels entspricht, die Weiße wenig laufen zu lassen, dass also ein entsprechend langsameres Tuch zu verwenden ist. Aber Vorsicht: Wenn ein Tisch mit einem langsamen Tuch bezogen und es dabei nicht straff genug aufgezogen wird, kann es viel zu langsam sein. Es gab auch bei Turnieren schon Fälle, in denen Tische so langsam waren, dass auch bei dem stärksten 9-Ball-Break keine Kugel fiel. Damit hatten selbst die besten Pool-Billardspieler Schwierigkeiten. Jeder Ball musste überdurchschnittlich fest gespielt werden, um die gewünschte Position zu erreichen. Das Tuch an sich war dabei völlig in Ordnung. Es war allerdings so lose auf den Tisch gezogen, dass man es mit zwei Händen etwa 30 cm hochheben konnte!

Ein Billardtuch muss sehr stramm aufgezogen werden. Es gibt dafür spezielle Tuchzangen, mit denen man das Tuch straffer spannen kann als nur mit den Händen. Nur so ist gewährleistet, dass es seine typische Geschwindigkeit erhält.

Es sei noch erwähnt, dass inzwischen ein aus Europa kommendes Tuch neu eingeführt wurde, das man getrost zwischen dem typisch europäischen und typisch amerikanischem Tuch einordnen kann. Vielleicht bewegt man sich hier auf eine einheitliche Linie zu, denn es kann für einen Billardspieler nichts Besseres geben, als immer gleichmäßige Konditionen vorzufinden. Die hohe Akzeptanz dieses Tuches scheint die Tuchdiskussion fürs erste beendet zu haben.

Auf die Laufeigenschaften von Tüchern beim Bandenspiel wird an gegebener Stelle im praktischen Teil des Buches eingegangen.

1.5 Kreide

Auch die Kreide sollte zu guter Letzt noch erwähnt werden, schließlich stellt sie die Verbindung von der Queuespitze zur Weißen her. Wäre die Kreide nicht, so würde man, sobald die Weiße mit dem Queue außerhalb des Zentrums getroffen wird, unweigerlich abrutschen. Es sind die kleinen Kreidekörnchen, die sich in die Poren der scheinbar so glatten Kugeloberfläche und in die Lederoberfläche setzen. Dies ist auch der Grund, weshalb man das Queueleder gelegentlich aufrauhen sollte: damit die Kreide besser haftet.

Foto 10: verschieden abgenutze Kreide

Auch bei der Kreide gibt es verschiedene Hersteller, die Unterschiede sind aber im großen und ganzen gering und deshalb vernachlässigbar. Man sollte jedoch darauf achten, dass die Kreide nicht zu grobkörnig ist, sie haftet entsprechend schlechter. Es gibt im übrigen verschiedenfarbige Kreide, aber die Farbe der Kreide ist für das Spiel völlig ohne Belang. Spieltechnisch jedoch noch folgenden Tipp: Kreiden sollte man nach jedem Stoß. Es muss regelrecht zur Gewohnheit werden, während man die gegebene Spielsituation betrachtet, immer die Kreide in der Hand zu halten und zu kreiden. Denn zuviel hat noch niemand gekreidet, wohl allerdings zu wenig.

2 Regeln und Spielarten

Bevor ich nun mit dem eigentlichen Programm beginne, möchte ich noch auf die verschiedenen Regeln eingehen. Ich möchte allerdings nicht die Spielregeln detailliert abdrucken, sondern mehr ein paar Rahmeninformationen dazu geben und mich, was die Modalitäten selbst betrifft, auf das Wesentliche beschränken. Denn würde ich offizielle Regeln abdrucken, so müsste ich mich fragen: Welche? Bedauerlicherweise gibt es im Pool-Billard so viele verschiedene Organisationen, die alle untereinander kleinere Unterschiede in den Regeln haben, insbesondere was 8-Ball und 9-Ball betrifft. Ebenso werden diese des öfteren geändert.

Doch allgemein gesehen betrachte ich es als einen der ganz großen Vorteile des Pool-Billard, dass man unter so vielen Spielvariationen bzw. Spielen wählen kann. Die Möglichkeiten gehen schier ins Endlose: 8-Ball, 9-Ball, 14.1e, Rotation, One-Pocket, 10-Ball, 6-Ball, 7-Ball, Cribbage, Bowlliard, Bank-Pool, Back-Pocket 9-Ball etc. Ich möchte mich hier aber auf die sechs erstgenannten Spiele beschränken, da diese zu den bekanntesten und beliebtesten gehören.

2.1 8-Ball

Das 8-Ball-Spiel, und das kann man ohne Übertreibung sagen, ist das wohl bekannteste aller Pool-Billard-Spiele, denn auch wenn jemand noch nie Pool gespielt hat, dieses Spiel kennt er zumindest in den Grundzügen.

Doch so bekannt und verbreitet es auch ist, so unterschiedlich sind hier von Ort zu Ort und von Land zu Land die Regelauffassungen, obwohl die verschiedenen Organisationen ständig darum bemüht sind, diese Regeln zu vereinheitlichen. Manch einer, der nicht so bewandert im Pool-Billard ist, geht sogar davon aus, dass dies das einzige Spiel ist, das man auf einem Pool-Tisch spielen kann, und setzt damit das Spiel 8-Ball mit dem Oberbegriff Pool-Billard gleich.

8-Ball wird mit allen Kugeln gespielt, wobei ein Spieler die gestreiften (halben, 9-15) zu spielen hat und sein Gegenspieler die ganzfarbigen (vollen, 1-7). Erst nachdem die jeweilige Kugelgruppe versenkt wurde, darf man versuchen, die schwarze 8er-Kugel zu versenken. Wem dies zuerst gelingt, der gewinnt das Spiel. Unterschiedlich jedoch sind die Auffassungen, wo diese versenkt werden soll. Hier zur Klarstellung: Bei allen offiziellen Meisterschaften, ob regional, überregional oder international, darf man die Acht in jede beliebige, aber vorher angesagte Tasche versenken. Wenn man sich aber in Kneipen, Bars oder Spielhallen auf der ganzen Welt umsieht, so wird man feststellen, dass dort überall versucht wird, die Acht in das Loch zu spielen, in das die letzte Kugel der jeweiligen Kugelgruppe gefallen ist. Fällt sie in ein anderes Loch, so gilt dies dort als verloren. Tatsache jedoch ist, dass diese Regel weder irgendwo offiziell niedergeschrieben ist, noch bei irgendwelchen offiziellen Meisterschaften verwendet wird. Es ist nicht mehr nachvollziehbar, wie diese Regelvariante entstanden ist und noch erstaunlicher ist die Tatsache, dass sich diese Variante praktisch weltweit so verbreiten konnte, und dies wiederum fast ausschließlich auf den kleineren 7" oder 8" Bartables. Eine Ursache dafür ist möglicherweise, dass an den sogenannten Bartables mit Münzeinwurf gespielt wird, d.h. die versenkten Bälle bleiben im Tisch verstaut, und wenn das Spiel beendet ist, muss man wieder Geld einwerfen. Hieraus ergibt sich die Möglichkeit, mit dieser Regel das Spiel zu verlängern, was auf Dauer weitaus billiger ist.

Bleibt noch zu erwähnen, dass 8-Ball bei den großen Amateurorganisationen zwar immer noch mit Abstand das Spiel Nr. 1 ist, bei Profiverbänden bzw. Veranstaltungen mit professionellen Spielern hingegen inzwischen fast bedeutungslos geworden ist.

2.2 9-Ball

9-Ball ist ein Spiel, das international immer beliebter wird und bei professionellen Veranstaltungen und Spielern bereits dominierend ist.

9-Ball löste in Amerika in den siebziger Jahren das traditionelle 14.1e ab und ist bei fast allen regelmäßig spielenden Akteuren die Nr. 1. Aber auch Laien wissen 9-Ball immer mehr zu schätzen, denn das Besondere beim 9-Ball ist, dass es für den Anfänger so unterhaltsam wie für den versierten Spieler interessant ist und voller Herausforderungen steckt. Bekannt wurde dieses Spiel nicht zuletzt durch den Film “Die Farbe des Geldes” mit Paul Newman und Tom Cruise, der 1985 von Martin Scorsese in Szene gesetzt wurde. Genau wie der Film “Die Haie der Großstadt” von 1961 geht er auf Romanvorlagen von Walter Tevis zurück.

Doch zurück zur Regel: Diese wurde des öfteren im Detail geändert, ist jedoch dem Wesen nach gleichgeblieben. So gilt, im 9-Ball wird nur mit neun Kugeln und der Weißen gespielt. Diese neun Kugeln werden im Rhombus aufgebaut, wobei man die Eins vorne platziert und die Neun in der Mitte. Im weiteren Spielverlauf gilt, dass man die Kugel mit der niedrigsten Nummer zuerst anspielen muss. Wohlgemerkt, man muss die niedrigste Kugel zuerst treffen; welche im Endeffekt fällt, ist egal. Interessanterweise muss beim 9-Ball nämlich nicht angesagt werden. Man kann also versuchen, die Kugeln der Reihe nach zu spielen oder auch gegebene Kombinationsmöglichkeiten nutzen. Sollte man aus Versehen, oder auch weil die anzuspielende Kugel schwer zu erreichen ist, eine andere Kugel zuerst treffen, so gilt dies als Foul. Dies ist ziemlich unangenehm, denn sollte so etwas passieren, darf der Gegner die Weiße in die Hand nehmen und überall auf dem Tisch verlegen und aus der von ihm gewählten Position weiterspielen. Sollte die Weiße in ein Loch fallen, so gilt dies ebenso als Foul, das dieselben Konsequenzen hat. Begeht man drei Fouls hintereinander, so hat man die Partie verloren. Letztendlich ist derjenige der Gewinner, der die Neun versenkt.

Dies soll hier als Regelerklärung genügen, bei Detailfragen können Billardvereine weiterhelfen. Ansonsten versteht es sich, dass im 9-Ball auf Sätze gespielt wird, d.h. auf eine bestimmte Anzahl von Gewinnspielen, z.B. sieben. Der Gewinner des Satzes ist dann derjenige, der zuerst sieben gewonnene Spiele auf seiner Seite verbuchen kann. Bei bedeutenden Turnieren wird dies sogar ähnlich wie im Tennis auf zwei oder drei Gewinnsätze ausgeweitet. Oder man spielt, wie bei der amerikanischen Profitour, auf einen höheren Gewinnsatz, wie zum Beispiel elf, dreizehn oder fünfzehn.

Diese Regeln erklären, warum dieses Spiel bei guten Spielern und bei Anfängern gleichermaßen beliebt ist. Da man nicht ansagen muss, welche Kugel wo fällt, verhält es sich im 9-Ball folgendermaßen: Je schlechter die Spieler sind, um so höher ist der Glücksfaktor im Spiel und je besser gespielt wird, um so niedriger ist der Glücksfaktor. Bei Weltklassespielern geht der Glücksfaktor gegen Null. Des weiteren ist 9-Ball ein recht schnelles Spiel, und da der Modus einfach ist (wer die Neun versenkt, hat gewonnen), ist es auch sehr zuschauerfreundlich. So werden auch für den Zuschauer nach kurzer Zeit raffiniertere Spielzüge verständlich.

2.3 14.1 endlos

Das 14.1 endlos-Spiel, im Amerikanischen auch Straight-Pool genannt, ist ein Spiel, das sich vor allem bei enthusiastischen Spielern ungebrochener Beliebtheit erfreut, ein Spiel, das in Amerika bereits um die Jahrhundertwende entstand.

Bei Weltmeisterschaften, die in den USA damals ähnlich wie im Boxen meist auf Forderungsbasis ausgetragen wurden, wurde dieses Spiel erstmals 1907 gespielt. Seitdem war es bis in die siebziger, achtziger Jahre hinein das Pool-Spiel schlechthin.

Es wurde in der besten Zeit des Pool in den großen Städten Amerikas der zwanziger und dreißiger Jahre gespielt. Es war das Spiel, das von Eddie Felson, alias Paul Newman, und Minnesota Fats, alias Jackie Gleason, im Film "Haie der Großstadt" 1961 gespielt wurde.

Heutzutage finden in Amerika jedoch nur selten 14.1e-Turniere statt. In der Regel gibt es nur eine größere Veranstaltung pro Jahr. Das ist dann meist die US- oder World-Open. Diese Turniere finden gewöhnlich nur noch aus traditionellen Gründen statt. Es kommt auch nicht selten vor, dass eine dieser Veranstaltungen abgesagt wird und ausfallen muss.

Die Regeln klingen zunächst sehr einfach, denn es gilt: Jede Kugel zählt einen Punkt, egal welche, außer der Weißen natürlich, denn falls diese fällt, zählt sie einen Minuspunkt. Man einigt sich vor der Partie, auf welche Anzahl von Punkten man spielt. Üblich sind 100, 125 oder 150 Punkte.

Da jede Kugel nur einen Punkt zählt, muss also mehrfach wiederaufgebaut werden, bis jemand die Zielpunktzahl erreicht hat. Dies geht folgendermaßen vor sich: Die letzte Kugel eines jeden Racks wird auf dem Tisch liegengelassen, wo sie sich gerade befindet, ebenso die Weiße. Dann werden die anderen Kugeln wieder aufgebaut. Dazu lässt man die vorderste Kugel im Dreieck weg, schließlich fehlt diese. Das ist nötig, weil im 14.1e Kugel und Loch angesagt werden müssen, und eine Kugel aus einem geschlossenem Rack anzusagen, hat wenig Aussicht auf Erfolg und ist mit einem viel zu hohen Risiko verbunden. Da man jedoch die letzte Kugel liegen lässt und die anderen wieder aufgebaut hat, kann man die liegengelassene ansagen und mit der Weißen gleichzeitig versuchen, die anderen Kugeln auseinanderzutreiben, um weiterspielen zu können. Das ist natürlich alles nicht ganz einfach, aber im Trainingsprogramm sind an entsprechender Stelle Übungen vorgesehen.

Es ist leicht vorstellbar, woher der Name des Spiels stammt. Die 14 steht für das unvollständige wieder aufgebaute Dreieck, das dann aus 14 Kugeln besteht. Die eins steht für die letzte Kugel eines jeden Racks, die liegengelassen wird, und das "e" steht für endlos und bedeutet, dass man also theoretisch endlose Serien spielen, bzw. dass man das

Spiel auf endlose Dauer fortsetzen kann und man daher eine Zielpunktzahl festlegen muss.

In Europa wird noch ziemlich viel 14.1e gespielt. Als Mannschaftsdisziplin und auch bei Europameisterschaften spielt es hier noch eine große Rolle. Interessant ist vielleicht an dieser Stelle zu erwähnen, dass die Spielweisen von amerikanischen und deutschen Spielern im 14.1e geringfügig divergieren. Mir ist das zum ersten Mal aufgefallen, als ich in Dallas Gelegenheit hatte, mit zwei sehr bekannten amerikanischen 14.1e-Spielern einige Tage zu verbringen. Dies war zum einen Bob Vanover und zum anderen Dick Lane. Während amerikanische Spieler im 14.1e stark auf Sicherheit spielen und bestrebt sind, ihrem Gegner möglichst keinen Punkt zu schenken, sind deutsche Spieler fast für jede Kombination zu haben und im allgemeinen weitaus risikofreudiger. Sie wollen um jeden Preis am Tisch bleiben und ihre Aufnahme auf keinen Fall beenden.

Die Gesichtszüge von Bob und Dick haben jedesmal ein breites Grinsen angenommen, wenn ich eine nicht ganz so sichere Kombination angesagt habe. Mr. Vanover hat eine solche Ansage einmal folgendermaßen kommentiert; “I love that! The Germans go for these balls!” (“Ich liebe das! Die Deutschen spielen solche Bälle!”). Ähnlich sind auch die Kommentare auf den Videokassetten mit den Spielen von Oliver Ortmann ausgefallen, als dieser 1989 als erster Deutscher die US-Open gewann. Woher diese offensichtlich unterschiedlichen Spielauffassungen kommen, ist nicht einfach herzuleiten. Es fällt auf, dass die Amerikaner eigentlich nie die in Europa üblichen 14.1e-Zettel zur Notierung des Punktestandes verwenden.

Man benutzt in Amerika gewöhnlich eine Zähltafel, mit der man lediglich die Punkte addiert, um den aktuellen Spielstand anzuzeigen. Die Aufnahmen, die ein Spieler benötigt, um den erforderlichen Punktestand zu erreichen, werden gewöhnlich nicht berücksichtigt und haben für einen amerikanischen Spieler absolut keine Bedeutung. In Amerika wird ein 14.1e-Spieler wegen des fehlenden Zettels eben danach beurteilt, ob er gewinnt oder verliert bzw. wie hoch er gewinnt und wie viele Punkte sein Gegner erzielt hat. Dies ist einfach, logisch und auch effektiv. In Deutschland und Europa hingegen betrachten Außenstehende nicht nur den Spielstand, sondern sie werfen einen kurzen Blick auf den 14.1e-Zettel wie viele Aufnahmen bisher benötigt wurden und eventuell auch die Höchstserie. In keiner 14.1e-Tabelle irgendeiner Meisterschaft wäre in Deutschland der Schnitt wegzudenken, also die erreichten Punkte geteilt durch die benötigten Aufnahmen. Mit anderen Worten, in Deutschland werden 14.1e-Spieler nicht nur nach Gewinn oder Verlust einer Partie beurteilt, sondern auch in hohem Maße danach, welchen Schnitt sie gespielt haben und wie hoch ihr Gesamtdurchschnitt bei der betreffenden Veranstaltung war.

Vor allem bei Trainingsspielen wird oft nur auf Schnitt gespielt, Safes zu spielen ist verpönt. Ein deutscher Spieler setzt alles daran, seine Aufnahme nicht abzugeben, und dazu muss er mehr riskieren. Für einen amerikanischen Spieler hingegen spielt es absolut keine Rolle, ob er eine Aufnahme vorzeitig beendet, wenn er besser einen Safe spielen kann als einen fragwürdigen Ball zu riskieren. Schließlich wird er auch nach der Partie von niemanden gefragt, wie viele Aufnahmen er benötigt hat, sondern allenfalls, wie viele Punkte sein Gegner mitbekommen hat. Interessant ist, wie eine solche Mitschrift die Spielweisen der Spieler, ja sogar die Betrachtungsweisen, beeinflussen kann.

2.4 Rotation

Rotation kann man als das Ur-Pool ansehen. Praktisch alle Weltmeisterschaften bzw. World-Open-Veranstaltungen vor 1907, die im übrigen zu dieser Zeit ausschließlich in den USA stattfanden und bis auf das Jahr 1878 zurückgehen, wurden in Rotation ausgetragen.

Die Regel ist hier einfach erklärt. Gespielt wird mit allen 15 Kugeln und der Weißen. Man muss wie im 9-Ball immer die Kugel mit der niedrigsten Ziffer zuerst anspielen. Welche dann fällt ist wiederum egal, um so mehr, als Rotation ebenfalls ohne Ansage gespielt wird. Die Punkte, die sich auf jeder versenkten Kugel befinden, werden zusammengezählt. Die Eins bringt also einen Punkt, die Zwei zwei Punkte bis zur Fünfzehn mit 15 Punkten. Gewinner der Partie ist derjenige, der als erster 61 Punkte erreicht hat, da sich insgesamt 120 Punkte auf dem Tisch befinden. Was Fouls usw. angeht, so gelten dieselben Regeln wie im 9-Ball, ausgenommen die Dreifoulregel. Doch wird dies unterschiedlich gehandhabt, zumal es ein Spiel ist, das bei Turnieren kaum gespielt wird.

Auch hier wird gewöhnlich auf mehrere Gewinnspiele gespielt. Wie man sich vorstellen kann, ist dies ein sehr schwieriges Spiel und als solches wird es auch von sehr guten Spielern bevorzugt. Auch wenn es bei Meisterschaften in diesem Jahrhundert nur selten gespielt wurde, so hat es doch kaum an Beliebtheit eingebüßt. Gerade als Trainingsspiel für 9-Ball wird es von vielen Spielern geschätzt. Dies gilt zumindest für die USA. In Europa, wo das Pool-Billard erst in den Siebzigern aufgekommen ist - und dies beschränkte sich zu Anfang lediglich auf Schweden und Deutschland- ist das Rotation-Spiel nie sonderlich bekannt geworden.

Anders wiederum im fernen Osten, zum Beispiel auf den Philippinen. Durch die Kolonisation ist das Billardspiel schon im 19. Jahrhundert dort verbreitet worden. Durch den zunächst vornehmlich englischen Einfluss beschränkte sich dies erst einmal auf Snooker. Ab dem zweiten Weltkrieg jedoch ist durch den verstärkten Einfluss der USA auch das Pool-Billard dort sehr populär geworden. Man spielte auf den Philippinen lange auf den alten Zehn-Fuß-Tischen mit den kleineren Taschen und aufgrund der schlechten finanziellen Lage kam es nur selten vor, dass das Tuch neu aufgezogen wurde. Die Spieler dort spielten daher unter sehr harten Bedingungen und fast ausschließlich Rotation. Ebenso wurde aufgrund der gegebenen Verhältnisse abgeschottet von den amerikanischen Spielern gespielt. Es konnte sich auch kaum ein Spieler von den Philippinen aus finanziellen Gründen erlauben, in die USA zu reisen und an Turnieren teilzunehmen.

Man wusste nur sehr wenig voneinander. Dies änderte sich erst Mitte der achtziger Jahre, als der Filipino Efren Reyes den amerikanischen Spielern seine Aufwartung machte. Er fühlte sich auf den gut gepflegten Neun-Fuß-Tischen mit den etwas geräumigeren Taschen sichtlich wohl. Auch das 9-Ball-Spiel kam ihm sehr entgegen, hatte er doch sechs Kugeln weniger zu spielen als beim Rotation. Schon John Grissim hatte in den Siebzigern in seinem Buch "Billiards" die amerikanischen Topspieler auf die Spielstärke der Filipinos ausdrücklich aufmerksam gemacht. Schließlich war er vor Ort gewesen und hatte als angehender Profispieler auf den Philippinen recht unangenehme Erfahrungen gemacht. Ein Foto in seinem Buch zeigt sogar Efren Reyes als gutaussehenden Twen beim Pool-Spiel. Erst als etwa Vierzigjährigem gelang es Efren Reyes, in die USA zu kommen, doch hatte er sich dort schnell einen Namen gemacht und kam nach kurzer Zeit sogar auf die Titelseite des "Billiard Digest"; von seinen Turniererfolgen, die er seither bei seinen nunmehr regelmäßigen USA-Besuchen hatte, ganz zu schweigen.

Dieser kleine Exkurs zeigt, dass das Rotation Spiel noch nicht vergessen ist, und dass es, wenn es regelmäßig gespielt wird, gutem 9-Ball nicht gerade abträglich ist. Es ist sogar vorstellbar, dass Rotation in der Zukunft wieder eine wesentliche Rolle im Pool-Billard übernehmen kann.

2.5 One-Pocket

One-Pocket ist ein Spiel, das fast ausschließlich von sehr guten Spielern gespielt wird. Bei dieser Gruppe von versierten Spielern hat das One-Pocket-Spiel bereits fast den gleichen Stellenwert erreicht wie 9-Ball.

Dieses Spiel ist bei besseren Akteuren schon lange bekannt und wird schätzungsweise seit Ende der sechziger Jahre gespielt. Doch es gewinnt erst seit kurzer Zeit zunehmend an Bedeutung. Auch Turniere finden im größeren Rahmen erst seit ein paar Jahren statt. Aber sie sind immer noch recht selten und beschränken sich fast ausschließlich auf die USA. Dort ist One-Pocket zumindest in Spielerkreisen äußerst beliebt. One-Pocket wird mit allen 15 Kugeln und der Weißen gespielt. Jede Kugel zählt einen Punkt außer der Weißen, wenn diese fällt, gibt es einen Minuspunkt. Wer zuerst acht Punkte erzielt hat, gewinnt die Partie. Bis jetzt klingt alles noch ziemlich einfach, doch besteht die Schwierigkeit beim One-Pocket darin, dass man eben nur eine Tasche zur Verfügung hat. Es wird nur in die Fuß-Taschen gespielt, wobei ein Spieler seine Kugeln Fuß rechts einlochen muss und der andere Fuß links. Bei Fouls gibt es keine "Ball-in-Hand"-Regel, sondern nur Punktabzug. Dabei werden bereits versenkte Kugeln wieder aufgebaut. Fällt die Weiße, darf sie hinter der Kopflinie verlegt werden. Aus der Regel erkennt man, dass dies ein sehr defensives Spiel ist, bei dem die Sicherheit eine große Rolle spielt. One-Pocket wird auch oft als das Schachspiel des Pool-Billard bezeichnet. Wir werden im Verlauf des eigentlichen Programms noch näher darauf eingehen.

2.6 10-Ball

10-Ball ist praktisch identisch mit 9-Ball, es wird mit zehn Kugeln und der Weißen gespielt. Gewinner des Spiels ist dann derjenige, der die Zehn versenkt und nicht etwa die Neun. Die zehn Kugeln werden dann nicht mehr im Rhombus aufgebaut, sondern wieder als Dreieck. Die Zehn kommt in die Mitte und die Eins an die vordere Spitze.

10-Ball hat in den letzten Jahren bei amerikanischen Spielern zunehmend an Beliebtheit gewonnen, sagen diese doch gerne, dass 10-Ball einen Ball schwerer als 9-Ball sei. In Amerika gibt es inzwischen schon das ein oder andere hochdotierte Turnier in 10-Ball. Es bleibt abzuwarten, inwieweit man in den nächsten Jahren mit diesem Spiel rechnen muss.

3 Haltung

3.1 Allgemein

Wie die meisten anderen Sportarten verlangt auch das Pool-Billard-Spiel eine bestimmte Haltung. Es gab bisher viele Bücher, in denen man sich über die optimale Haltung oder den besten Stand am Billardtisch ausließ.

Doch wie gut kann eine schriftliche oder bildliche Beschreibung sein, wenn sie sich nicht mit den individuellen Körperbeschaffenheiten jedes Spielers auseinandersetzen kann? Wenn ich nun dennoch im folgenden einige Tipps zur Haltung gebe, orientiere ich mich dabei am bisher erfolgreichsten Spielstil, dem amerikanischen. Dieser unterscheidet sich übrigens kaum vom europäischen, da die europäischen Spieler viel von den Amerikanern gelernt haben. Auch bin ich der Ansicht, dass sich dieser am einfachsten vermitteln und erlernen lässt. Darüber hinaus ist er sehr effektiv.

Foto 11: Die Grundhaltung in der Seitenansicht

Erste Pool-Billard-Turniere fanden in den USA um 1850 statt. Auch schon sehr lange wird im asiatischen Raum gespielt, und dieser Spielstil unterscheidet sich nach außen hin beträchtlich vom amerikanischen. Speziell der philippinische Stil ist unverkennbar. Der Unterschied liegt vor allem in der Queuehaltung und -führung. Beim Durchziehen des Stoßes wiederum sind die Gemeinsamkeiten offensichtlich, denn auf den Stoß kommt es an.

Außer dem Stoß gibt es natürlich noch ein paar Dinge, die zu beachten sind, doch gehe ich nach diesen grundlegenden Überlegungen noch einzeln darauf ein.

3.2 Stand

Hierbei sollte man folgendes beachten: Die Beine sollten leicht versetzt gestellt werden, um die größtmögliche Stabilität zu erreichen. Sind die Beine horizontal nebeneinander gestellt, neigt man dazu, nach vorn oder nach hinten zu schwanken. Sind die Beine in einer Linie hintereinander angeordnet, schwankt man leicht nach rechts oder links. Aus diesen Gründen steht man am besten, gemäß Abbildung, leicht versetzt. Weiterhin gilt, dass man das hintere Bein, auch Standbein genannt, immer durchstreckt und nicht in die Knie geht. Beachtet man dies nicht, neigt man dazu, das Bein zu bewegen, doch außer des Spielarmes sollte sich möglichst nichts bewegen. Man könnte auch sagen, dadurch würde eine Unbekannte mehr in die Gleichung gebracht und damit die Fehleranfälligkeit erhöht. Dies macht sich besonders in Streßsituationen bemerkbar. Für das vordere Bein gilt: Je nach Bequemlichkeit kann man es anwinkeln oder eben durchstrecken, das hängt auch von der Körpergröße des Spielers ab.

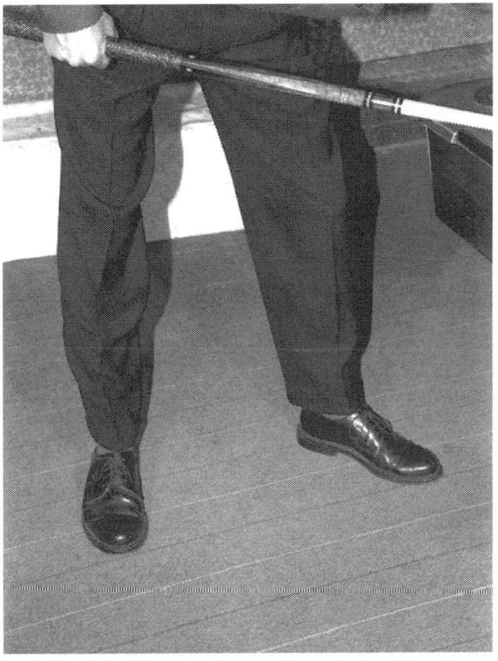

Foto 12 und 13: Fußstellung und Oberkörperhaltung

3.3 Oberkörper und Kopf

Man beugt sich über das Queue, während selbiges möglichst waagerecht gehalten wird. Der Kopf befindet sich direkt darüber, d. h. das Queue bewegt sich vertikal gesehen direkt unter dem Kinn, der Nase bzw. zwischen den Augen. Man sollte dabei beachten, dass man nicht zu tief über das Queue gebeugt ist, also das Kinn das Queue fast berührt. Denn dann hat man meist (je nach Körperstatur) nicht genügend Platz, das Queue mit dem Spielarm korrekt durchzuführen. Solange dafür genügend Raum ist, kann man auch entsprechend tief über dem Queue sein. Mit zunehmendem Alter bückt man sich ohnehin nicht mehr allzu tief.

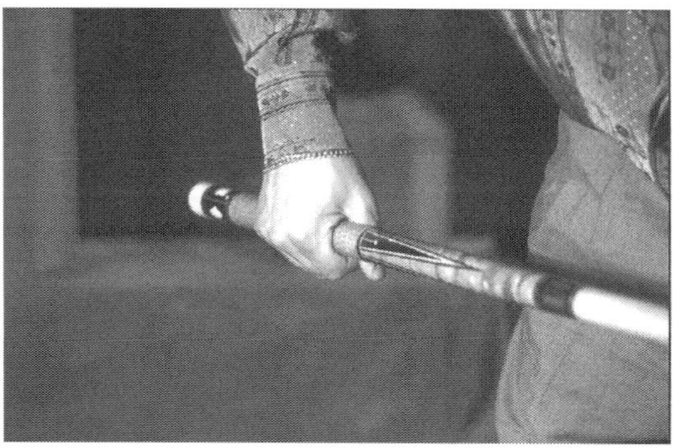

Foto 14

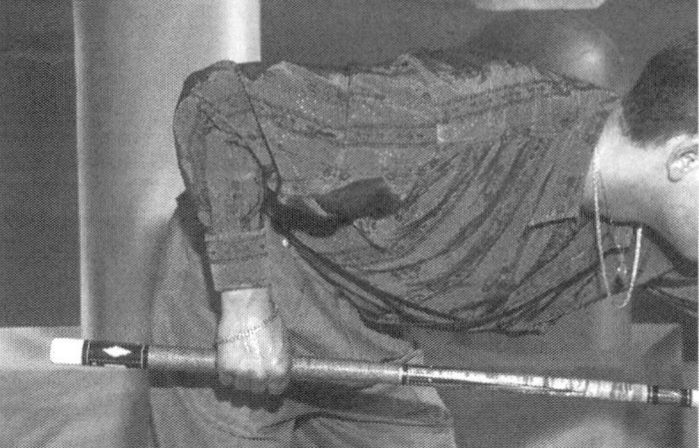

Foto 15

3.4 Arme

Am vorderen Arm ist darauf zu achten, dass dieser bis auf wenige Ausnahmesituationen (Break) immer durchgestreckt wird. Winkelt man ihn an, läuft man Gefahr, beim Stoß mit dem ganzen Körper nach vorne zu gehen. In diesem Falle würde der angewinkelte Arm wie eine Feder wirken und wäre damit die Ursache für weitere Fehlerquellen. Beim Stoßarm bzw. für die ganze Queueführung stehen mehrere Punkte zur Beachtung an. Für den Queuegriff gilt, das Queue immer ganz zu umfassen, lediglich der Mittel-, Ring- und kleine Finger geben beim Rückschwung etwas nach, bleiben aber am Queue. Würden sie das nicht tun, müsste man beim Schwingen den Oberarm mitbewegen und dies würde wiederum einen geradlinigen Verlauf des Queues gänzlich verhindern. Wohlgemerkt geben sie nur etwas nach, d.h. die Finger bleiben nach wie vor am Queue und helfen mit, selbiges zu führen und zu kontrollieren. Das Handgelenk bewegt sich dabei möglichst gar nicht.

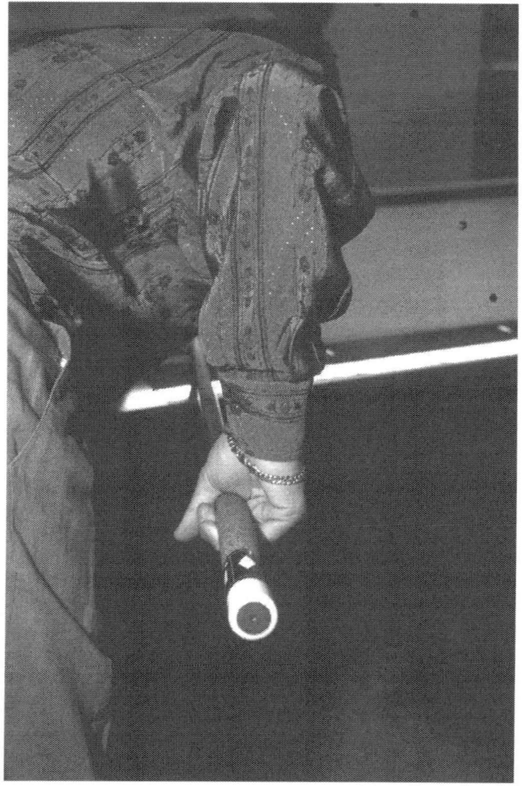

Foto 16

Der Ausgangspunkt für den Unterarm ist möglichst senkrecht. Der Handgriff am Queue liegt in etwa auf Höhe des Standbeins. Zum Schwingen des Queues sollte ausschließlich der Unterarm benutzt werden, der Oberarm bleibt dabei möglichst ruhig und bildet mit dem Unterarm einen rechten Winkel. Erst beim Stoß selbst wird der Oberarm nachgezogen. Je nach Körperbeschaffenheit ist es nicht ganz einfach, all diese Punkte zu erfüllen. Anfänger sollten sich daher nicht scheuen, den Rat von jemandem, der in diesen Dingen Erfahrung hat, anzunehmen.

Foto 17

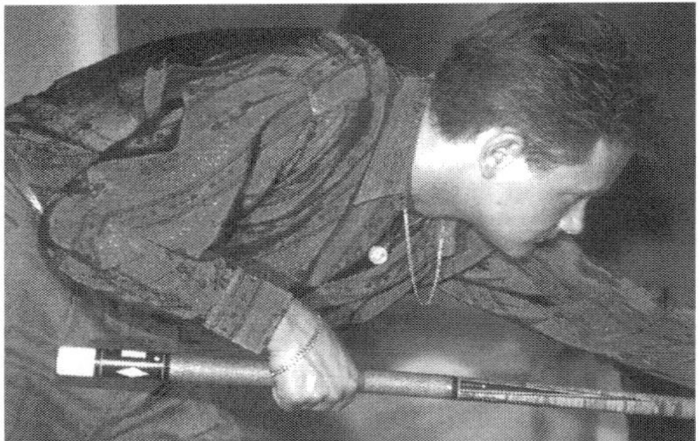

Foto 19

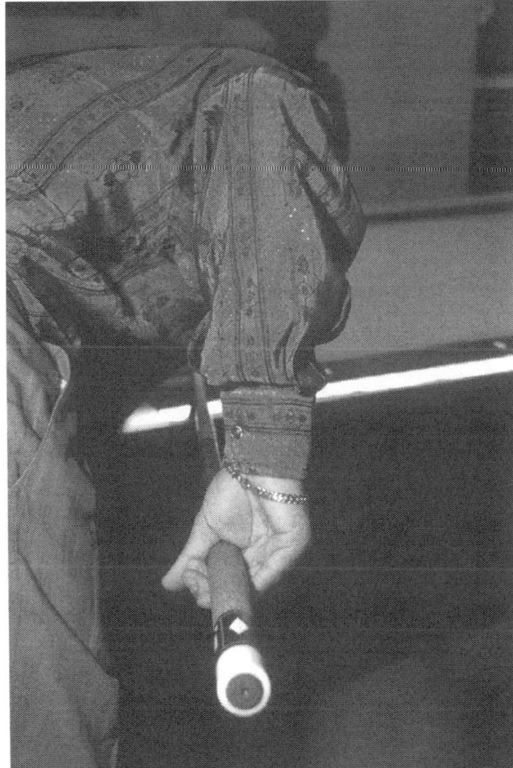

Foto 18

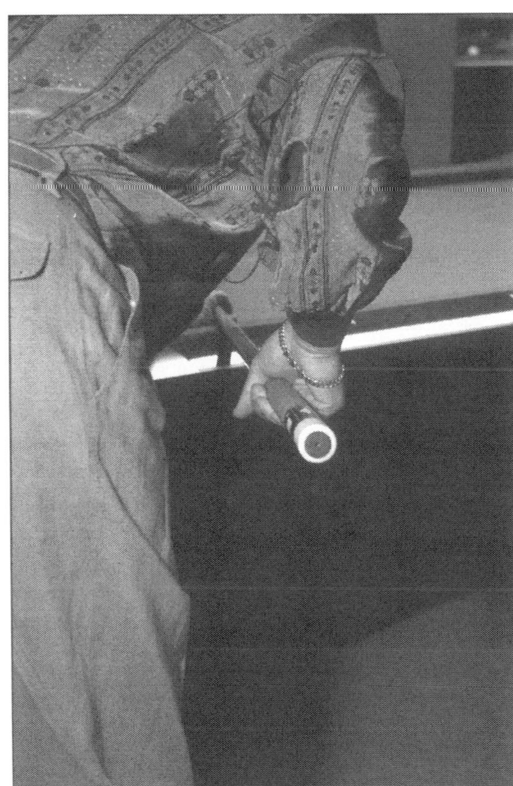

Foto 20

Die Fotografien 14-20 zeigen die Armbewegungen beim Schwung von der Ausgangsstellung (Foto: 14 , 15 und 16) den Rückschwung (Foto: 17 und 18) und das Durchgehen beim Abstoß (Foto 19 und 20) jeweils in Seiten und Rückansicht.

3.5 Handbrücke

Bei aller Freude am Detail: Was den sogenannten "Bock" betrifft, wäre es müßig, alles in Worten durchzugehen, zumal unterschiedlich große Hände hier eine repräsentative Anleitung sehr schwierig gestalten. Einige Abbildungen sollen an dieser Stelle den nötigen Aufschluss geben (siehe Fotos). Lediglich einen kleinen Streitpunkt möchte ich an dieser Stelle aufgreifen: Es geht um die offene oder geschlossene Brücke. Für Pool-Billard ist die geschlossene Brücke die geeignetere, ganz im Gegensatz zum Snooker, wo ausschließlich mit einer offenen Brücke gespielt wird. Die Ursachen hierfür wurden im Kapitel über Queues bereits genannt. Da man im Pool-Billard eine erhöhte Stoßtechnik benötigt und nicht soviel Schwierigkeiten mit dem Treffen hat wie im Snooker, versteht es sich von selbst, dass man im Pool-Billard eine Queuebrücke braucht, die das Queue sicher führt, selbst wenn man etwas weiter durchgehen muss oder man im Stoß den gegebenen Effet noch etwas verstärken will.

Bei der offenen Brücke neigt man übrigens dazu, das Queue im Stoß hochzuziehen, was nicht gerade wünschenswert und für manchen Abrutscher verantwortlich ist. Ich will damit sagen, dass man mit einer geschlossenen Brücke nicht nur mehr Wirkung an der Weißen erzielen, sondern diese auch besser kontrollieren kann.

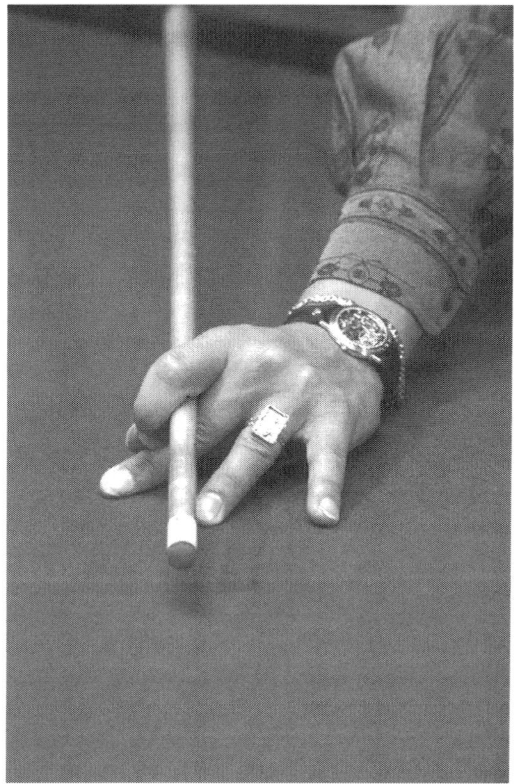

Foto 21: geschlossene Handbrücke

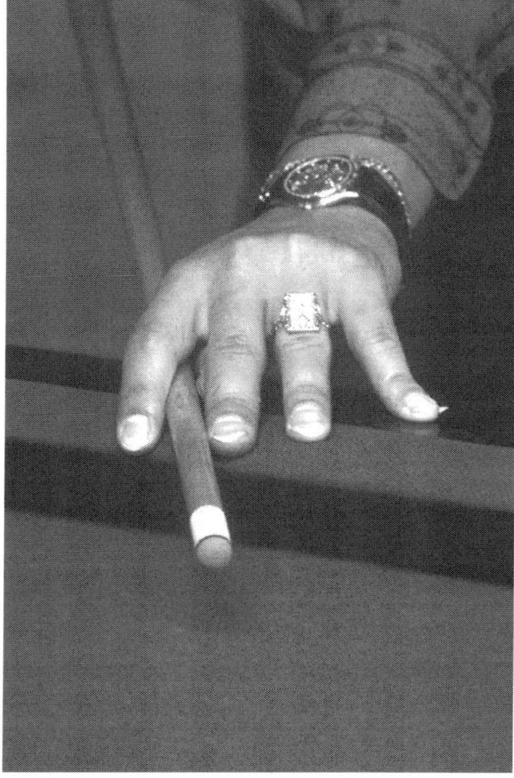

Foto 22: Auf der Bande, flach gehalten und geschlossen

Foto 23: Geschlossene Brücke auf der Bande für Nachläufer

Foto 24: Geschlossene Brücke auf der Bande bei gestochenen Bällen

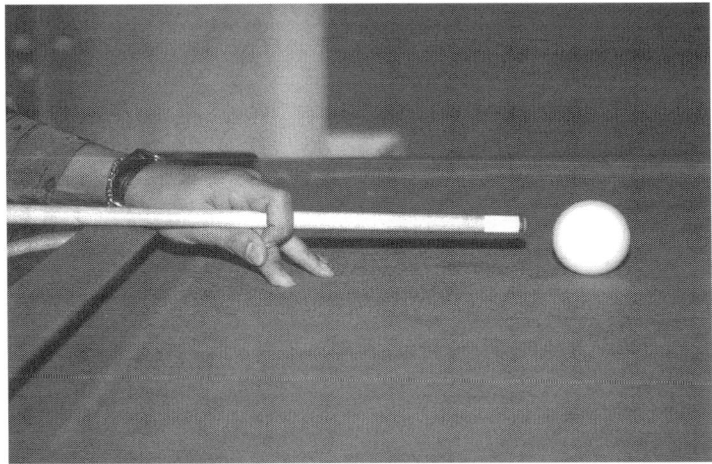

Foto 25: Geschlossener Bock halb vor der Bande

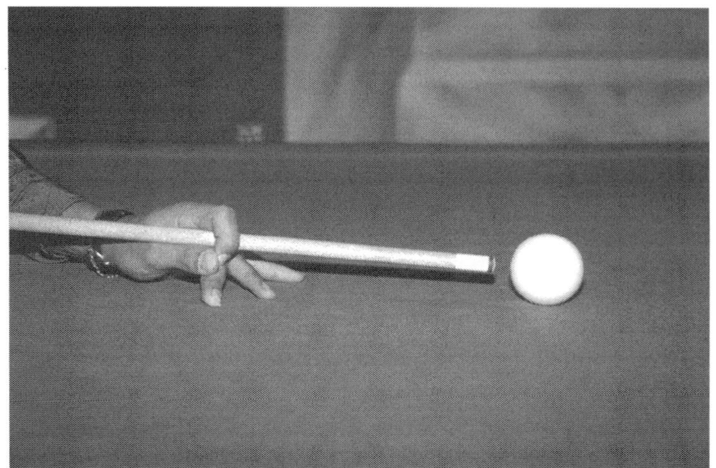

Foto 26: Mittlerer Bock

Foto 27: Tiefer Bock für Rückläufer

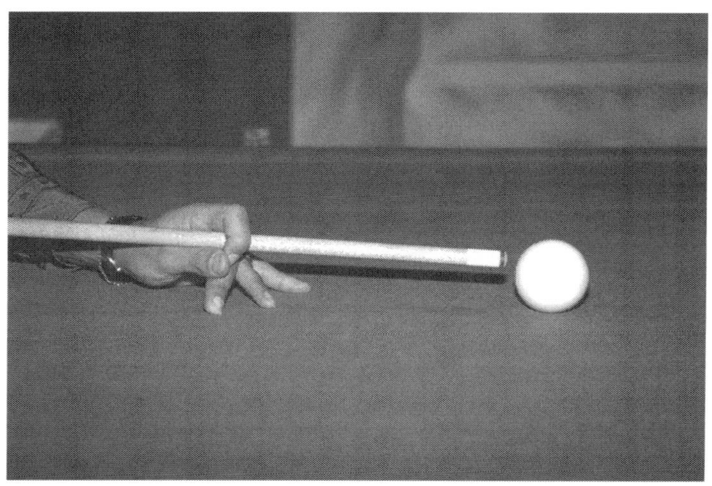

Foto 28: Hoher Bock für Nachläufer

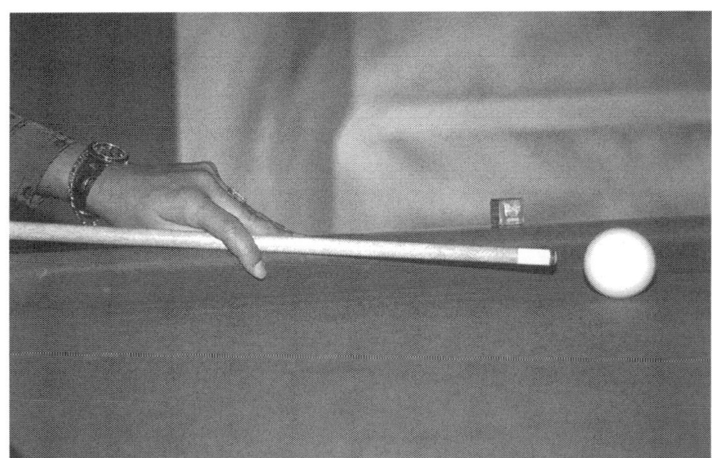

Foto 29: An der Bande entlang

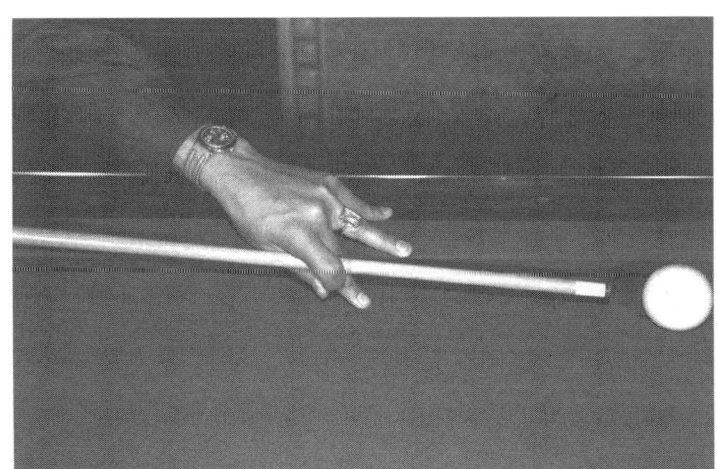

Foto 30: Fast an der Bande

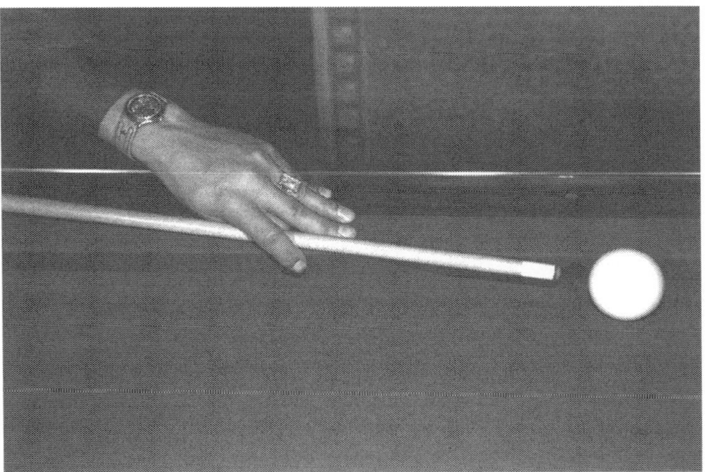

Foto 31: Eng an der Bande

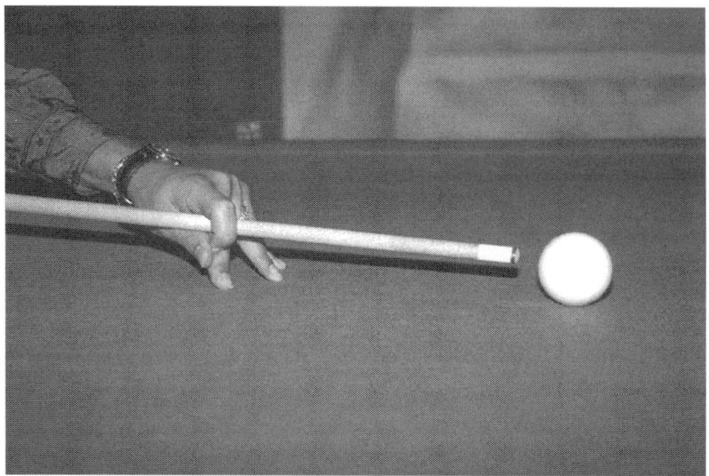

Foto 32: Handbrücke ohne aufgesetzten Handballen

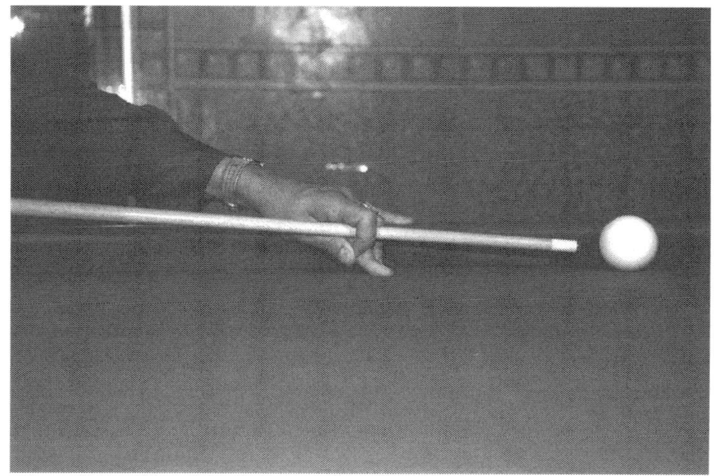

Foto 33: Der Bande entlang

Foto 34: Übergreifen, Seitenansicht

Foto 35: Übergreifen, Frontansicht

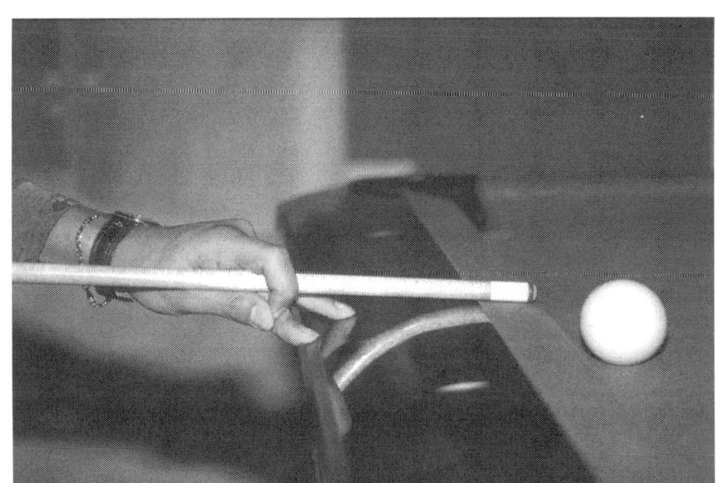

Foto 36: Weiße nahe an der Bande, Seitenansicht

Foto 37: Weiße nahe an der Bande, Frontansicht

3.5.1 Handhabung der Queuehilfe

Die Queuehilfe, auch Oma oder Brücke genannt, gibt es in den verschiedensten Ausführungen. Sie kommt zum Einsatz, wenn man mit der Weißen eine Position erreicht hat, die bei normaler Körperhaltung nicht mehr anspielbar ist.

Beim Umgang mit der Queuehilfe ist zu beachten, dass immer noch mit beiden Augen gezielt wird. Das Queue ist also wieder mittig, diesmal vor und nicht unter dem Kopf, auszurichten. Das Queue wird freizügig zwischen Daumen und Fingern geführt. Es ist besonders darauf zu achten, dass der Führungsunterarm waagrecht ausgerichtet wird wobei die Queuehilfe selbst fest auf dem Tisch gehalten wird und zwar so, dass man sie im Bedarfsfall auch rechtzeitig wieder wegziehen kann. Die Fotos 38 und 39 geben an dieser Stelle den nötigen Aufschluss über die korrekte Haltung.

Foto 38

Foto 39: Für besonders knifflige Situationen kann man auch zwei Queuehilfen übereinander legen

3.6 Konstanz

Wenn ich eingangs zum Thema Haltung etwas beschwichtigend gewirkt habe, so möchte ich nun zum Schluss noch einmal auf die weitreichende Bedeutung der korrekten Haltung zu sprechen kommen.

Als ich einmal ein Karambolagebuch durchblätterte, stand in der Einleitung, dass sich dieses Buch an Spieler wende, die einen GD von zehn oder mehr spielen (GD heißt Gesamtdurchschnitt und bezieht sich hier auf die Freie Partie), also ein Buch sei, das für fortgeschrittene Spieler geschrieben wurde. Als ich nun weiterblätterte, sah ich Erläuterungen zu Haltung, Queueführung, Bock etc. An dieser Stelle begann ich mich zu fragen, was dies in einem Buch für fortgeschrittene Spieler zu suchen hatte? Die Antwort darauf liegt in der Konstanz der Spielstärke einiger Spieler. Warum gibt es Spieler, die in ihrer Spielstärke konstant sind und andere wiederum, die sehr schwankend in ihrer Leistung sind?

Zur Beantwortung dieser Frage kann man sagen: Je mehr ein Spieler immer gleich macht, desto konstanter spielt er. Oder umgekehrt: Je variabler ein Spieler mit seinen Gewohnheiten ist, desto größer sind auch seine Fehlerquellen und desto inkonstanter ist seine Spielstärke. Das heißt also, wenn ein Spieler mal den vorderen Arm anwinkelt und mal nicht, wenn er das hintere Bein mal durchstreckt und dann wieder nicht, wenn er mal mit offener und mal mit geschlossener Brücke, mal verbissen und mal locker, manchmal schnell und manchmal langsam spielt, dann hat er in seiner Gleichung sehr viele Unbekannte und damit eine hohe Zahl an Fehlerquellen.

Manchmal kann er das alles sehr gut kombinieren und manchmal scheint gar nichts zu funktionieren. Einen solchen Spieler kann man daher als ziemlich inkonstant einstufen, da er sich meist von außen sehr leicht beeinflussen lässt. Wenn ein Spieler hingegen in Bewegungsablauf und Haltung alles nahezu gleich macht, egal unter welchen Bedingungen er spielt, so hat er kaum Fehlerquellen, wirkt nach außen hin souverän und selbstsicher und ist nur sehr schwer aus der Ruhe zu bringen. Der Schlüssel dazu ist eine gute Haltung.

4 Das Programm

4.1 Zielen

Zuerst, wie in der Rubrik "Haltung" bereits erwähnt, sollte man darauf achten, dass sich das Queue, vertikal gesehen, genau zwischen den Augen befindet. Der zu treffende Punkt ist klar und sehr leicht festzustellen. Er ist in der Abbildung 2 als Punkt A gekennzeichnet. Aber mit welchem Punkt der Weißen muss dieser getroffen werden? Meist wird dabei der Fehler gemacht, dass der Anfänger mit dem verlängerten Mittelpunkt der Weißen, in der Zeichnung mit C bezeichnet, auf den bekannten Punkt A zielt.

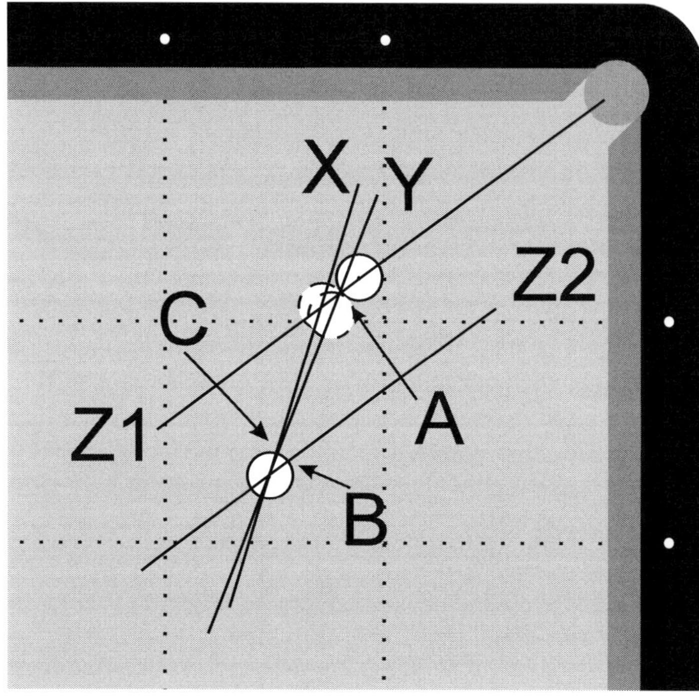

Abbildung 2

Wie man aus der Zeichnung ersehen kann, führt dies dazu, dass die Kugel zu voll getroffen wird. Der tatsächliche Punkt an der Weißen, mit dem wir Punkt A treffen wollen, liegt nämlich weiter rechts von Punkt C und ist in der Zeichnung als Punkt B gekennzeichnet. Hätten wir es mit einem geraden Ball zu tun, so wäre Punkt C durchaus der richtige Kontaktpunkt. Wollten wir eine Kugel nach links spielen, so wäre der Kontaktpunkt an der Weißen ebenfalls links von Punkt C. In unserem Fall wollen wir eine Kugel nach rechts spielen, also ist auch der Kontaktpunkt an der Weißen weiter rechts von Punkt C.

Nun ist das natürlich nicht genau genug. Das erste Hindernis, diesen Punkt überhaupt genau zu sehen, ist, dass wir uns beim Spielen bzw. Zielen auf der anderen Seite der Weißen befinden. Von daher ist es also schon eine Frage des Augenmaßes und der persönlichen Einschätzung. Es gibt jedoch zwei Methoden, die gerade Anfängern das richtige Zielen erleichtern können.

Die erste Methode ist geometrischer Art und bezieht sich nochmals auf die vorangegangene Zeichnung. Um Punkt B richtig zu ermitteln, nimmt man das Queue zur Hilfe und hält es über den Mittelpunkt der zu treffenden Kugel und der Ecktasche. Man erhält damit die in der Zeichnung als Z1 gekennzeichnete Linie. Verlegt man diese Linie nun parallel auf die Weiße (Z2), kann man bereits aus der Zeichnung ersehen, dass man damit nun Punkt B gefunden hat. Man muss nun also mit Punkt B auf Punkt A zielen, wobei die Weiße mit dem Queue genau in der Mitte zu treffen ist.

Bei der zweiten Methode muss man sich genau eine Kugel vorstellen, die press vor der zu treffenden Kugel liegt, natürlich in einer Linie zum Loch. Danach muss man nur noch mit der Weißen voll und in gerader Linie auf diese imaginäre Kugel zielen und spielen.

In der folgenden Übung gibt es reichlich Gelegenheit, diese Methoden auszuprobieren. Trotzdem sollte man eines nicht vergessen: Diese Methoden geben zu Anfang lediglich einen Anhaltspunkt, letztendlich gibt es nur ein Mittel, gut treffen zu lernen, und das ist Übung!

Eines bleibt noch zu erwähnen, und das sind die Augen. Die Augen schweifen beim Zielen immer zwischen der Weißen und der zu treffenden Kugel hin und her. Der letzte Blick vor bzw. während des Abstoßes muss jedoch immer auf die zu treffende Kugel gerichtet sein, oder noch genauer, auf den Punkt, den man mit der Weißen auf der Zielkugel zu treffen bemüht ist.

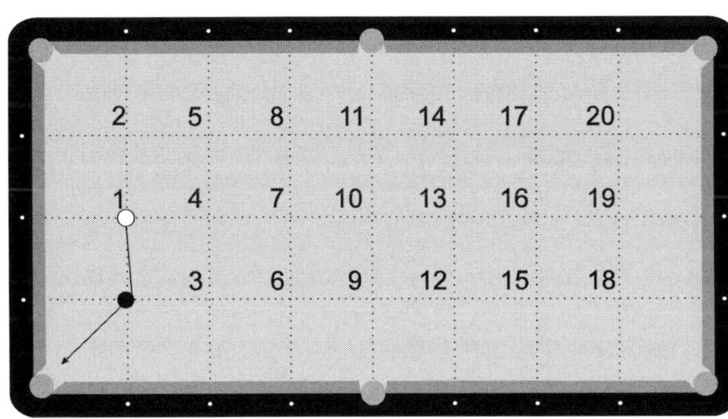

Abbildung 3

4.1.1 Übung:

Versuchen Sie nun anhand der nebenstehenden Übung, den platzierten Ball aus den Positionen 1-20 einzulochen (Abb. 3). Der Ball wird gemäß der Zeichnung aufgesetzt (die sog. Diamanten werden auch bei weiteren Übungen und Bällen als Hilfe zur Lagebestimmung von Kugeln dienen), die Weiße auf Punkt Nr. 1. Die Kugel wird solange gespielt und wieder aufgesetzt, bis sie eingelocht wird. Dann wiederholt sich dies auf Punkt Nr. 2, 3, 4 etc. bis Punkt Nr. 20.

4.2 Allgemeine Erklärung zum Beeinflussen der Weißen

Im Pool-Billard besteht die Kunst darin, die Weiße zu kontrollieren. Ein Weltmeister ist also nicht deshalb Weltmeister, weil er jeden Ball aus jeder Lage trifft, sondern weil er nur einfache Bälle zu spielen hat. Er ist in der Lage, nach einem gespielten Ball die Weiße so in Position laufen zu lassen, dass auch der nächste Ball recht einfach zu versenken ist. Sollte ihm dies einmal nicht gelingen, sorgt er dafür, dass er die Weiße so liegen lässt, dass auch sein Gegner nur wenig damit anfangen kann. Daher stellt sich die Frage, wodurch diese Kontrolle über die Weiße erlangt wird. Man unterscheidet dabei sechs verschiedene Techniken:

1. Natürlicher Lauf	4. Nachläufer
2. Stoppball	5. Rechts- und Linkseffet
3. Rückläufer	6. Druckstoß

Diese Session ist eine reine Erklärungssession. Später noch in den praktischen Übungen werden einige weitere Hinweise gegeben.

1.) Der natürliche Lauf bedeutet, dass die Weiße in dem Moment, an dem sie die zu treffende Kugel berührt, ihren normalen Lauf besitzt. D.h. sie rollt ganz einfach über den Tisch. Dieser Lauf wird sehr oft angewendet, denn Situationen, in denen man ohne Effets oder Druck auskommen kann, gibt es genug. Man braucht hierbei allerdings ein recht gutes Tempogefühl. Über lange Strecken nimmt die Weiße ohnehin ihren natürlichen Lauf an, da sich jeglicher Effet (Nachlauf-, Rücklauf-, rechter- u. linker) nach kurzer Zeit verliert.

Wenn man jeglichen Effet möglichst vermeiden und den natürlichen Lauf so früh wie möglich erreichen will, muss man die Weiße knapp oberhalb der Mitte anspielen und das Queue dabei relativ weich durchführen.

Wie reagiert die Weiße, nachdem sie mit natürlichem Lauf eine Kugel getroffen hat? Hat man einen geraden Ball liegen (Weiße und zu treffende Kugel befinden sich in einer Linie mit dem Loch), gibt die Weiße ihre Laufkraft zunächst einmal voll an die zu treffende Kugel ab. Da die Weiße jedoch über den Tisch gerollt ist, besitzt sie außer der vorwärtstreibenden Laufkraft noch ein in Laufrichtung um die eigene Achse gerichtetes Drehmoment.

Dieses Drehmoment ist die Ursache dafür, dass die Weiße nach dem Treffen der anderen Kugel immer noch ein Stück weiter läuft. Hat man es mit einem winkligen Ball zu tun, so gibt die Weiße gemäß dem Vektorengesetz nur einen Teil ihrer Laufkraft ab. Nach dem Treffen der Kugel bringt die übrige Laufkraft sie zunächst in Richtung der Kiss-Shot-Tangente (siehe 4.8). Die durch das Drehmoment erzeugte Restkraft sorgt dann allerdings dafür, dass die Weiße die Kiss-Shot-Tangente kreuzt. Je voller die Kugel getroffen wird, um so früher kreuzt sie die Kiss-Shot-Tangente, je dünner die Kugel getroffen wird, um so später.

2.) Der Stoppball ist nur bei geraden Bällen möglich. Alles andere (Stoppbälle bei Winkelbällen) ist eine Form von Warp-Shot und wird unter der Rubrik Critical Shots behandelt. Beim Stoppball bringt man die Weiße dazu, nicht über den Tisch zu rollen, sondern zu rutschen. Wenn sie dann die zu treffende Kugel trifft, gibt sie ihre Laufkraft voll ab, und da sie im Rutschen ist, hat sie kein Drehmoment und damit keine Restkraft, d.h. sie bleibt sofort nach dem Treffen der Kugel liegen. Aber wie bringt man die Weiße dazu, über den Tisch zu rutschen statt zu rollen? Die Weiße wird dabei unterhalb der Mitte angespielt. Je nachdem, wie weit die zu treffende Kugel entfernt liegt, wird bestimmt, wie tief genau die Weiße getroffen werden muss und vor allem wie weit man das Queue durchzuführen hat. Es gilt: Je weiter die Entfernung, um so tiefer und weiter muss das Queue durchgeführt werden.

Zur weiterführenden Erklärung dient auch der Rückläufer, der im unmittelbaren Zusammenhang mit dem Stoppball steht.

3.) Beim Rückläufer sorgt man dafür , dass die Weiße ebenfalls nicht rollt, sondern bei gleichzeitigem rückläufigem Drehmoment entgegen der Stoßrichtung über den Tisch gleitet. Sobald sie die zu treffende Kugel trifft, gibt sie dieser ihre Laufkraft ab. Nach kurzer Reaktionszeit sorgt nun das rückläufige Drehmoment dafür, dass die Weiße zurückläuft.

Die Weiße läuft nur bei geraden Bällen auch gerade zurück. Spielt man einen winkligen Ball an, so verhält sich die Weiße zunächst gemäß der Kiss-Shot-Tangente, bis das rückläufige Drehmoment anfängt, auf dem Tuch zu greifen. Dann wird die Weiße anfangen, sich immer mehr von der Kiss-Shot-Tangente zu entfernen.

Eine ausführliche Erläuterung des Rückläufers und dessen Anwendungsgebieten findet sich unter der Rubrik 4.17 “Sondersession, Rück- und Nachläuferbogen”.

Um diesen Rücklauf an der Weißen zu erzeugen, spielt man diese wie einen Stoppball unterhalb der Mitte an. Im Gegensatz zum Stoppball wird hier jedoch - vorausgesetzt man ist mit der gleichen Entfernung konfrontiert - das Queue wesentlich weiter durchgeführt.

Um sich den Unterschied von Stoppball und Rückläufer vor Augen zu führen und auch um eine Vorstellung davon zu bekommen, wie man diese Bälle in ihrer Wirkung einzuschätzen hat, nimmt man eine der gestreiften Kugeln statt der Weißen und spielt diese - ohne eine andere Kugel zu treffen - unterhalb der Mitte an. Wenn man genau hinsieht, wird man aufgrund des farbigen Kontrastes auf der Kugel drei verschiedene Laufphasen an der Kugel erkennen können. Als erstes wird die Kugel mit rückläufigem Drehmoment ein kleine Strecke über den Tisch gleiten. Die nächste Phase kann man als Rutschphase bezeichnen, es ist die Phase, in der sich das rückläufige Drehmoment aufgrund der Tuchreibung verliert. In der nächsten Phase kann man erkennen, wie die Kugel ihren natürlichen Lauf wieder annimmt und langsam weiterrollt. Daher: Würde die Weiße in der ersten Phase eine Kugel treffen, würde sie als Rückläufer reagieren. Trifft sie in der zweiten Phase eine Kugel, gibt es einen Stoppball und in der dritten Phase eben den natürlichen Lauf.

Ich möchte an dieser Stelle bemerken, dass alles hier in dieser Erklärungssession zwar recht einfach klingt, aber nur mit den hier gegebenen Erläuterungen eben noch nicht so ohne weiteres für den Anfänger durchzuführen ist. Dazu möchte ich im voraus bereits auf den nächsten Punkt 4.3. verweisen, in dem das Erfahrene vertieft und auch geübt wird.

4.) Beim Nachläufer erzeugt man an der Weißen ein in Spielrichtung durchdrehendes Drehmoment, das die Weiße dazu bringt, nachdem sie ihre Laufkraft an die zu treffende Kugel abgegeben hat, ein wesentliches Stück weiter nachzulaufen, als sie es beim natürlichen Lauf zu tun pflegt. Bei einem geraden Ball läuft sie gerade nach. Bei Winkelbällen verhält sie sich zunächst gemäß der Kiss-Shot-Tangente. Sobald der Nachlauf an der Weißen auf dem Tuch zu greifen beginnt, fängt die Weiße jedoch an, die Kiss-Shot-Tangente zu kreuzen. Detaillierte Erläuterungen und Anwendungsgebiete werden wie beim Rückläufer in der Sondersession unter Punkt 4.17 gegeben.

Den Nachlauf an der Weißen erzeugt man, indem man die Weiße oberhalb der Mitte anspielt und das Queue dabei, je nach gewünschter Wirkung, entsprechend weit und geradlinig durchführt. Wenn dieser Ball extreme Wirkung zeigen soll, benötigt man einen Stoß von hoher Qualität (siehe Punkt 4.3).

5.) Der rechte und linke Effet, seine Auswirkung und was man dabei beachten muss, wird im Rahmen des Trainingsprogamms jetzt noch nicht benötigt und daher erst unter Punkt 4.6 näher betrachtet.

6.) Der Druckstoß ist vielleicht der wichtigste Ball überhaupt, um die Weiße zu kontrollieren. Dieser soll jedoch erst unter Punkt 4.7 behandelt werden.

4.3 Erlangen des glatten, geradlinig durchgehenden Stoßes

Der Stoß ist der wohl wichtigste Punkt des ganzen Programms. Ablauf und Vorbereitung müssen daher gründlich geübt werden. Dabei sind die folgenden Beschreibungen zu beachten, auch in Zusammenhang mit der Rubrik 3. "Haltung". Spätere Fortschritte hängen stark von der Stoßqualität ab, wohlgemerkt erst die späteren Fortschritte, denn am Anfang lassen sich selbst bei schlechter Stoßqualität Fortschritte schnell erkennen. Das Treffen von Bällen ist nämlich erlernbar, völlig unabhängig von der Fähigkeit des Spielers, die Weiße glatt, wirkungsvoll und beherrscht spielen zu können. Am Anfang lässt sich im übrigen auch mit minderer Stoßqualität ein gewisses eingegrenztes Positionsspiel aufziehen. Später jedoch, wenn sich die Spreu vom Weizen trennt, wird man, um weitere Fortschritte machen zu können, eine gute Stoßqualität benötigen.

Da die Fortschritte sozusagen im Detail liegen, wundern sich viele Spieler, warum sie trotz anfänglich schneller Verbesserung plötzlich nicht mehr so recht vorankommen. Wenn man an diesem Punkt angelangt ist, macht sich bemerkbar, ob man mit den nötigen Techniken bereits vertraut ist und die eigenen Fortschritte auf lediglich trainingsintensiver oder mentaler Basis beruhen, oder ob man sich nun noch mit ungewohnten Techniken und Bewegungsabläufen befassen muss. Viele Spieler sind sich dessen überhaupt nicht bewusst. Dazu muss noch gesagt werden, dass man dies am Anfang bzw. in jungen Jahren eben besser und schneller lernt als später, wenn man sich schon an ganz andere Bewegungsabläufe gewöhnt hat.

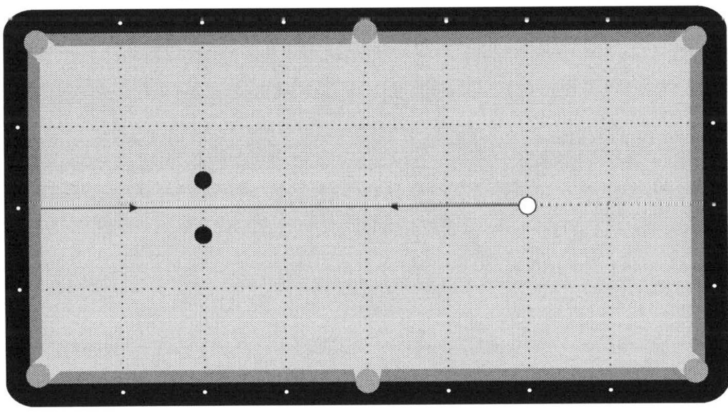

Abbildung 4

Kommen wir nun zur Sache, verständlich wird das Ganze am besten anhand einer Übung. Man platziert die Kugeln gemäß Abbildung 4. Dann stellt man sich wie gewohnt oder wie in der Rubrik "Haltung" empfohlen, spielfertig zur Weißen an den Tisch. Dabei sollte man die noch nicht angesprochene sogenannte Schnabellänge beachten. Mit Schnabellänge oder auch Bock bezeichnet man die Strecke von der Handbrücke bis zur Weißen. Die normale Schnabellänge beträgt zwischen 20 und 30 cm. Bei kürzeren Stößen verwendet man gewöhnlich einen etwas kürzeren Bock. Nach oben hin sollte man allerdings 30 cm nicht überschreiten, dies geschieht nur in Ausnahmefällen (wenn eventuell Bälle im Weg liegen). Schließlich wirkt sich eine kleine Abweichung nach rechts oder links beim

Durchführen des Queues bei einem längeren Bock viel mehr auf einen eventuell ungewollt gegebenen Effet aus. Man könnte auch sagen, der Stoß wird mit wachsender Schnabellänge entsprechend ungenau. Ist der Bock jedoch zu kurz, fehlt einem ein wenig der Schwung. Danach beginnt man, das Queue zu schwingen, d.h. hin- und herzuziehen. Das tut man, um zu sehen, an welcher Stelle das Queue die Weiße treffen wird, sowie zur Stoßvorbereitung. Das Queue soll beim Schwingen bereits möglichst geradlinig laufen, ebenso soll es möglichst waagerecht gehalten werden, was bei tiefgespielten Bällen besonders durch die Bandenerhöhung kaum möglich ist, aber dennoch so waagerecht wie die gegebene Situation es erlaubt. Vor allem auf die Geradlinigkeit des Schwingens ist zu achten. Dazu benutzt man fast ausschließlich den Unterarm. Der Oberarm und auch der gesamte Körper wird beim Schwingen möglichst ruhig gehalten. Der Oberarm wird erst beim Stoß selbst durch den Unterarm nachgezogen.

Um weiterhin einen geradlinigen Verlauf des Queues zu gewährleisten, ist darauf zu achten, das Queue dabei nicht zu locker zu halten. Man darf es aber auch nicht krampfhaft festhalten. Die richtige Beschreibung wäre Umfassen. Man umfasst das Queueende mit der Hand völlig und so fest es das Queuegewicht erfordert.

Beim Rückschwung gibt man mit den hinteren drei Fingern etwas nach. Sie werden aber nicht vom Queue weggespreizt, sondern sie bleiben dabei ständig am Holz. Zusammen mit Daumen und Zeigefinger führt man das Queue, übt Kontrolle aus und gibt dem Stoß das Tempogefühl. Aus der Abbildung 4 ist zu ersehen, was bei der Übung zu tun ist. Man legt zwei Kugeln am Fußpunkt zwei kugelbreit auseinander, die Weiße auf dem Kopfpunkt. Danach versucht man, die Weiße durch die Lücke der zwei Kugeln an die Bande zu spielen. Die Weiße muss, wenn sie von der Bande zurückkommt, wieder durch die Lücke laufen, ohne eine der zwei Kugeln zu berühren. Das ganze muss dreimal hintereinander geschafft werden. Am besten versucht man es zuerst leicht und später etwas fester, tief gespielt und möglichst weit mit dem Queue dabei durchgehend. Das soll als Vorbereitung zur nächsten Übung dienen. Der Sinn dieser Übung ist, einen Stoß möglichst geradlinig, also effetfrei zu entwickeln.

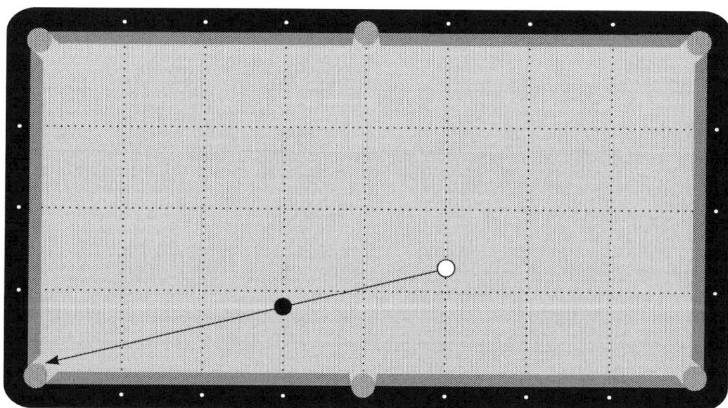

Abbildung 5

Die nächste Übung ist ein Rückläufer gemäß Abbildung 5. Dieser Stoß dient auch des öfteren als Analyseball. Man kann schon daran, wie weit die Weiße zurückläuft, erkennen, wie groß bei dem betreffenden Spieler die Stoßqualität ist. Das Ziel dieser Übung ist bereits in der Überschrift dieser Rubrik gegeben. Um im Programm fortfahren zu können, muss die Kugel gemäß Abb. 5 eingelocht und die Weiße mindestens bis zur kurzen

Bande zurückgezogen werden. Das ganze muss dreimal hintereinander gelingen. Rückläufer sind nicht nur so wichtig, weil man sie des öfteren im Spiel verwenden kann, sondern um einen guten Rückläufer zu spielen, benötigt man einen durchgehenden, geradlinigen, glatten und beherrschten Stoß. Und den braucht man im ganzen Spiel. Beim Rückläufer können wir aber daran, wie weit wir die Weiße zurückbringen, unsere Stoßqualität messen und analysieren und dadurch verbessern.

Ein Tipp noch: Wenn man diesen Ball spielt, sollte man darauf achten, nach dem Stoß das Queue nicht zurückzuziehen, sondern vorne liegenzulassen. Sollte die Weiße beim Rücklauf tatsächlich auf das Queue zurücklaufen, kann man es immer noch rechtzeitig auf die Seite legen. Spieler, die das Queue beim Stoß zurückziehen, bremsen es ab und müssen dadurch zwangsläufig Muskeln anspannen. Dadurch wiederum wird der ganze Stoß verkrampft und abgehackt. Wenn man das Queue vorne liegen lässt, kann man später auch kontrollieren, ob man weit und geradlinig genug durchgegangen ist.

Sollte es am Anfang gar nicht funktionieren, empfehle ich, den ganzen Bewegungsablauf einschließlich des Stoßes zunächst ohne Kugeln möglichst langsam durchzugehen, als spielte man in Zeitlupe. Auf diese Art kann man sich am besten einen neuen Bewegungsablauf aneignen, um dann das Tempo allmählich bis zum Originaltempo zu steigern. Wenn der Bewegungsablauf dann einwandfrei ist, versucht man es wieder mit den Kugeln.

4.4 Standardbälle

Die Standardbälle, Standardpositionsbälle und die Positionsübungen gehören zum wesentlichen Kern dieses Programms. Bei den neun Standardbällen geht es lediglich darum, sie zu versenken. Erst bei den noch folgenden Standardpositionsbällen müssen wir mit der Weißen noch zusätzlich eine Bedingung erfüllen.

Der Aufbau der Übungen ist folgender: Man fängt beim ersten Standardball an und arbeitet sich der Reihe nach durch. Jeder Ball muss drei mal hintereinander versenkt werden, bevor man zum nächsten Ball übergehen kann. Standardbälle, sowie Standardpositionsbälle, verstehen sich aber auch als programmbegleitende Übung. D.h. um im Programm fortfahren zu können, muss man diese zwar nur dreimal hintereinander versenken, doch man sollte während des weiteren Programmverlaufs versuchen, diese Bälle zu steigern. Mit anderen Worten, der Spieler muss versuchen, beim nächsten Üben (spätestens aber, wenn er das Gesamtprogramm durchgearbeitet hat), den Ball so lange zu spielen, bis er ihn viermal hintereinander geschafft hat. Später, sobald man es sich zutraut, versucht man, ihn auf fünfmal hintereinander zu erhöhen. So soll der Anfänger nach und nach versuchen, all diese Standard- und Standardpositionsbälle zehnmal hintereinander zu versenken. Dies ist natürlich eine sehr langwierige Angelegenheit, besonders wenn man dieses Programm als Anfänger begonnen hat. Denn um auch nur einen dieser Bälle zehnmal hintereinander treffen zu können, muss man sich schon auf einem sehr gehobenen Niveau befinden. Gerade aus diesem Grund verstehen sich diese Bälle als programmbegleitend, denn man kann das Programm gemäß den Bedingungen durcharbeiten und erst viel später das Ziel von zehnmal hintereinander erreichen.

Wendet man diese Trainingsmethode x-mal hintereinander konsequent an, wird man zwangsläufig lernen, auch unter Druck und in Streßsituationen sein optimales Spiel konstant durchzubringen. Denn wenn man einen Ball x-mal hintereinander spielt und nach einiger Zeit den letzten Ball vor sich liegen hat, wird selbst der ruhigste Anfänger schon ein wenig unter Druck stehen. Schließlich hat er dann ein gewisses Interesse, diesen Ball dann auch zu versenken, sonst müsste er ja wieder von vorne anfangen.

Am Anfang verfehlt man vielleicht gerade diesen letzten Ball, jedoch nur so lange, bis man gelernt hat, mit dieser Situation umzugehen. Konsequenz ist daher das A und O beim Üben, denn wenn man diese Bälle spielt, kann man nur einen betrügen: Sich selbst.

4.4.1 Die Standardbälle im einzelnen:

Der erste Standardball ist ein Vertreter der langen geraden Bälle. Die zu spielende Kugel wird in der Mitte des Tisches aufgesetzt, und die Weiße kann auf gerader Linie zu den Ecklöchern maximal bis zum ersten Diamanten herausgelegt werden (siehe Abbildung 6). Dieser Ball wird wie die meisten Standardbälle beidseitig gespielt, d. h. nach einem Treffer wird die Zieltasche z.B. von Fuß-Rechts auf Fuß-Links gewechselt, damit das Spiel nicht einseitig wird. Regel bei allen Standardbällen ist, dass es nur darauf ankommt, den Ball zu treffen, völlig unabhängig davon, was die Weiße macht. Es ist jedoch empfeh-

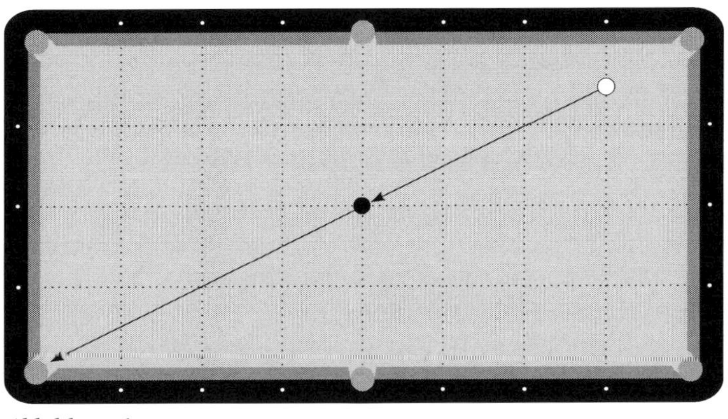

Abbildung 6

lenswert, fast alle Bälle mit einem mittelfesten Stoß zu spielen, denn im richtigen Spiel braucht man zu jedem Ball dieser Art noch eine ganz bestimmte Position, die sich gewöhnlich nur mit etwas Druck auf die Weiße erreichen lässt. Damit man sich von Anfang an schon an dieses Tempo gewöhnt, ist dieser mittelfest durchgehende Stoß fast unerlässlich. Außerdem möchte man ja auch von Tisch und Tuch, was das Ablaufen betrifft, unabhängig sein. Bei diesem Standardball empfiehlt es sich, die Konzentration ganz nach vorne zu verlagern. Man sollte nur die Queuespitze, die Weiße, die zu spielende Kugel und das Loch in einer geraden Linie vor sich sehen. Man darf nicht an hinten denken, z.B. "Jetzt ja nicht verziehen" oder "den Arm gerade führen". Erstens kann das Gehirn mit Wortbefehlen in diesem Zusammenhang nichts anfangen, und zweitens ist es besser, sich den Ball vor dem Abstoßen bildhaft vorzustellen. Das Gehirn arbeitet nämlich mit Bildern, und wenn man sich den gewünschten Ballablauf bildhaft vorstellt oder auch akustisch mit dem typischen Geräusch, das die Kugel macht, wenn sie ins Loch fällt, dann stellt sich auch der ganze Körper darauf ein, es so ablaufen zu lassen wie man es eben "gesehen" hat.

4.4.2 Exkurs: Spielschema (Ablauf Stoßvorbereitung)

Für jeden Standard- und Standardpositionsball empfehle ich daher folgendes Ablaufschema, das dem Spieler im Laufe dieses Programmes zur Gewohnheit werden sollte.

1.) Zunächst stellt man sich in Zielrichtung des Balles, möglichst so, dass man zum Ansetzen nur noch einen Schritt nach vorne machen muss. Vor dem Ansetzen stellt man sich den gewünschten Ballverlauf bildhaft und akustisch genau vor.

2.) Dann setzt man an und beginnt mit dem Queue zu schwingen. Währenddessen wird der geradlinige Verlauf des Queues und die gewünschte Treffstelle an der Weißen kontrolliert.

3.) Dann beginnt das eigentliche Zielen. Die Blicke wandern nun, während der Spieler weiterhin das Queue schwingt, immer zwischen der Weißen und der zu treffenden Kugel hin und her. Gleichzeitig ist es möglich, sich den gewünschten Verlauf wieder und wieder bildhaft vorzustellen. Dieser Vorgang dauert so lange bis sich der Spieler sicher fühlt.

4.) Dann kommt der Teil des Schemas, der immer gleich sein sollte. Sobald der Zielpunkt gefunden und der Spieler zum Stoß bereit ist, schwingt er nur noch ein-, zweimal und stößt dann. Am Anfang schadet mitzählen nicht ("Eins, Zwei, Stoß!"), später funktioniert die Bewegung ganz automatisch.

5.) Der letzte Blick beim Abstoß liegt dabei fest auf der zu treffenden Kugel.

Wichtig ist immer gleichmäßig weiterzumachen, egal was passiert. Denn dieses Schema soll helfen, konstant zu spielen und in wichtigen Spielsituationen die nötige Sicherheit geben. Daher sollte man sich dieses Schema in brenzligen Situationen ins Gedächtnis rufen und es ablaufen lassen.

Das Schema liest sich lang und kompliziert, aber wenn es erst einmal routiniert abläuft, sehen Konzentrations- und Bewegungsphase flüssig und übergangslos aus. Niemand wird von außen auf Anhieb erkennen können, dass hier ein System dahintersteckt.

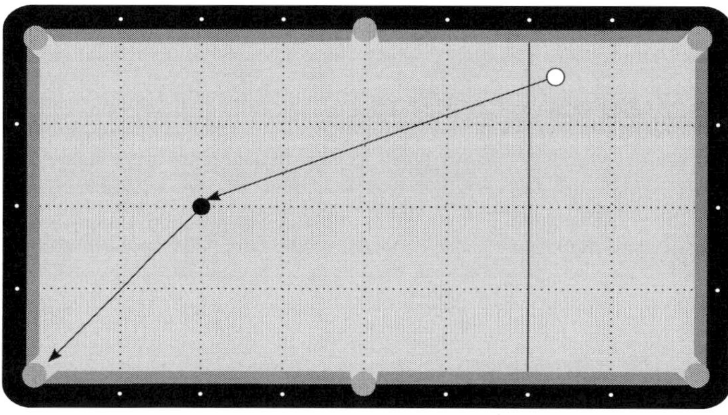

Abbildung 7

Der zweite Standardball kommt am häufigsten vor und sollte somit keinesfalls vernachlässigt werden. Der zu spielende Ball wird auf dem Fußpunkt aufgesetzt, die Weiße darf hinter der Kopflinie verlegt werden (siehe Abb. 7). Der Ball wird von dort Fuß-Rechts bzw. nach einem Treffer Fuß-Links versenkt.

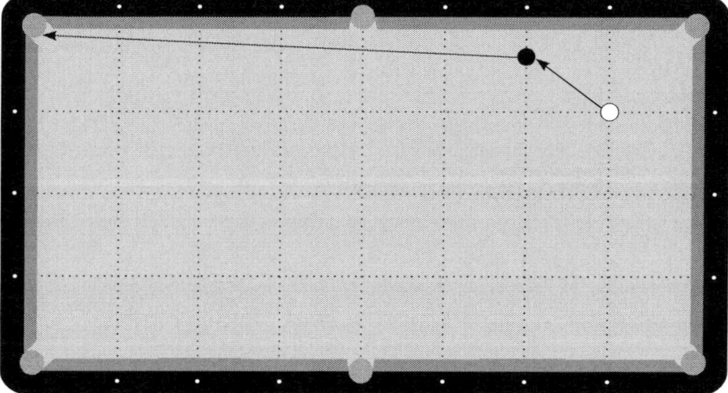

Abbildung 8

Der dritte Standardball ist ein kurzer winkliger Ball. Die zu spielende Kugel wird eine Kugelbreite vom zweiten Diamanten entfernt gelegt und die Weiße dort, wo die ersten Diamanten sich im Kopffeld kreuzen (siehe Abb. 8). Der Ball wird im Wechsel jeweils Fuß-Rechts und Fuß-Links versenkt.

Der vierte Standardball ist ein langer winkliger Ball. Die zu spielende Kugel wird eine Kugelbreite vom fünftem Diamant entfernt gelegt und die Weiße wie beim dritten Standardball, nur auf die andere Seite. Auch dieser Ball wird im Seitenwechsel gespielt (siehe Abb. 9).

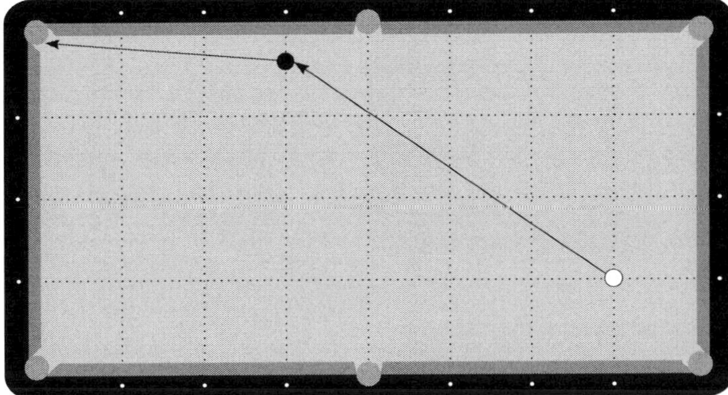

Abbildung 9

Der fünfte Standardball ist auch ein sehr häufig auftretender Ball, er ist ein Vertreter aller kurzen winkligen Ecklochbälle, bei denen die Weiße oft an der Bande liegt. Hier wird die zu spielende Kugel auf den Fußpunkt oder auf den Kopfpunkt gelegt, denn auch dieser Ball wird beidseitig gespielt. Die Weiße wird press an die Bande, auf Höhe des zweiten bzw. sechsten Diamanten gelegt (siehe Abb. 10).

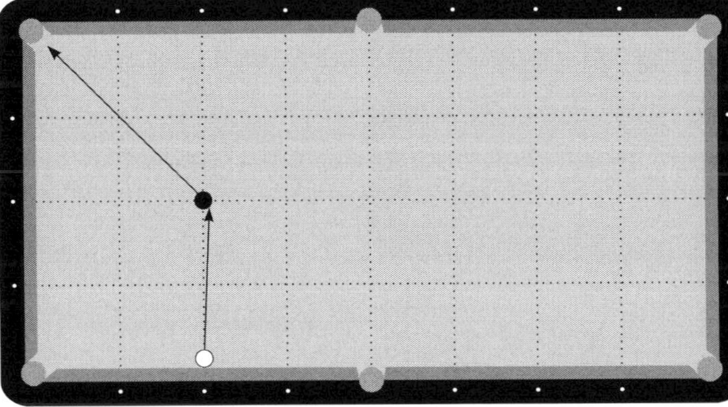

Abbildung 10

Der sechste Standardball ist ein sehr dünner Ball. Von einem dünnen Ball spricht man im allgemeinen dann, wenn die zu spielende Kugel sehr weit außen, also dünn, angespielt wird. Bei diesem Standardball wird die zu spielende Kugel in der Tischmitte aufgesetzt und die Weiße hinter der Kopflinie auf Höhe des ersten Diamanten der kurzen Bande (siehe Abb. 11). Auch hier wird jeweils nach einem Treffer von Mitte rechts auf Mitte links gewechselt.

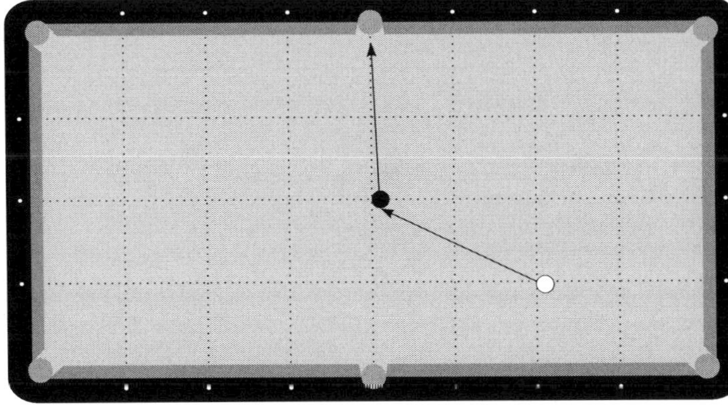

Abbildung 11

Der siebte Standardball ist ein langer Mittellochball, bei dem man etwas die Angst vor dem Mittel-

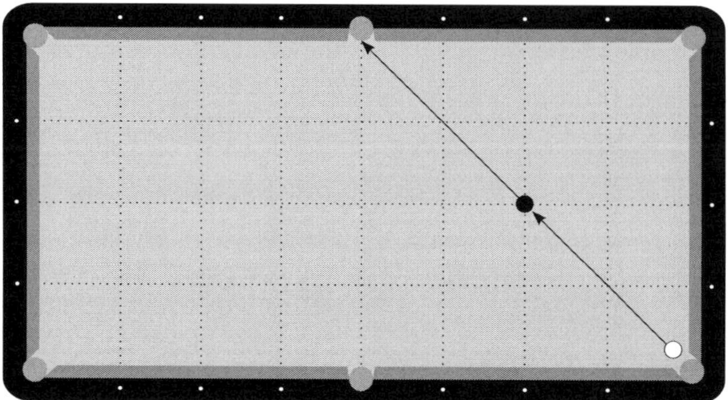

Abbildung 12

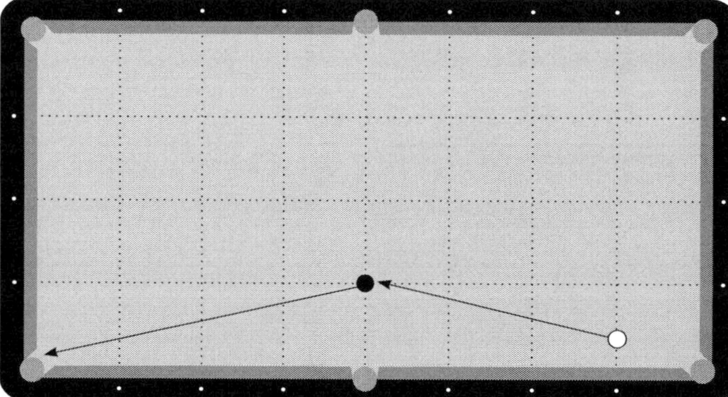

Abbildung 13

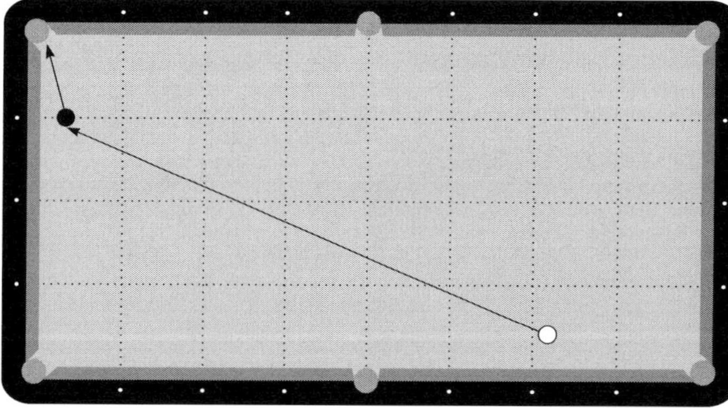

Abbildung 14

loch, mit dem viele Spieler Schwierigkeiten haben, ablegen sollte. Die zu spielende Kugel wird auf dem Kopfpunkt aufgesetzt und die Weiße jeweils Kopf-Rechts bzw. Kopf-Links vor das Loch gelegt (siehe Abb. 12).

Der achte Standardball ist auch ein sehr wichtiger Ball, bei dem die zu spielende Kugel vor dem Mittelloch auf Höhe des ersten Diamanten der kurzen Bande aufgesetzt wird. Die Weiße wird eine Kugelbreite vom ersten Diamanten der langen Bande entfernt aufgesetzt, die Übung wird wiederum beidseitig wiederholt (siehe Abb. 13).

Der neunte und letzte Standardball ist ein langer dünner Ball, bei dem die zu spielende Kugel eine kugelbreit vor dem ersten Diamanten der Fußbande aufgesetzt wird. Die Weiße darf hierbei hinter der Kopflinie verlegt werden (siehe Abb. 14).

4.5 Erstes Ausweichprogramm

Die Ausweichprogramme - vier an der Zahl - sind im allgemeinen für den Fall gedacht, dass jemand auch nach mehrfachem Anlauf eine Übung, einen Standardball oder Standardpositionsball nicht geschafft hat. Mit mehrfachem Anlauf heißt in diesem Fall, dass eine beliebige Übung oder ein Übungsball gemäß dem Programm nach vier einzelnen Tagen (die Tage können auf vier Wochen verteilt gewesen sein) nicht geschafft wurde und dabei pro Tag eine halbe Stunde für diese Übung aufgewendet wurde. Sollte dieser Fall eintreten, kann der Betreffende einfach das erste Ausweichprogramm durchspielen. Hat er das geschafft, kann er im Hauptprogramm weitermachen und die Übung, an der er scheiterte, an das Ende der entsprechenden Rubrik verschieben.

Sollte er an irgendeiner Stelle im Programm zum zweiten Mal scheitern, hat er das zweite Ausweichprogramm durchzuspielen, beim dritten Mal das dritte und beim vierten Mal das vierte Ausweichprogramm.

Die Ausweichprogramme sind praktisch ein Ansammlung von verschiedenen Trainingseinheiten, die alle erfüllbar sind, da es allenfalls eine Frage der Zeit ist, bis sie geleistet werden können. Sie beinhalten aber auch fraglos einige sehr wichtige Übungen. Falls sich jemand fehlerlos durcharbeiten konnte, ist es ihm dennoch anzuraten, die Ausweichprogramme möglichst noch vor dem Kapitel mit den kritischen Stößen durchzugehen.

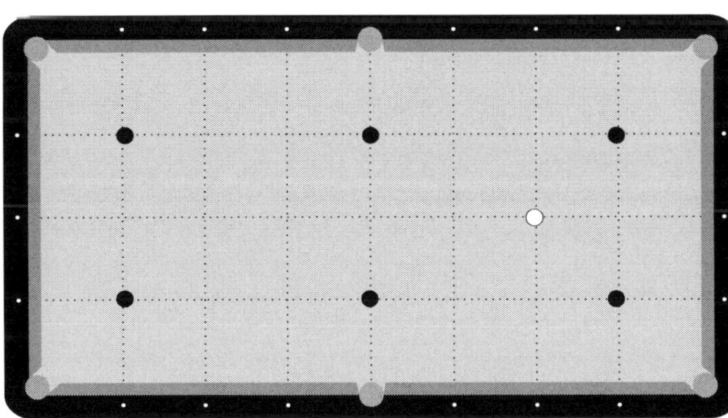

Abbildung 15

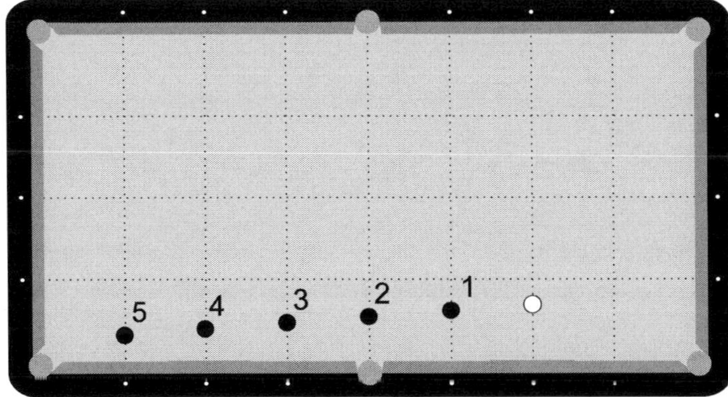

Abbildung 16

Die erste Übung des ersten Ausweichprogrammes ist die Wiederholung der Übung aus Abbildung 3 plus den Randpositionen.

Nach Beendigung des ersten Ausweichprogrammes sollte man noch einmal die Übung von Abbildung 4 wiederholen, bis sie dreimal hintereinander geglückt ist..

Bei der Übung gemäß Abbildung 15 hat der Spieler mit der Weißen am Anfang “Ball in Hand”. Er kann also beliebig starten, nachdem er die sechs Bälle gemäß Zeichnung an den Diamantenkreuzungspunkten platziert hat. Diese Kugeln sollten mit höchstens zwei Aufnahmen versenkt werden. “Ball in Hand” hat man aber nur zu Beginn, danach werden die Kugeln aus der Position gespielt, die sie nach jedem Stoß einnehmen. Nach dem zweiten Fehlschuss beginnt man von vorne.

In dieser Übung (Abbildung 16) liegt die zu treffende Kugel in fünf verschiedenen Positionen. Man beginnt mit der ersten Position und verlegt die Weiße hinter der Kopflinie. Dieser Ball wird so lange gespielt, bis es gelungen ist, ihn als Stoppball zu versenken. Erst dann ist die zweite Position und alle weiteren an der Reihe.

In der letzten Übung des ersten Ausweichprogramms ist die Ausgangssituation dieselbe wie in der vorangegangenen Übung. Diesmal werden nur die ersten zwei Positionen, diese jedoch als Rückläufer mindestens bis an die Bande, gespielt.

4.6 Erläuterung Effet

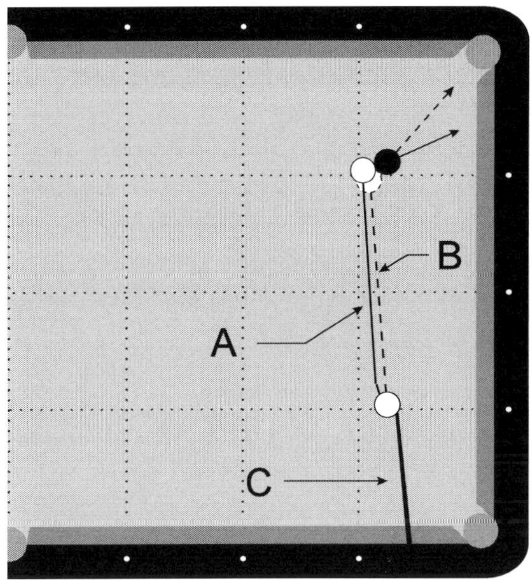

Abbildung 16a: Dieser Stoß wird mit rechtem Effet und fest gespielt. (A) Tatsächlicher Verlauf, (B) Ziellinie, (C) Queue

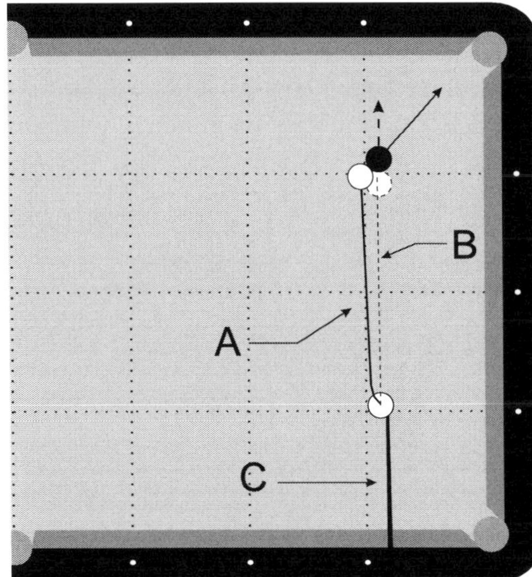

Abbildung 16b: Da die Weiße mit rechtem Effet und fest gespielt wird, muß man die Kugel voller anzielen! (A) Tatsächlicher Verlauf, (B) Ziellinie, (C) Queue

Eine der wichtigsten Angelegenheiten im Pool-Billard ist der Effet, also der Drall, den man den Kugeln beim Stoß mitgibt. Immer den richtigen Effet mitzugeben ist eine ganz besondere Kunst und kann nur durch Erfahrung und viel Übung beherrscht werden.

Beim Spiel mit rechtem oder linkem Effet müssen folgende Dinge beachtet werden:

1.) Gibt man rechten Effet, bricht die Weiße zunächst etwas nach links aus, bevor sie in Spielrichtung läuft. Ihre Bahn ist also nach links versetzt.

2.) Trifft die Weiße mit rechtem Effet eine Kugel, weicht diese Kugel von ihrer Bahn etwas nach links ab.

Aus Punkt eins ergibt sich, dass eine Kugel, die mit rechtem Effet getroffen werden soll, etwas weiter rechts angezielt werden muss.

Aus Punkt zwei ergibt sich, dass eine Kugel, die mit rechtem Effet getroffen werden soll, etwas weiter links angezielt werden muss. Die Folgerungen aus Punkt eins und zwei bilden einen Widerspruch.

Fazit: Es gibt Situationen, bei denen sich diese gegensätzlichen Wirkungen gegenseitig aufheben.

Dies ist jeweils davon abhängig, wie fest man spielt. Beide Punkte sind in der Intensität ihrer Wirkung nämlich von der Kraft abhängig. Denn je fester gespielt wird, um so weniger Effet nimmt die zu treffende Kugel an. Entsprechend gering ist die Abweichung, dafür um so größer ist die versetzte Bahn der Weißen.

Es gilt also: Wenn eine Kugel mit rechtem Effet fest angespielt werden soll, muss der Spieler diese etwas weiter rechts anzielen. Soll die gleiche Kugel allerdings sehr

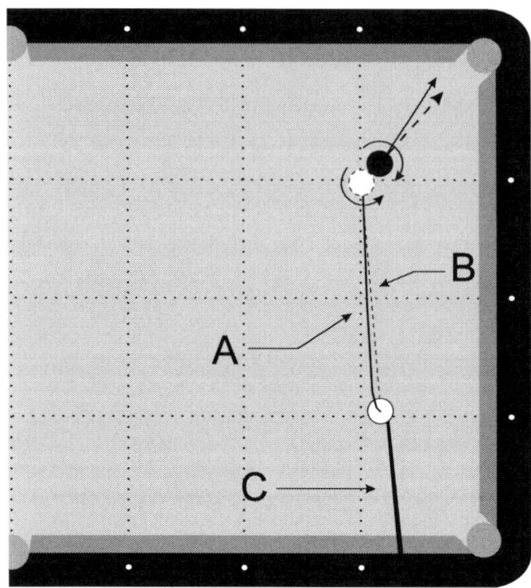

Abbildung 16c: Die Weiße wird mit rechtem Effet und leicht gespielt. (A) Tatsächlicher Verlauf, (B) Ziellinie, (C) Queue

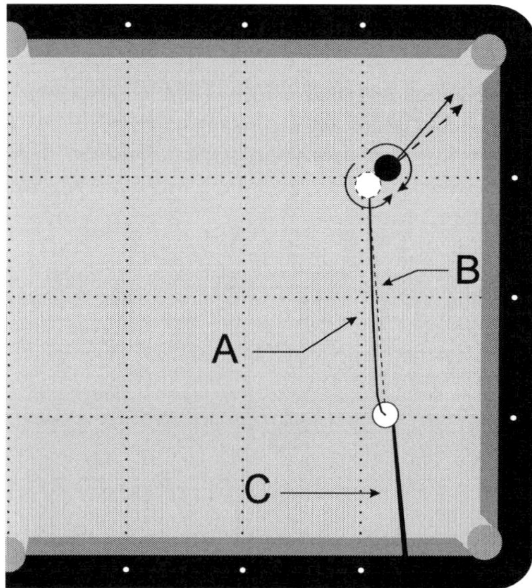

Abbildung 16d: Da die Weiße mit rechtem Effet und leicht gespielt wird, muß man geringfügig dünner zielen! (A) Tatsächlicher Verlauf, (B) Ziellinie, (C) Queue

leicht gespielt werden, muss man diese etwas weiter links anzielen (siehe Abb. 16a-d).

Zu beachten ist: Je voller die anzuspielende Kugel getroffen wird und um so näher diese zur Weißen liegt, desto mehr Effet nimmt diese an. Also muss auch dieser Effekt entsprechend mehr berücksichtigt werden.

Es lohnt sich, sich beim Üben diese Überlegungen immer wieder zu vergegenwärtigen, dann wird man sehr schnell das entsprechende Augenmaß und Gefühl für diese Bälle entwickeln.

Ist die Entfernung zwischen der Weißen und der zu treffenden Kugel größer, muss noch eine weitere Komponente berücksichtigt werden. Es ist der Bogen, den die Weiße, für das bloße Auge kaum sichtbar, beschreibt. Dieser Bogen ist in der Hauptsache davon abhängig, wie steil man in die Weiße hineingeht. Wird die Weiße rechts außen und horizontal gesehen mittig angespielt und geht der Spieler dabei auch geradlinig durch, so wird kein Bogen entstehen. Die Bahn der Weißen wird nur leicht nach links versetzt verlaufen. Doch je mehr das Queue hinten angehoben wird und man damit beim Durchgehen leicht von oben nach unten geht, um so mehr wird ein Bogen entstehen, der berücksichtigt werden muss (siehe Abbildungen 17, 18 und 19).

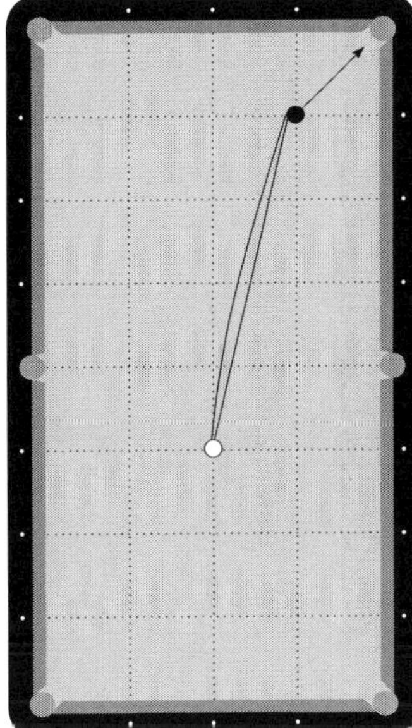

Abbildung 17: Die Weiße mit rechtem Effet, mittelfest und tief gespielt.

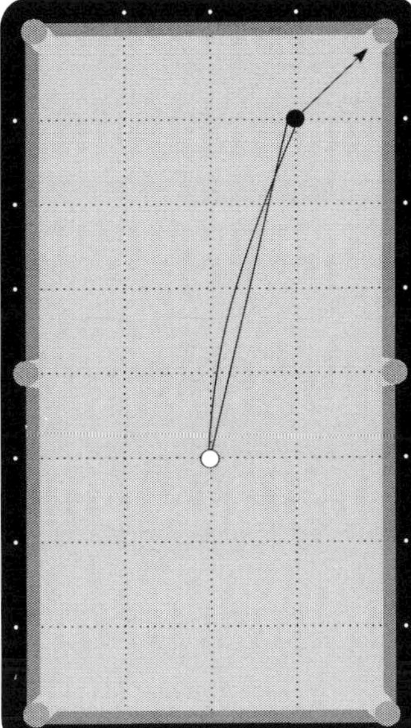

Abbildung 18: Die Weiße mit rechtem Effet und leicht gespielt. Das Queue wird dabei etwas steiler geführt.

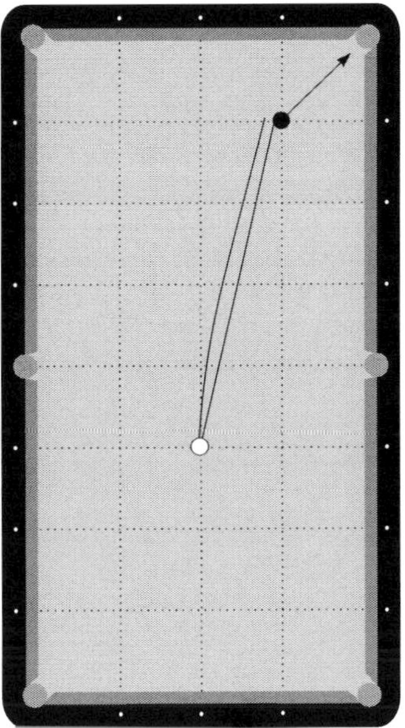

Abbildung 19: Die Weiße mit rechtem Effet gespielt, Tempo unabhängig. Horizontal gesehen in der Mitte treffen (also Mitte/rechts) und das Queue geradlinig durchführen.

4.6.1 Effetverstärkung

Vor den Anwendungsmöglichkeiten des Effets ist noch ein Hinweis darauf notwendig, wie man den Effet durch eine gewollt nicht geradlinige Stoßführung verstärken kann. Will man z.B. rechten Effet geben, zieht man im Stoß bzw. beim Durchgehen das Queue etwas nach rechts. So wird der Effet deutlich verstärkt.

Viele Spieler benutzen diese Technik, teils bewusst und teils unbewusst. Oftmals werden Spieler nach einem solchen Stoß sogar kritisiert, dass sie den Stoß schon wieder verzogen hätten. Tatsächlich ist dies eine Technik, die oft von ganz allein kommt und bei Spitzenspielern durchaus legitim und selbstverständlich ist. Beachten sollte man dabei das Queue am Griffende gut festzuhalten, damit der Stoß auch kontrolliert ausgeführt werden kann. Bei zumindest zwei der Standardpositionsbälle (siehe auch Kapitel 4.11) wird diese Technik notwendig.

Einige exemplarische Situationen sollen zeigen, wo der Effet nützlich sein kann bzw. unerläßlich ist.

1.) Um an Bällen noch knapp vorbeizukommen, siehe Abbildung 20
2.) Winkelentschärfung zwecks Position, siehe Abbildung 21
3.) Um das Tempo der Weißen zu bremsen, siehe Abbildung 22
4.) Maßgeblich natürlich, um Richtung und Tempo der Weißen zu beeinflussen, nachdem sie eine Bande berührt hat.

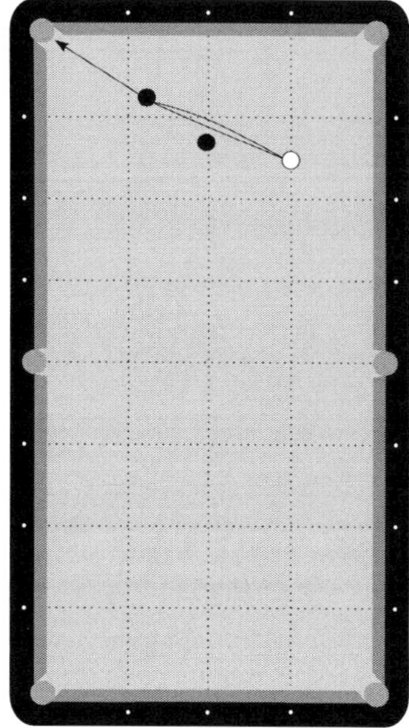

Abbildung 20

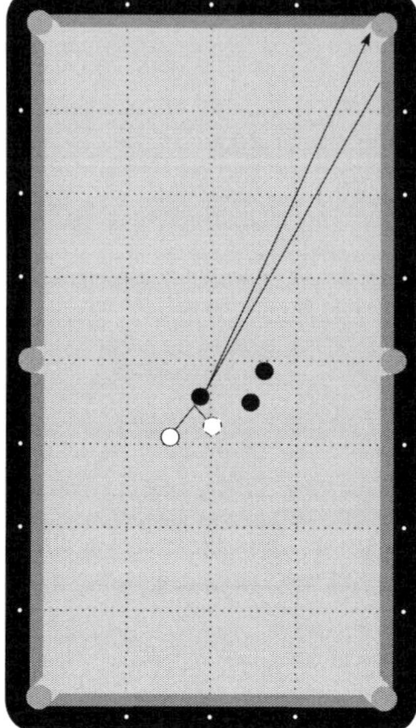

Abbildung 21: Liegt die zu treffende Kugel besonders nah an der Weißen, so ist die Abweichung der zu treffenden Kugel entsprechend höher.

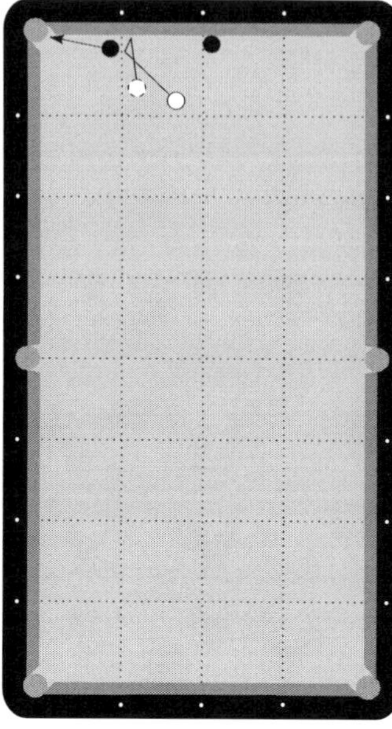

Abbildung 22

5.) Um das Tempo der Weißen nach der Bandenberührung zu erhöhen, siehe Standardpositionsball Nr.: 3.

Ansonsten sollte man soweit es geht Effet vermeiden. Denn je mehr Komponenten man ins Spiel bringt, um so mehr muss man auch kontrollieren können. Und es ist eben schwieriger, auf mehrere Dinge zu achten als auf wenige. Dies gilt besonders für den Anfänger.

4.7 Erläuterung: Druckstoß

Im Gegensatz zur vorangegangenen Effet-Session und zur noch folgenden Kiss- und Throw-Shot-Session ist die Druckstoß-Session nicht nur als Erklärungsrubrik zu sehen, sondern sie beinhaltet auch eine weitere Übung.

Der Druckstoß ist eigentlich nichts weiter als eine Technik, mit der man all die anderen Positionsspielarten (Rückläufer, Nachläufer, Effet, natürlicher Lauf) steuern kann.

Der Druckstoß kann den Rückläufer, den Nachläufer und den Effet in Richtung und Tempo kontrollieren. Mit dem Druckstoß gelingt es auch bei Bällen mit minimalem Winkel, die Weiße noch möglichst maximal der Kiss-Shot-Tangente entlang zu spielen (zur Verdeutlichung dieser Aussage siehe Abbildung 23 mit einem Beispiel).

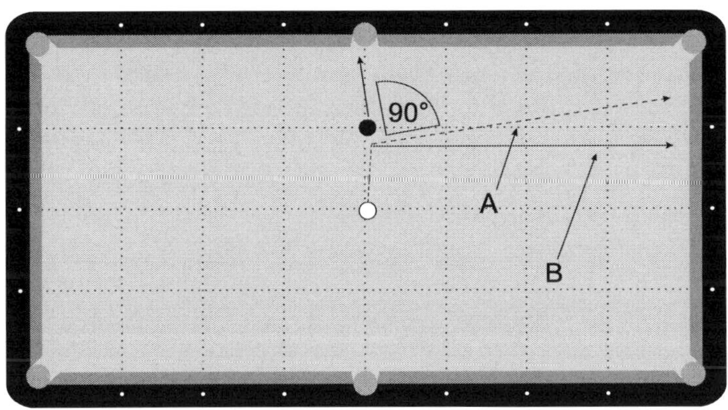

Abbildung 23: (A) Kiss-shot-Tangente, (B) möglicher Lauf der Weißen.

Beim Lauf der Weißen gemäß der Abbildung müsste die Weiße ganz knapp unterhalb der Mitte gespielt werden. Würde man die Weiße genau mittig spielen, würde sie auch genau der Kiss-Shot-Tangente folgen.

Dieser Ball wird als "reiner Druckstoß" bezeichnet. Dabei sollte man nicht nur auf den Anspielpunkt an der Weißen achten, sondern auch auf den weiteren geradlinigen Verlauf des Queues beim Stoß.

Weiterhin muss man beachten, dass der "reine Druckstoß" (Stoß gemäß Abbildung 23) sich als ein kräftiger aber kurz gespielter Ball versteht. Wenn man diesen Ball dann zunehmend oberhalb der Mitte anspielt, wird man feststellen, dass er entsprechend stark die Kiss-Shot-Tangente kreuzt. Sobald er etwas tiefer gespielt wird, entfernt sich die Weiße im weiteren Verlauf immer mehr von der Kiss-Shot-Tangente.

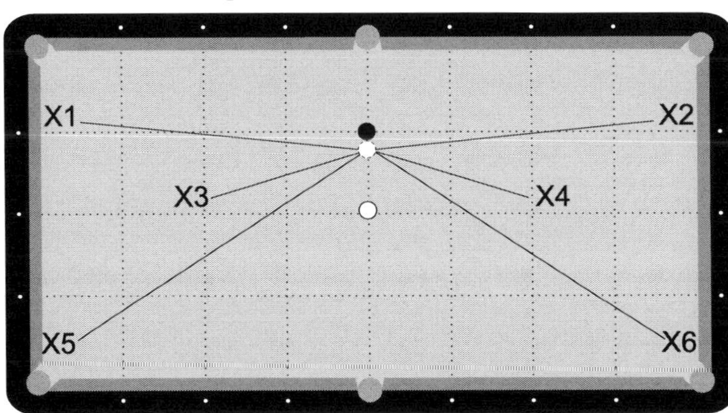

Abbildung 24:

Der Druckstoß versteht sich aber nicht nur als ein Ball, der die Weiße möglichst weit entlang der Kiss-Shot-Tangente laufen lässt. So kann man auch Nachläufer oder Rückläufer, wenn man diese etwas kürzer, aber kräftiger spielt, kontrollieren. Dazu müssen diese weniger extrem hoch oder tief angespielt werden. Der Druckstoß bleibt jedoch, was Rückläufer betrifft, auf kurze Entfernungen beschränkt. Er bringt allerdings gerade auf den kurzen Distanzen weitaus mehr Kontrolle und Sicherheit. Je mehr Winkel ein Ball hat, um so mehr verliert der Druckstoß an Bedeutung.

Die Übung funktioniert folgendermaßen: Man platziert die Kugel gemäß Abbildung 24. Theoretisch und auch praktisch kann von hier aus jede beliebige Position auf dem Tisch sogar auf mehrere verschiedene Arten erreicht werden. Z.B. die erste und zweite Position kann man jeweils direkt als "reinen Druckstoß" erreichen, außerdem auch als Druckstoßnachläufer mit oder ohne Effet über die vom Kopfpunkt aus gesehen rechte, lange Bande, sowie als Rückläufer mit wenig Druck und etwas Effet über die linke, lange Bande. Die in der Übung gekennzeichneten Positionen sollen allerdings alle direkt erreicht werden. Man versenkt den Ball und versucht, dabei die erste Position zu erreichen. Dabei sollte man sich etwa ein DIN A4 Blatt Toleranz geben. Sobald eine Position erreicht ist, geht man zur nächsten Position über. Bei der dritten und vierten Position dient das Dreieck als Toleranzfeld, bei der fünften und sechsten Position die Linie der benachbarten Diamanten. Die Weiße darf dabei aber nicht fallen. Alles in allem ist diese Übung in ungefähr 20 Minuten zu bewältigen. Ein Tipp noch: Da der Druckstoß ein kurz gespielter Stoß ist, empfehle ich auch dringend die Benutzung eines kürzeren Bocks.

4.8 Erläuterung: Kiss- und Throw-Shot

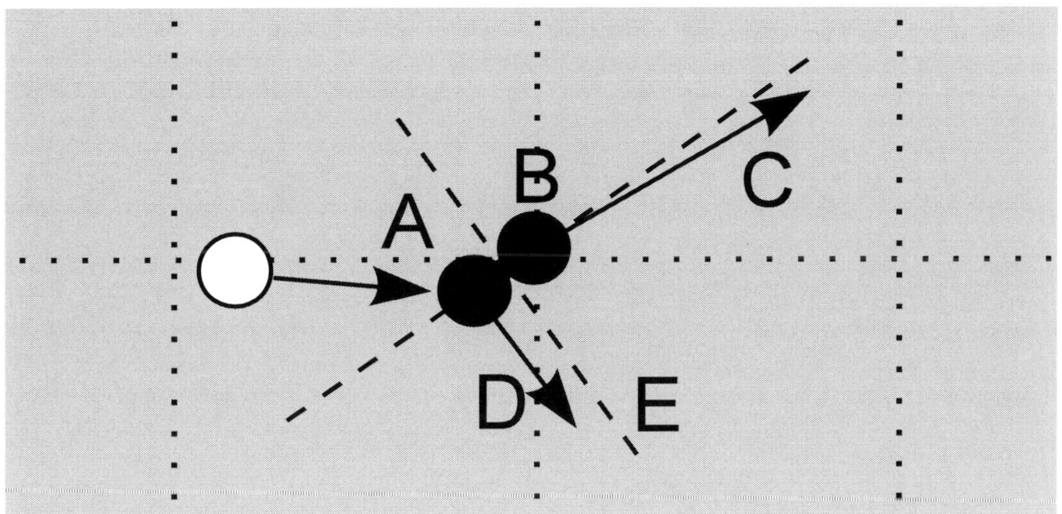

Abbildung 25: (A) Kugel A, (B) Kugel B, (C) Throw-shot, (D) Kiss-shot, (E) Kiss-shot-Tangente

Hier geht es um Bälle, die press oder fast press aneinander liegen. Diese Bälle fallen wie einige andere unter den Sammelbegriff "Kombinationen". Bei einer Kombination wie in Abbildung 25, die außerhalb der Mitte anzuspielen ist, betrachtet man einerseits den Verlauf von Kugel A (Kiss-Shot) und andererseits den Verlauf von Kugel B (Throw-Shot). Es sind genau diese Kiss- und Throw-Shots, nach denen Spieler im 14.1e-Spiel, bei nur leicht angespieltem Rack, Ausschau halten. Auch zahlreiche Trickstöße und wie man diese genau platziert, basieren auf "Kiss" und "Throw".

4.8.1 Kiss-Shot

Spielt man also eine Kugelkombination z.B. rechts an, so wird die angespielte Kugel parallel zur Tangente nach links ihren weiteren Verlauf nehmen, vorausgesetzt die Weiße hat dabei ihren natürlichen Lauf. Sie darf also keinen Rücklaufeffet haben, denn das würde sie dazu bringen, die Linie zu kreuzen. Was die Beeinflussung des Kiss-Shots angeht: Dieser fortgeschrittene Aspekt wird erst unter der Rubrik "Kritische Stöße" behandelt. Wenn man die Kugel gemäß Abbildung 26 hinlegt und entsprechend spielt, wird man feststellen, dass man sich tatsächlich auf den ordnungsgemäßen Verlauf der

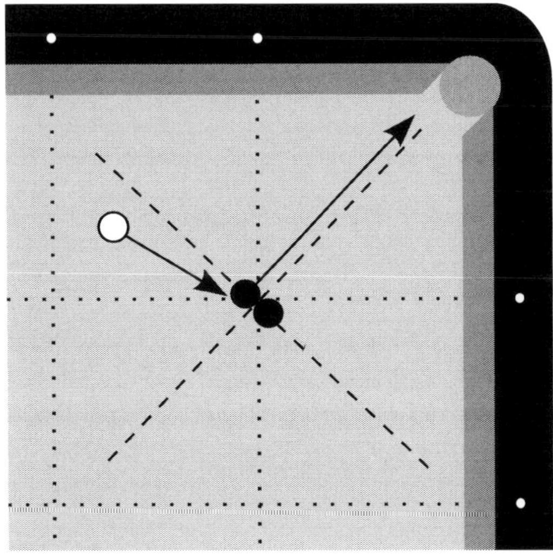

Abbildung 26

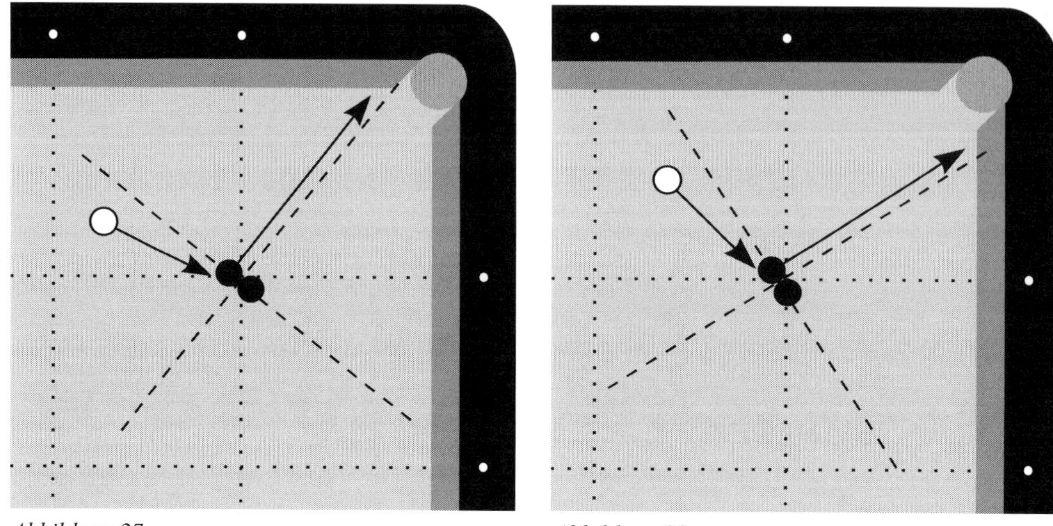

Abbildung 27 *Abbildung 28*

Kugeln verlassen kann. Ebenso kann man, wenn man mit dem Auge etwas Übung hat, sehen, dass so manche Kiss-Shot-Kombination, die man vielleicht versucht ist zu spielen, eben doch nicht gehen kann, wie z.B. Abb. 27 links und 28 rechts vorbei.

Weitere Kiss-Shot Anwendungen siehe Abbildungen 29 bis 32.

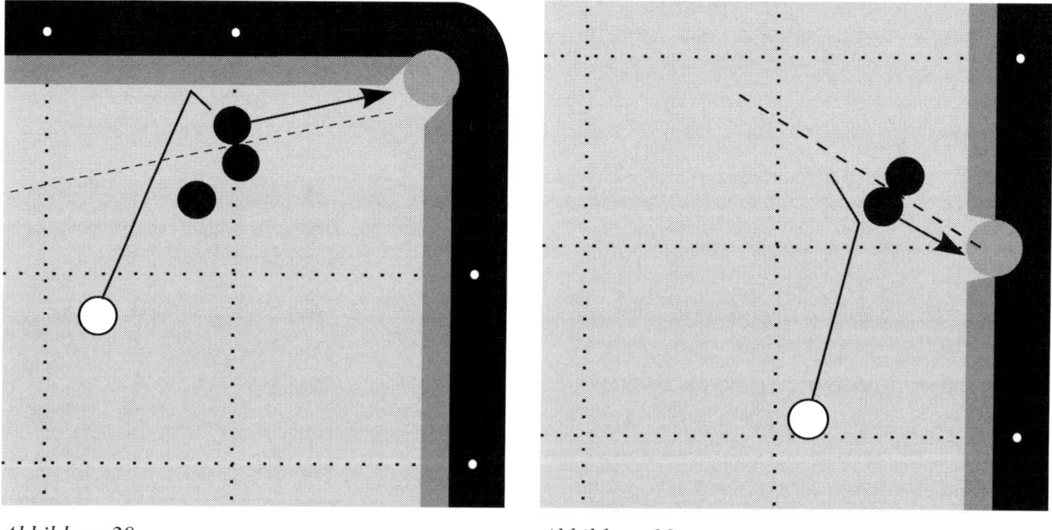

Abbildung 29 *Abbildung 30*

Je weiter die Kombinationen auseinander liegen, um so mehr ist das Einschätzungsvermögen eines Spielers gefragt. Vergessen sollte man hierbei nicht, das Drehmoment der angespielten Kugel zu berücksichtigen, denn dieses sorgt dafür, dass die betreffende Kugel die Kiss-Shot-Tangente im weiteren Verlauf etwas kreuzt.

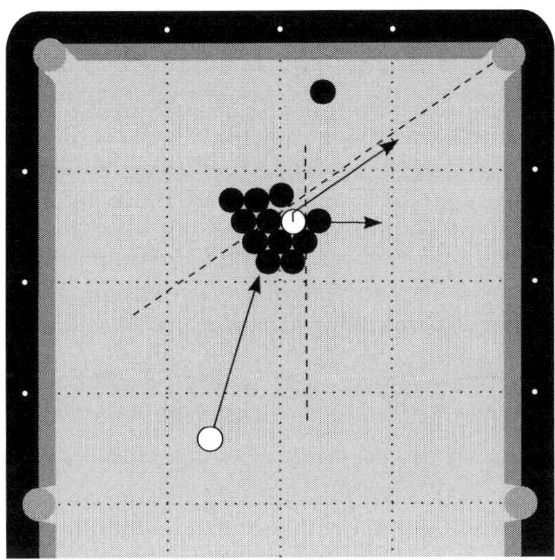

Abbildung 31

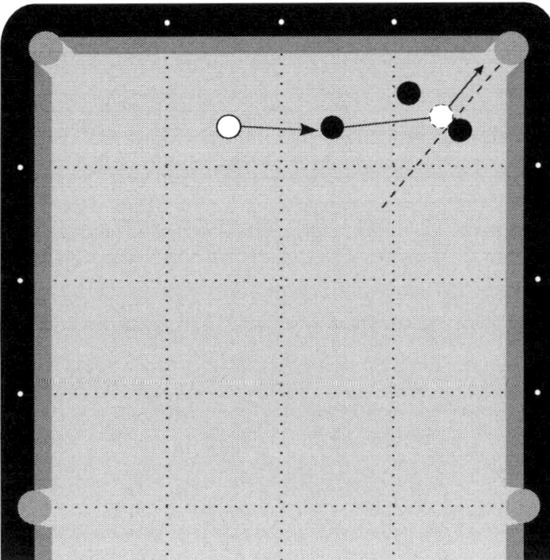

Abbildung 32

4.8.2 Throw-Shot

Im Mittelpunkt steht der Verlauf von Kugel zwei aus der Abbildung 25. Wenn man die Mittelpunkte von Kugel A und B verbindet und entsprechend verlängert, erhält man eine Linie, die die Richtung angibt, in die die Kugel laufen sollte. Tatsächlich läuft die Kugel nur dann gemäß dieser Richtungslinie, wenn man die Kombination auch auf dieser Linie - also gerade - anspielt.

Wenn eine solche Kombination von der Weißen z.B. auf der rechten Seite getroffen wird, so weicht Kugel B in ihrem weiteren Verlauf immer weiter nach links von der vorgegebenen Richtungslinie ab und umgekehrt.

Diese Abweichung ergibt sich aus dem Vorwärtsimpuls, dem Drehmoment und der "Fettigkeit" der Kugeln. Man sagt auch, die Kugeln werden von der Weißen "geschoben". Nun gibt es Situationen, in denen dieser Effekt so maximal wie möglich erzeugt werden soll, und Situationen, in denen man ihn so gering wie möglich halten will.

Dazu muss gesagt werden, von welchen Faktoren dieser Effekt beeinflusst wird. In erster Linie ist dies der Anspielwinkel. Trifft man die Kombination gerade bzw. "voll", so ist die Abweichung wie schon erwähnt gleich Null. Trifft man dagegen wie im dargestellten Fall Kugel A sehr dünn, also fast 90°, so geht die Abweichung auch gegen Null. Optimal, so dass der Effekt voll zur Geltung kommt, ist daher ein Anspielwinkel von ungefähr 45°.

Spielt man die Kombination "voller" oder "dünner" an, so verringert sich der Schiebeeffekt von Kugel B. Spielt man sie "dünner" an, muss man fester spielen, damit Kugel B auch noch ihr Ziel erreicht.

Eine weitere wichtige Komponente ist daher die Kraft.

Es gilt: Je leichter man spielt, um so stärker ist der Effekt.

Als weiterer Faktor ist der Effet zu nennen, doch hat dieser nur geringen Einfluss. Spielt man die Kombination hingegen gerade an, so gewinnt der Effet hier zunehmend an

Bedeutung. In einem bestimmten Rahmen kann man die Wirkung jedoch mit dem entsprechenden Effet verstärken oder vermindern. Außerdem spielt es eine Rolle, ob die Kugeln neu bzw. frisch poliert oder alt und eher fettig sind. Bei letzterem ist die Wirkung aufgrund des längeren Kontakts und der erhöhten Reibung weitaus größer als bei den neuen oder frisch gereinigten Kugeln. Liegen die Kugeln nicht ganz press aneinander, so lässt der Effekt entsprechend nach. Bei fettigen Kugeln kann jedoch auch bei ca. 7 mm Abstand noch gute Schiebewirkung erzeugt werden. Ist der Abstand aber zu groß, bricht die Wirkung völlig ab. Schließlich erhält Kugel B einen völlig anderen Treffpunkt und damit einen gegenteiligen Richtungsverlauf. Diesen kann die Schiebewirkung bzw. der "automatische Effet" nicht mehr ausgleichen.

Anwendungsbeispiele gibt es viele: Die folgenden Abbildungen werden den nötigen Aufschluss geben.

1.) Standardsituation auf Mittelloch u. Eckloch, siehe Abbildung 33
2.) lange Version, siehe Abbildung 34
3.) Situation gerade mit vorgelegtem Winkelball. Hinweis auf Kraft, siehe Abb. 36
4.) Testsituation, siehe Abbildung 35
5.) Situation nur mit Weißen und Kugel, siehe Abbildung 37

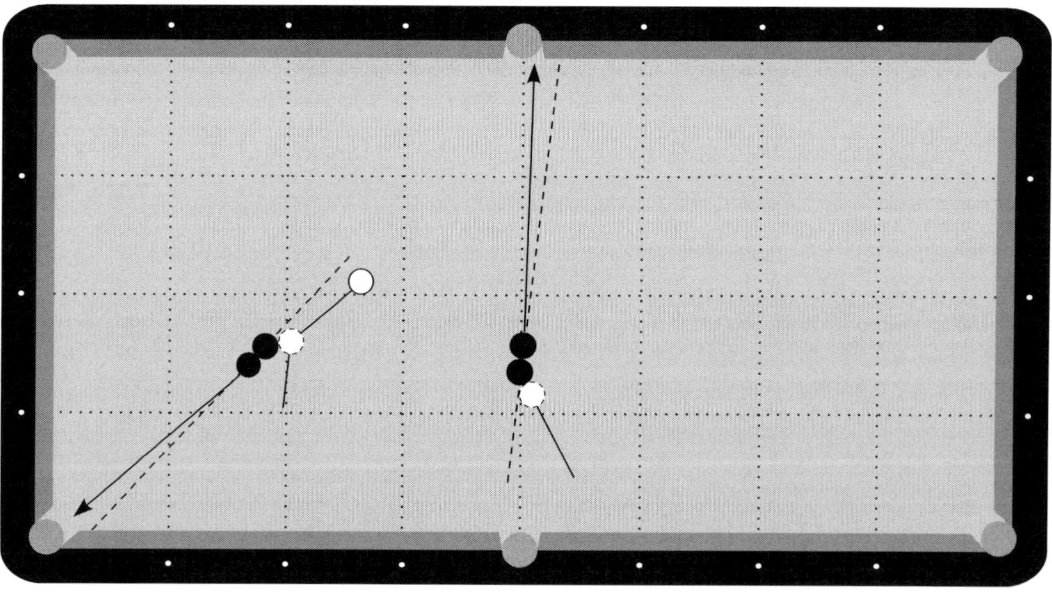

Abbildung 33

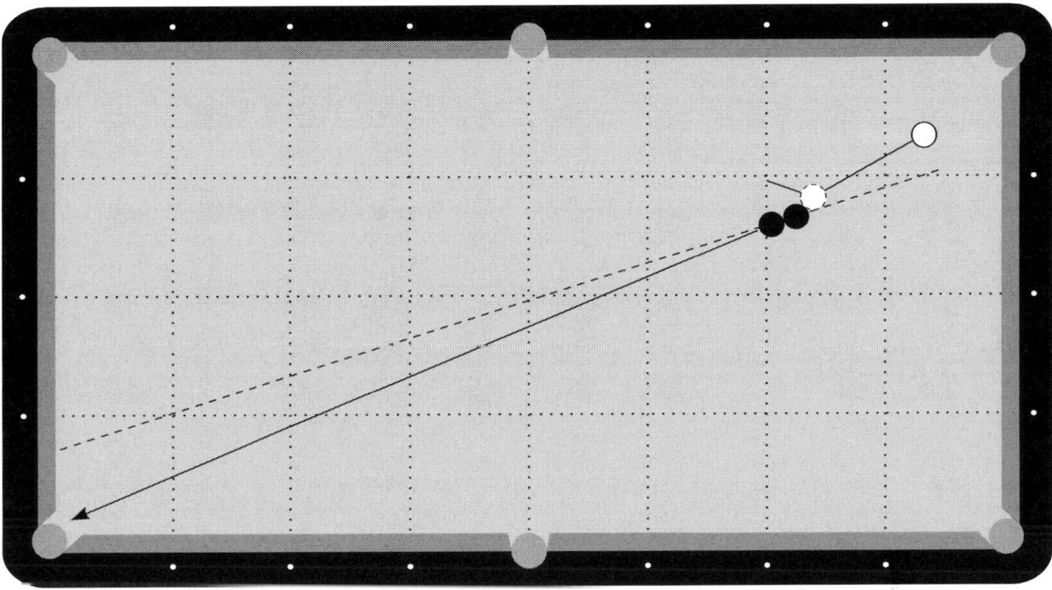

Abbildung 34

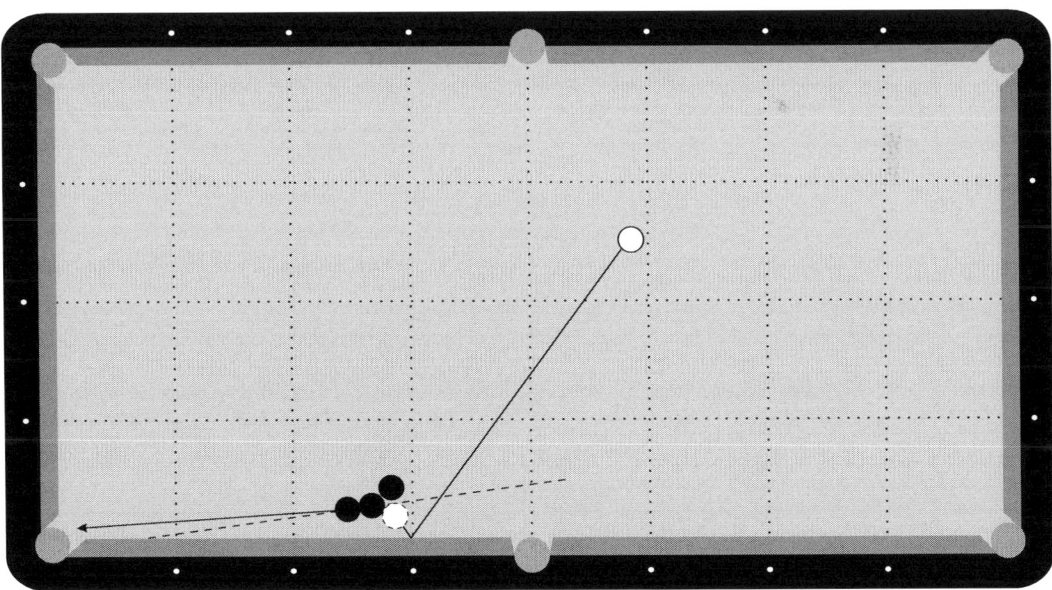

Abbildung 35

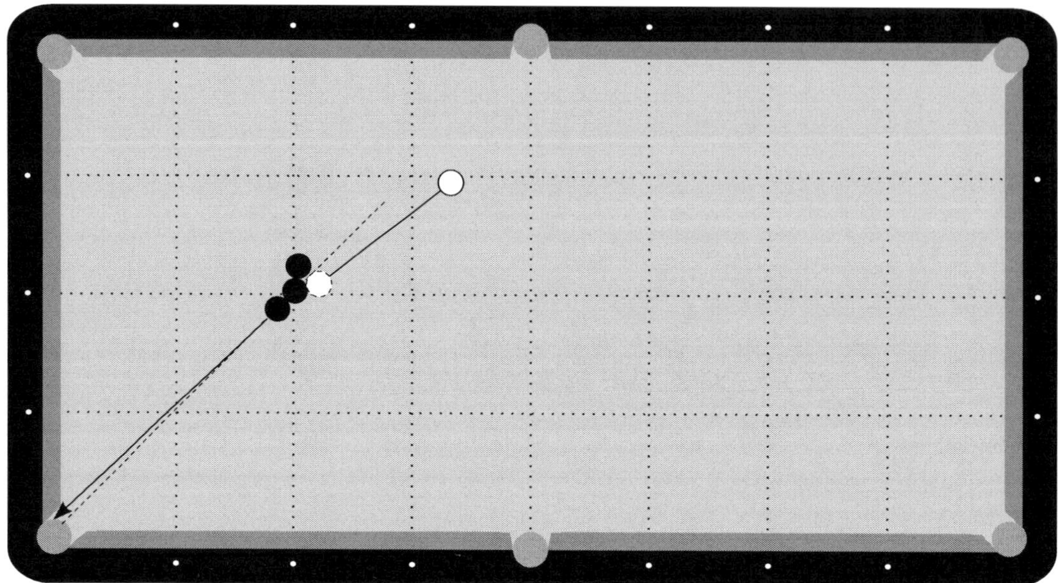

Abbildung 36: Dieser Stoß muß sehr hart und „glatt" gespielt werden, um die Schiebewirkung weitestgehend zu unterdrücken.

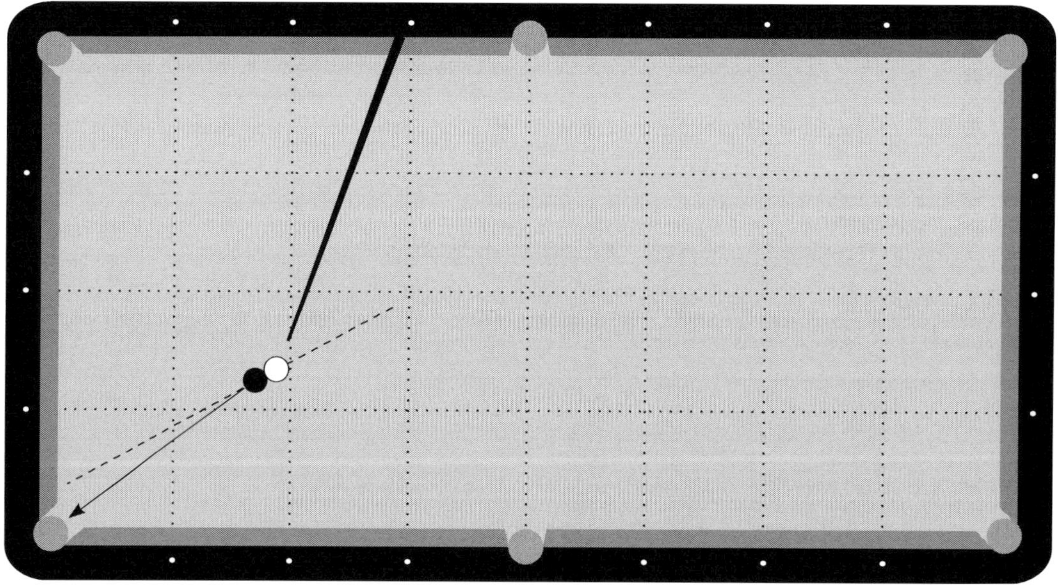

Abbildung 37: Auch Kombinationen, die mit der Weißen gebildet werden, können, wenn man mit dem Queue die richtige Spielrichtung wählt, gemäß dem Throw-Shot-Prinzip entsprechend beeinflußt werden.

4.9 Kleine Positionsübungen

4.9.1 Erste Übung:

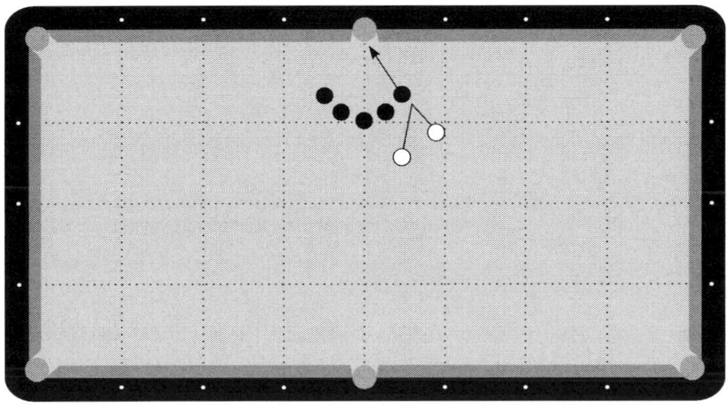

Abbildung 38

Aus der Abbildung 38 kann man schon sehr gut ersehen, um was es hierbei geht. Die Kugeln werden im Halbkreis um das Mittelloch aufgebaut. Man platziert die Weiße nach Belieben und beginnt von einer Seite, die Kugeln der Reihe nach zu versenken mit anschließender Position zur nächsten und so weiter. Verschießt man einen Ball, so beginnt man von vorne. Außerdem darf die Weiße keine Bande berühren, auch nicht beim letzten Ball. Wenn man die Weiße zu Beginn nah genug und ohne Winkel platziert, wird man sehen, dass man hier mit kurz gespielten Druckstoßrückläufern auskommt. Der Winkel, der sich aus der Lochtoleranz ergibt, reicht völlig aus, um die Weiße zur nächsten Position laufen zu lassen. Kleine Positionsfehler lassen sich durch Effet etwas ausgleichen (Winkelentschärfung durch Effet 4.6). Als Pflicht, um im Programm weiterzukommen, muss die Übung mit fünf Kugeln erfüllt werden. Man kann sie auf bis zu 15 Kugeln ausweiten.

4.9.2 Zweite Übung:

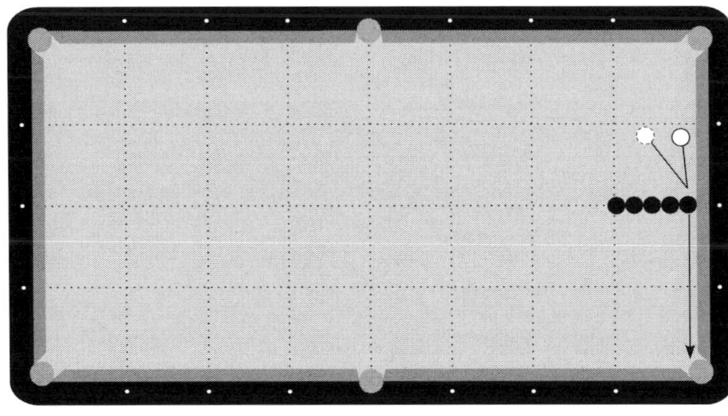

Abbildung 39

Bei dieser Übung platziert man die Kugeln gemäß Abbildung press aneinander und spielt von der ersten Kugel ausgehend der Reihe nach alle Kugeln mit Position zur jeweils nächsten in die Tasche. Bei dieser Übung darf die Weiße natürlich die Bande berühren. Man spielt die erste Position am besten als kurz gespielten Druckstoßrück-läufer mit linkem Effet. Als Pflicht, um im Programm weiterzukommen, muss die Übung mit fünf Kugeln erfüllt werden. Man kann sie auf bis zu acht Kugeln ausweiten.

4.9.3 Dritte Übung:

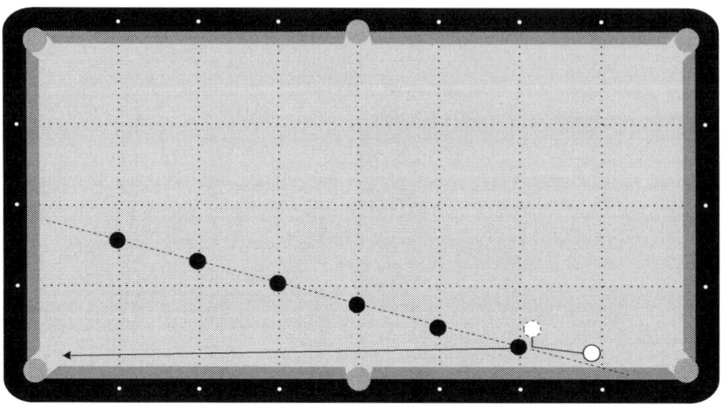

Abbildung 40

Diese Positionsübung sieht schon etwas schwieriger aus. Sie fällt den meisten Spielern auch etwas schwerer, obwohl man mit der Weißen genau betrachtet lediglich einen kleinen Druckstoß nach rechts durchführen muß. Bei den ersten drei bis vier Kugeln genügt es sogar, wenn man die Weiße nur etwa eine Kugelbreite herausdrückt, bei den letzten sollte man dann etwas mehr zugeben. Zum Platzieren der Kugeln nimmt man ein Queue zu Hilfe. Zunächst legt man die erste Kugel eine kugelbreit vom zweiten Diamanten entfernt hin, legt dann das Queueende neben diese Kugel und lässt die Queuespitze auf den mittleren Diamanten der kurzen Bande zeigen. Dann setzt man die anderen Kugeln auf jede Diamantenhöhe neben das Queue. Die Weiße darf bei dieser Übung auch die Bande anlaufen, spielt man exakt, ist dies aber nicht nötig. Beim ersten Ball hat der Spieler “Ball-in-Hand”. Um im Programm weiterzukommen, müssen alle sechs Kugeln in einer Aufnahme versenkt werden. Die Kugeln müssen natürlich alle im angegebenen Eckloch verschwinden.

4.10 Zweites Ausweichprogramm

Im zweiten Ausweichprogramm sind sechs Standardbälle aus leicht veränderter Position zu spielen. Meist sind sie leichter zu treffen, teilweise auch erschwert. Aber man muss den Ball aus den verschiedenen Lagen nur je einmal versenken, ohne dass die Weiße dabei eine Bedingung erfüllen muss.

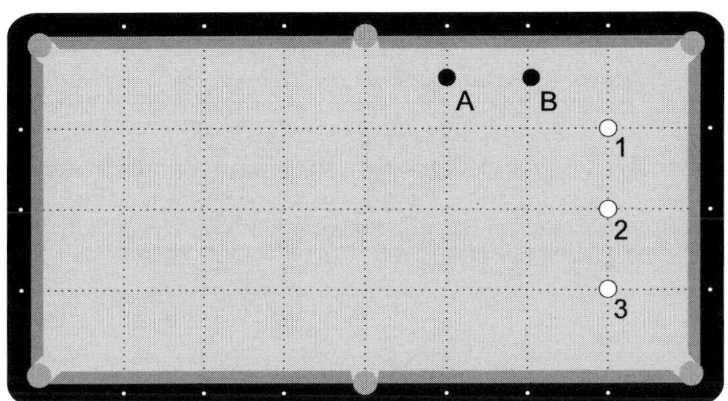

Abbildung 41: Fünf Positionen A 1-3 und B 1-2

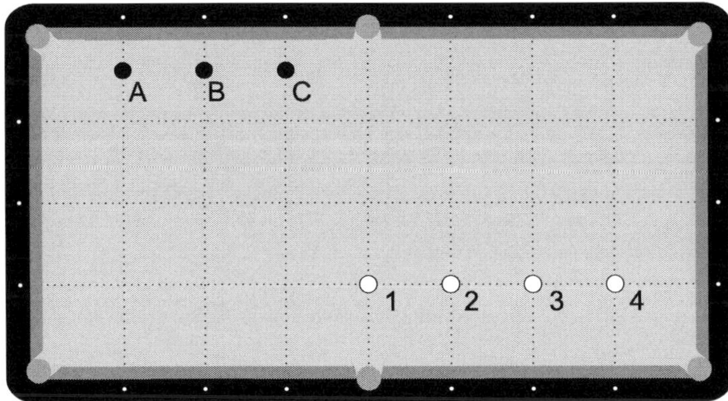

Abbildung 42: Zwölf Positionen A 1-4, B 1-4, C 1-4

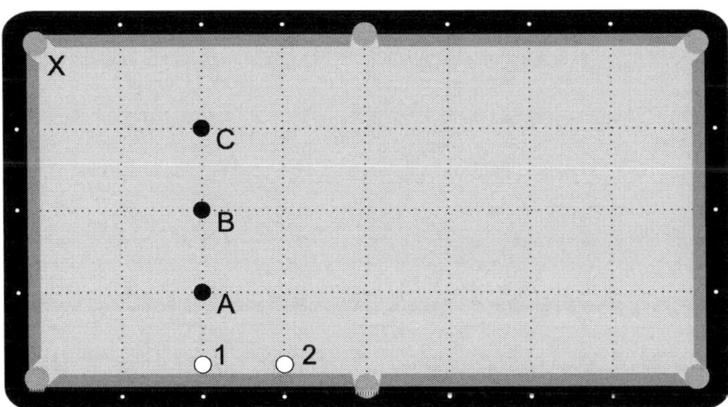

Abbildung 43: Sechs Positionen A 1-2, B 1-2, C 1-2

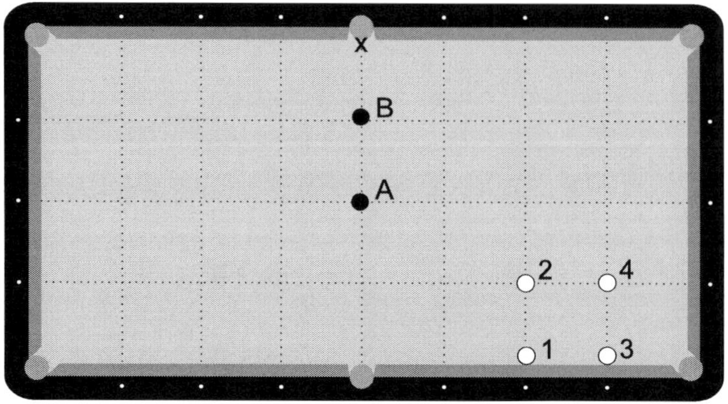

Abbildung 44: Acht Positionen A 1-4, B 1-4

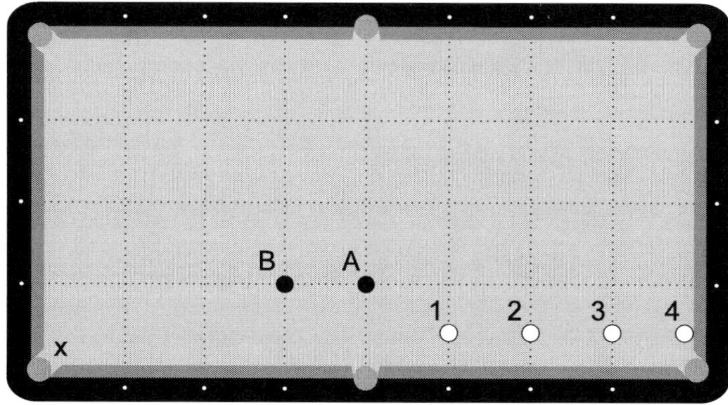

Abbildung 45: Acht Positionen B 1-4, A 1-4

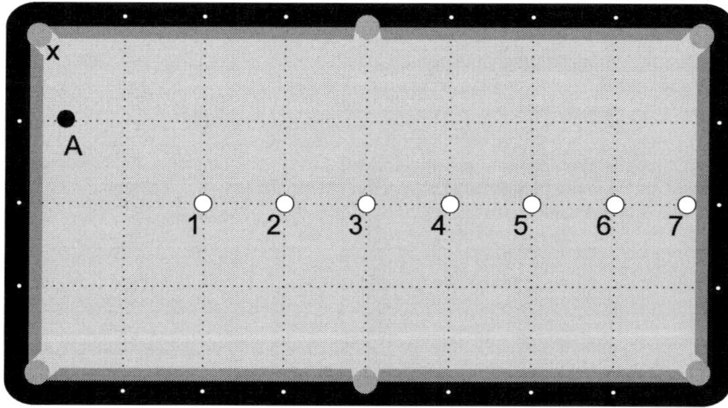

Abbildung 46: Sieben Positionen A 1-7

4.11 Standardpositionsbälle

Im Gegensatz zu den bereits vorangegangenen Standardbällen geht es hier nicht nur darum, den betreffenden Ball zu versenken, sondern auch darum, mit der Weißen eine bestimmte Bedingung zu erfüllen. Es sind ausgesuchte Bälle und Positionen, wie sie in ähnlicher Form im Spiel immer wieder vorkommen. In Bezug auf das Programm gelten für die Standardpositionsbälle die gleichen Regeln wie für die Standardbälle. Um im Programm weiterzukommen gilt auch hier die Regel, dass jeder Standardpositionsball mindestens dreimal hintereinander getroffen werden muß, bevor man zum nächsten Ball übergehen kann.

Die Standardpositionsbälle im einzelnen:

1. Standardpositionsball:

Die zu treffende Kugel wird gemäß Abb. 47 an der Stelle platziert, wo sich die hinterste Kugel des 9 Ball-Racks befindet. Die Weiße legt man in gerader Linie zum Loch und auf die halbe Strecke von der zu treffenden Kugel zur Bande. Der Ball soll im Eckloch versenkt und die Weiße dabei in das von den Diamanten gebildete Quadrat gebracht werden. Dabei muss die Weiße tief als Rückläufer mit viel linkem Effet gespielt werden. Als Tipp ist noch hinzuzufügen, dass man dabei das Queue beim Durchgehen etwas nach links zieht, wie in der Effet-Session bereits angesprochen. Dadurch kommt man beim Durchgehen an die extremste Außenstelle der Weißen, ohne abzurutschen, da die Weiße ja bereits in Fahrt ist. An dieser Stelle kann man weitaus mehr Effet erzielen, als wenn man das Queue geradlinig durchziehen würde.

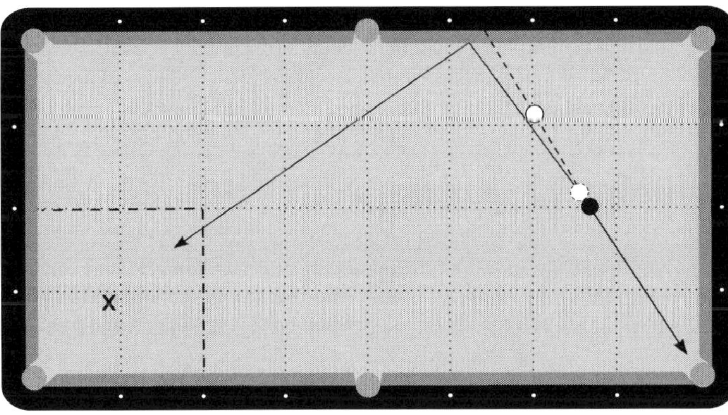

Abbildung 47

2. Standardpositionsball:

Beim zweiten Standardpositionsball platziert man die zu treffende Kugel eine kugelbreit vom zweiten Diamanten entfernt. Die Weiße liegt gemäß Zeichnung am Diamantenkreuzungspunkt. Die zu treffende Kugel muss in das lange Eckloch gespielt und die Weiße dabei hinter das gegenüberliegende Mittelloch gebracht werden, wie in der Abb. 48 gezeigt wird. Man muss dabei die Weiße knapp oberhalb der Mitte mit dem entsprechenden Lauffeffet spielen, je nachdem auf welcher Seite des Tisches er gerade gespielt wird. Für diesen Ball gilt die Regel, dass man ihn nach einem Treffer auf die andere Seite verlegt und ihn

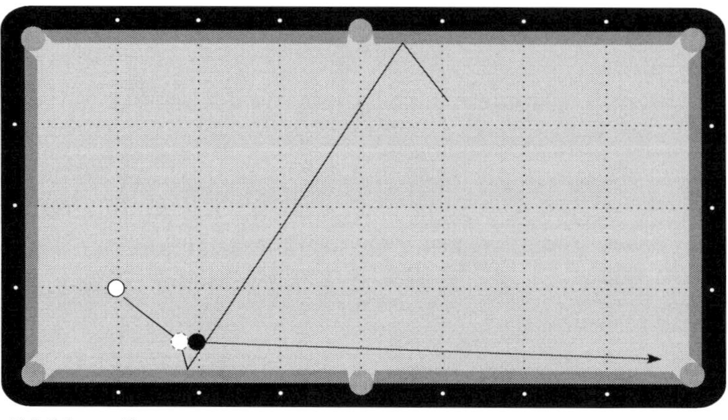

Abbildung 48

dort ebenfalls spielt, denn der komplette Spieler sollte ihn schließlich nicht nur auf einer Seite spielen können. Beachten sollte man dabei, dass man beim Durchgehen das Queue nicht nach unten zieht. Um die Wirkung des Effets zu verstärken, kann man auch hier das Queue etwas nach außen ziehen. Auch darf der Ball nicht zu fest gespielt werden, da der Effet an der Bande dann nicht mehr so viel Wirkung zeigt.

3. Standardpositionsball:

Der dritte Standardpositionsball wird fast genauso platziert wie der erste, mit dem einzigen Unterschied, dass die Kugeln nicht gerade auf das Loch gerichtet sind, sondern dies-mal gerade auf die linke Ecke der Tasche zeigen. Die Weiße wird dann entsprechend ein kleines Stück weiter rechts gelegt. Hier sollen die Kugel versenkt und die Weiße als Nachläufer mit viel rechtem Effet in das eingezeichnete Quadrat (s. Abb. 49) gebracht werden. Auch hier ist es wichtig, beim Durchziehen des Queues darauf zu achten, dass man im Stoß mit dem Queue nicht nach unten geht, sondern es unbedingt geradlinig durchgehen lässt. Lediglich horizontal ist es auch hier zu empfehlen, das Queue etwas nach rechts zu ziehen. Diese Technik ist inzwischen bekannt und geübt.

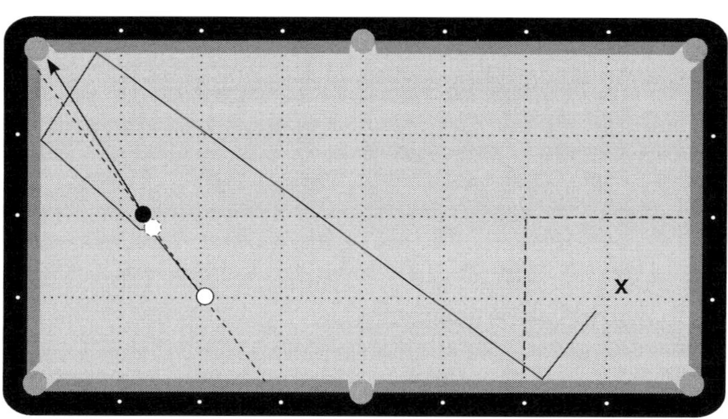

Abbildung 49

4. Standardpositionsball:

Der vierte Standardpositionsball (Abb. 50) ist ein Vertreter der Druckstöße. Man platziert die zu treffende Kugel gemäß Zeichnung eine kugelbreit von der Bande auf Höhe des mittleren Diamanten der kurzen Bande. Die Weiße legt man einen Diamanten dahinter mit ungefähr 1 cm Abstand von der Bande. An der gegenüberliegenden kurzen Ban-

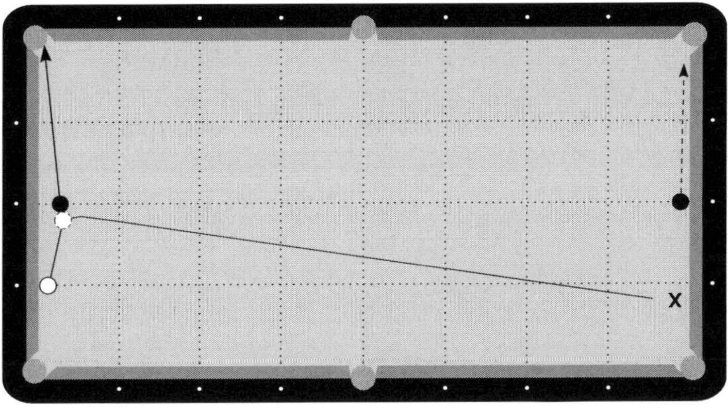

Abbildung 50

de legt man press auf Höhe des mittleren Diamanten die Kugel, auf die Position gespielt werden soll. Diese Kugel wird dann, nachdem man Position gespielt hat, in das gemäß Zeichnung angegebene Eckloch gespielt. Das Versenken der Kugel entscheidet dann darüber, ob die Position gut genug war oder nicht. Um diese Position zu erreichen, muss man zunächst die eigentliche Kugel einlochen. Die Weiße wird dabei knapp unterhalb der Mitte als Druckstoß ohne Effet gespielt. Man braucht das Queue dabei also nicht weit durchziehen.

5. Standardpositionsball:

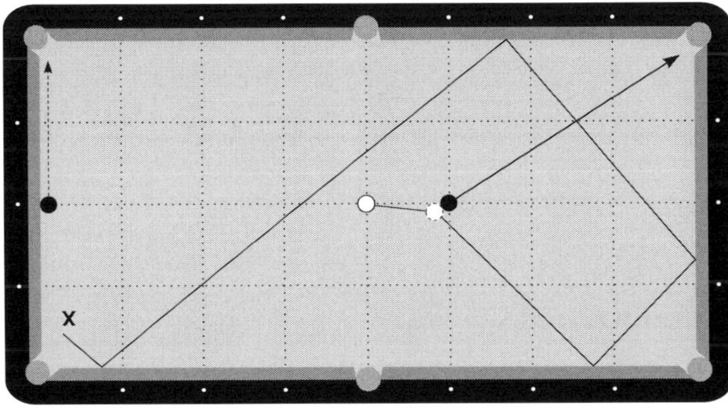

Abbildung 51

Auch beim fünften Standardpositionsball (Abb. 51) entscheidet das Versenken einer zweiten Kugel darüber, ob die Position ausreichend war. Man platziert die Kugeln zunächst gemäß Zeichnung auf die Diamantenkreuzpunkte. Man spielt dann die zu treffende Kugel abwechselnd in das rechte und linke Eckloch. Die Weiße soll jeweils über drei Banden Position laufen. Sie wird jeweils knapp oberhalb der Mitte mit entsprechendem Laufeffet gespielt. Spielt man die zu treffende Kugel ins rechte Eckloch, gibt man an der Weißen rechten Effet. Spielt man die Kugel ins linke Eckloch, ist linker Effet erforderlich. Dies ist übrigens ein Ball, der in endlosen Variationen immer wieder vorkommt.

6. Standardpositionsball:

Der sechste Standardpositionsball (Abb. 52) bezieht sich auf das 14.1e Spiel, kann aber für jedes Spiel relevant sein. Man platziert die Kugeln gemäß Zeichnung und muss aus

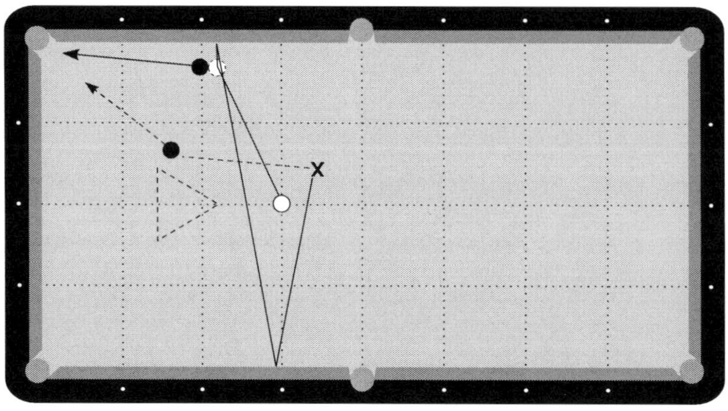

Abbildung 52

dieser Situation die Position zur zweiten eingezeichneten Kugel machen und zwar so, dass man diese als "Breakball" für ein neues Rack verwenden kann. Die Weiße wird dabei oberhalb der Mitte mit etwas rechtem Effet und leicht gespielt. Das erscheint am sinnvollsten, da man hier das Tempo am besten unter Kontrolle hat. Man kann die Weiße auch ohne Effet tief spielen. Hat man den dritten Ball hintereinander vor sich liegen, so muss der Breakball ebenfalls mit Break auf das Rack noch erfüllt werden.

7. Standardpositionsball:

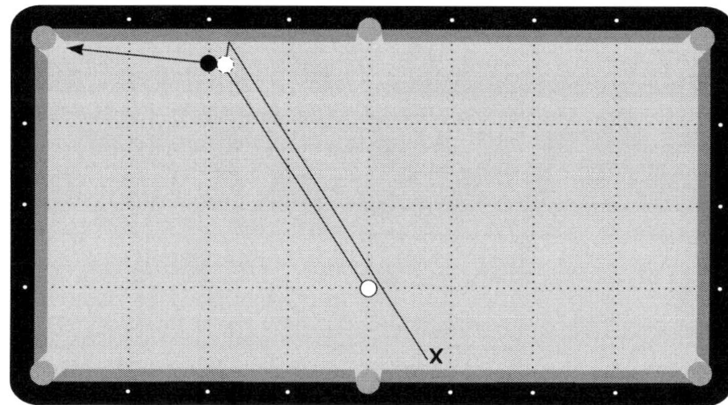

Abbildung 53

Ebenfalls interessant ist der siebte Standardpositionsball (Abb. 53), bei dem es gelingen muß, die Weiße gemäß Zeichnung hinter das Mittelloch zurückzubringen. Die zu treffende Kugel wird eineinhalb kugelbreit von der Bande weggelegt, wobei der zweite Diamant der langen Bande als Anhaltspunkt dient. Die Weiße platziert man auf dem angegebenen Diamantenkreuzungspunkt. Um die zu treffende Kugel zu versenken und gleichzeitig die Weiße noch hinter das Mittelloch zu bringen, muss man die Weiße tief rechts als kurz gespielten Rückläufer anspielen. Obwohl der Ball relativ kurz zu spielen ist, kann man beim Durchgehen das Queue dennoch zur Effetverstärkung etwas nach rechts ziehen. Dieser Ball bereitet erfahrungsgemäß vielen Spielern Schwierigkeiten, aber wenn man ihn erst einmal geschafft hat, fällt er zusehends leichter. Ein Tipp vielleicht noch: Halten Sie das Queue hierbei etwas fester als sonst.

8. Standardpositionsball:

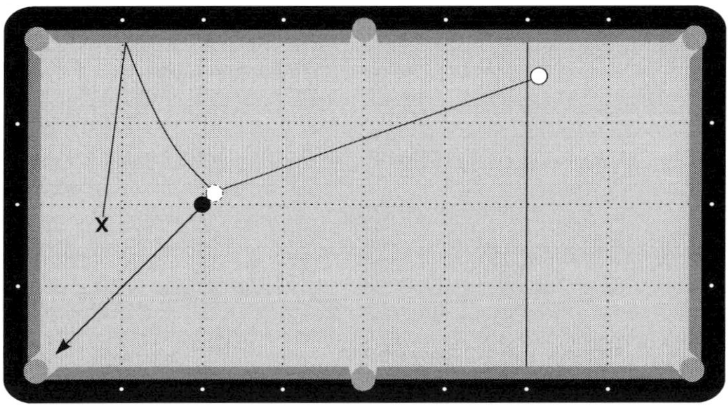

Abbildung 54

Den achten Standardpositionsball (Abb. 54) kennen wir, genauso wie auch den zweiten, bereits von den Standardbällen her, ein Ball, der schon aus Regelgründen sehr häufig vorkommt. Diesmal muss man den Ball nicht nur versenken, sondern man muss außerdem versuchen zu verhindern, dass die Weiße die kurze Bande berührt. Da man die Weiße hinter der Kopflinie beliebig verlegen darf, legt man sie ziemlich weit an den Rand des Tisches. Aber natürlich nicht zu nah an die Bande. Hier sollte man die Weiße tief als Rückläufer spielen, gegebenenfalls auch mit Effet, dies ist aber nicht notwendig. Spielt man die Kugel ins rechte Eckloch, kann Linkseffet gegeben werden und umgekehrt. Nach einem Treffer wird das Zielloch gewechselt. Ebenfalls zu erwähnen wäre, dass es im Extremfall sogar möglich ist, die Weiße dabei noch hinter das Mittelloch zu ziehen.

9. Standardpositionsball:

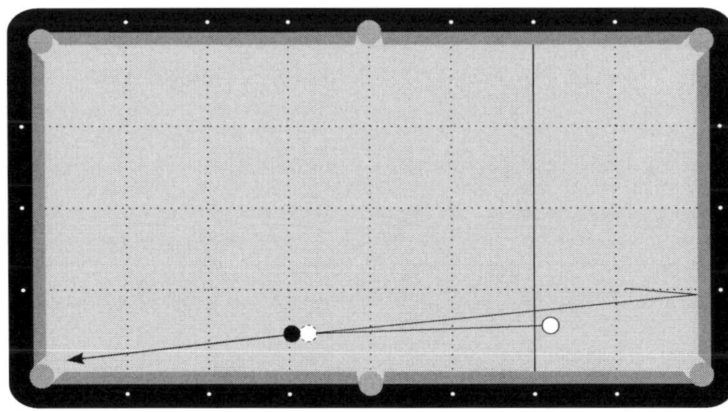

Abbildung 55

Der neunte Standardpositionsball (Abb. 55) ist einer der wichtigsten. Er ist die verlängerte Fassung des Balles aus Punkt 4.3., mit dem der qualitative Stoß trainiert wurde. Die zu treffende Kugel liegt auf Höhe des dritten Diamanten und die Weiße wird hinter der Kopflinie entsprechend so verlegt, dass die zwei Kugeln eine Gerade auf das Eckloch bilden. Nach einem Treffer wechselt man immer von der rechten auf die linke Seite des Tisches und umgekehrt. Zur Erfüllung des Balles muss die Weiße mindestens bis an die Kopfbande zurückgezogen und die zu treffende Kugel natürlich versenkt werden. Die Ratschläge aus Kapitel 4.3 sind hier sehr nützlich.

10. Standardpositionsball:

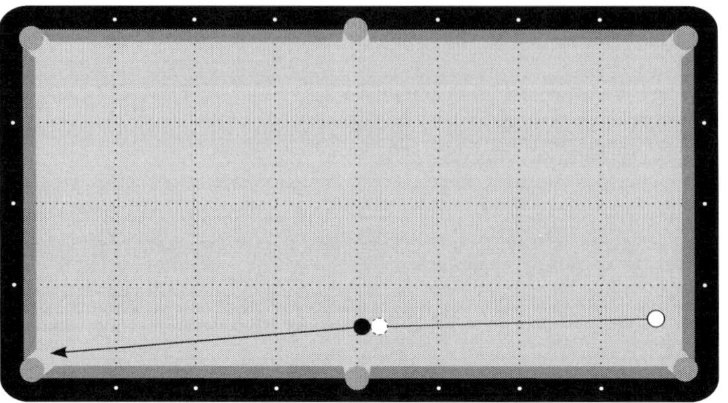

Abbildung 56

Ebenfalls ein alter Standardpositionsball (Abb. 56) ist der zehnte und letzte dieser Session. Erfahrungsgemäß ist dies der Ball, der den Schülern die meisten Schwierigkeiten bereitet. Auch dieser Ball wird abwechselnd auf der rechten und linken Seite des Tisches gespielt. Man legt die zu treffende Kugel auf Höhe des Mittellochs und die Weiße eine kugelbreit von der Kopfbande entfernt und zwar so, dass sie mit der zu treffenden Kugel eine Linie zum Eckloch bildet. Aus dieser Lage soll die Kugel versenkt werden. Man sollte darauf achten, dass die Weiße nicht über die Höhe des Mittellochs hinausläuft. Dazu muss die Weiße tief angespielt werden. Die Lage, in der sich die Weiße befindet, zwingt dazu, das Queue ziemlich steil anzuheben. Man bezeichnet diese Bälle als "gestochene Bälle". Bei gestochenen Bällen im allgemeinen ist zu beachten, die Weiße wirklich mittig in der Vertikalen zu treffen, da sich aus Versehen gegebener Effet bei gestochenen Bällen weitaus mehr auf die Laufrichtung auswirkt als bei normal gespielten Bällen. Außerdem ist darauf zu achten, dass man bei diesen Bällen das Queue am Griffende wirklich festhält und das Handgelenk ganz steif ist. Auch hier muß, wie bei allen anderen Bällen, vor dem Abstoß der letzte Blick immer auf die zu treffende Kugel gerichtet sein.

4.12 Drittes Ausweichprogramm

Alle, die einen Programmpunkt erneut nicht geschafft haben (und natürlich auch alle, die Lust und Laune dazu haben) können nun, sozusagen zur Abwechslung, fünf interessante Übungen spielen.

Die ersten drei Übungen befassen sich mit dem Positionsspiel bei Kugeln, die direkt vor dem Loch liegen. Das Versenken der Kugel stellt also nicht das Problem dar, sondern die Richtung, die die Weiße nach dem Treffen dieser Kugel nimmt. Man sollte diese Situation nicht unterschätzen, denn viele Spieler haben damit ihre Schwierigkeiten. Das Problem liegt einfach darin, dass die Weiße, kurz nachdem sie die Kugel getroffen hat, gewöhnlich an die Bande läuft. Nur wenn man die Weiße direkt zurückzieht, trifft dies nicht zu, um so genauer muss man die Kugel dann wiederum treffen. Läuft sie aber an die Bande, hat sie oft noch etwas "automatischen Effet" von der getroffenen Kugel mitbekommen, oder vom ohnehin gegebenen Effet ist noch etwas übrig. Auch wenn die Weiße hoch oder tief angespielt wird, entsteht ein Drehmoment, das sich direkt nach der Bandenberührung umkehrt. All diese Faktoren können sich vermischen und führen eben dazu, dass der Lauf der Weißen in Richtung und Tempo bei diesen Bällen nur schwer einzuschätzen ist. Die folgenden drei Übungen sollen etwas Routine im Umgang mit der Weißen in diesen Situationen vermitteln. Im Amerikanischen bezeichnet man diese Kugeln auch als "Hanger".

1. Übung:

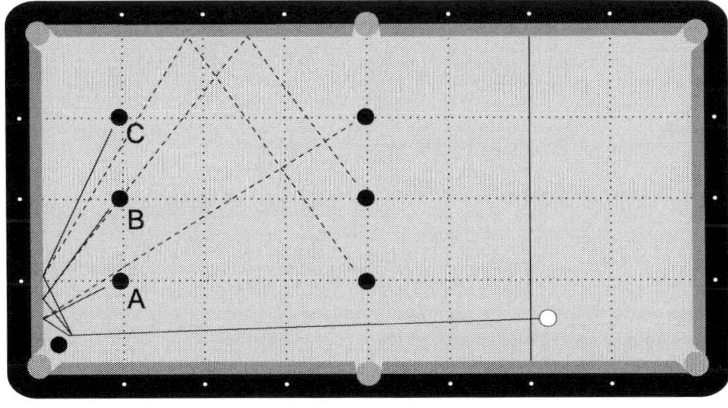

Abbildung 57

Man platziert die Kugeln gemäß Abbildung 57. Die Weiße ist dabei hinter der Kopflinie beliebig verlegbar. Die Kugel vor dem Loch muss versenkt werden und die Weiße muss mit Kugel A kollidieren bzw. Karambolage machen. Wenn das gelungen ist, ist dies mit Karambolage auf Kugel B, so dann mit Kugel C zu wiederholen. Ist dies mit allen drei Kugeln gelungen, legt man die drei Kugeln nun in Höhe des Mittellochs und wiederholt dasselbe noch einmal. Bei dieser Übung ist kein bestimmter Weg vorgegeben. Die Karambolage mit den vorgegebenen Kugeln ist meist auf mehrere Arten möglich. In den Diagrammen ist aber immer eine Empfehlung mit angegeben.

2. Übung:

Hier werden die Kugeln zunächst wie in Abbildung 58 angegeben verlegt. Die Weiße ist hinter der Fußlinie an der Rückseite des eingezeichneten Dreiecks verlegbar. Die Ku-

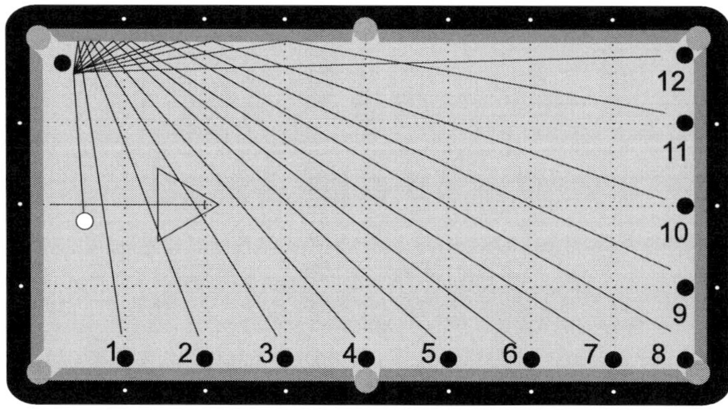

Abbildung 58

gel vor dem Loch muss versenkt werden und die Weiße muss mit den Kugeln an der Bande der Reihe nach Karambolage machen. Zweckmäßigerweise fängt man bei Kugel Nr. 1 an, wenn die Karambolage geglückt ist, macht man mit der nächsten weiter, bis Kugel Nr. 11. Kugel Nr. 12 ist nicht mehr Pflicht, sie sollte aber dennoch probiert werden.

3. Übung:

Fast die gleiche Übung aber dennoch anders: Man platziert die Kugeln gemäß Abbildung 59. Die Weiße ist diesmal hinter der Kopflinie verlegbar. Die Kugel vor dem Loch muss versenkt werden und die Weiße muss mit den anderen Kugeln der Reihe nach, wie in den vorangegangenen Übungen auch, Karambolage machen.

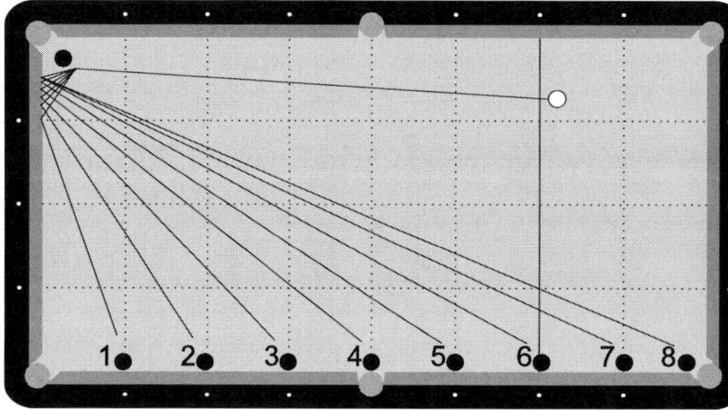

Abbildung 59

4. Übung:

Dies ist eine andere Art von Übung (Abb. 60). Es geht darum, die gegebene Situation fehlerlos abzuräumen. Man sollte und muss reihenweise dabei vorgehen. Zuerst müssen die drei Kugeln der ersten Reihe abgeräumt werden, dann die der zweiten Reihe, der dritten und vierten. Natürlich ist das eine schon

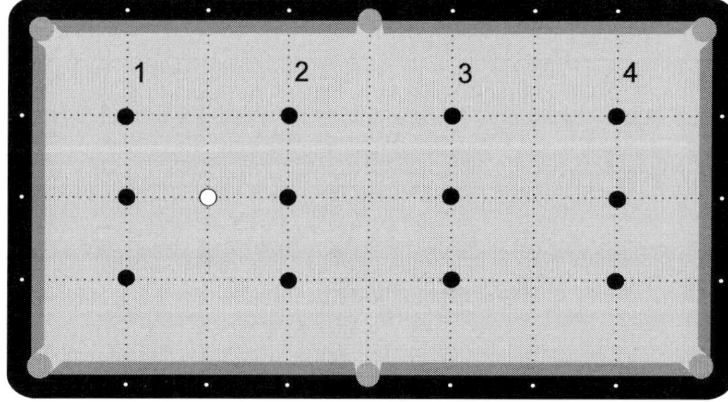

Abbildung 60

recht anspruchsvolle Übung, Pflicht ist jedoch nur die ersten zwei Reihen. Ausgangspunkt der Weißen ist immer der Fuß- oder Kopfpunkt.

5. Übung:

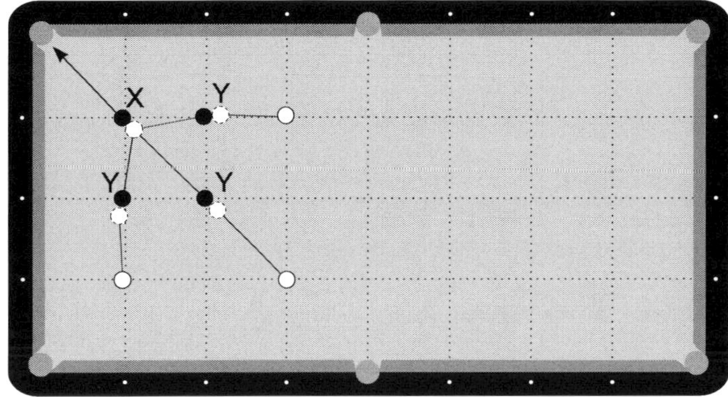

Abbildung 61

Hier liegt eine kleine Kombinationsübung vor (Abb. 61). Kugel X soll immer mit Kugel Y versenkt werden. Drei Kombinationsausgangspunkte sind laut Abbildung vorgegeben. Man spielt die erste Kombination so lange, bis sie gelungen ist, so dann die zweite und dritte.

Exkurs: 1. Geläufigkeitsübung "Ball-Shooting"

Nachdem wir nun in den vorangegangenen Übungen gelernt haben, bestimmte Bälle sehr "bewusst" zu spielen, wollen wir sie uns nun "geläufig" machen.

Es gibt Spieler, die sind in ihrem Spiel- und Stoßablauf sehr penibel. Sie konzentrieren sich auch bei sehr einfachen Bällen sehr gewissenhaft und ausgiebig. Eigentlich sollte nichts dagegen einzuwenden sein, aber meistens schaden sie sich dadurch mehr, als dass es ihnen nützt.

Sie verschwenden hier Konzentration an Bälle, die ihnen eigentlich schon längst geläufig sein sollten, Konzentration, die ihnen später, an wirklich wichtiger Stelle fehlen wird.

Gerade diese Spieler sind auch die, die wenn ihnen mal etwas misslingt, plötzlich besonders unsicher werden. Schließlich hatten sie sich voll konzentriert und nun sind sie verunsichert.

Diesen Spielern sei die folgende Übung gewidmet.

Legen sie sich die ersten drei Standardbälle wieder hin und spielen sie diese. Sie stellen sich dabei den gewünschten Ballablauf vor, machen sich spielfertig (beugen sich runter), schwingen <u>einmal</u> und stoßen.

Das ganze wiederholen sie nach Belieben, bis ihre Trefferquote etwas steigt. Legen sie sich auch einen Ball etwa zwischen Mittel- und Kopflinie , die Weiße in etwas Winkel dazu und spielen sie diesen Ball schnell und hart. Legen sie sich gleich mehrere Bälle griffbereit, damit sie den Ball immer gleich wieder hinlegen und wiederholen können.

Diese Übung soll ihnen Selbstsicherheit und Geläufigkeit im Spiel geben.

Sie sollen zu dem Gedanken kommen “Ha, Ich kann diesen Ball sogar ohne zu zielen, wenn ich diesen Ball im richtigen Spiel sogar noch richtig anzielen darf, ist er ja geradezu lächerlich einfach!”

Dies ist lediglich eine Geläufigkeitsübung, im Spiel bleiben sie bei dem Spielschema wie bei den Standardbällen erklärt.

Eine weitere Geläufigkeitsübung folgt zwischen den theoretischen Spielabläufen.

4.13 Positionsübungen

Wer gut Billard spielen will, kommt nicht umhin, sich durch einen kleinen Wald von Positionsübungen durchzuarbeiten. Diese Übungen sollen die nötige Routine und Sicherheit geben, die Weiße in allen Standardsituationen vollendet zu beherrschen. Darunter sind Übungen, die schon seit vielen Jahren und Jahrzehnten immer wieder auch von Spitzenspielern angewendet werden.

1. Übung: Kontrollierter Rückläufer

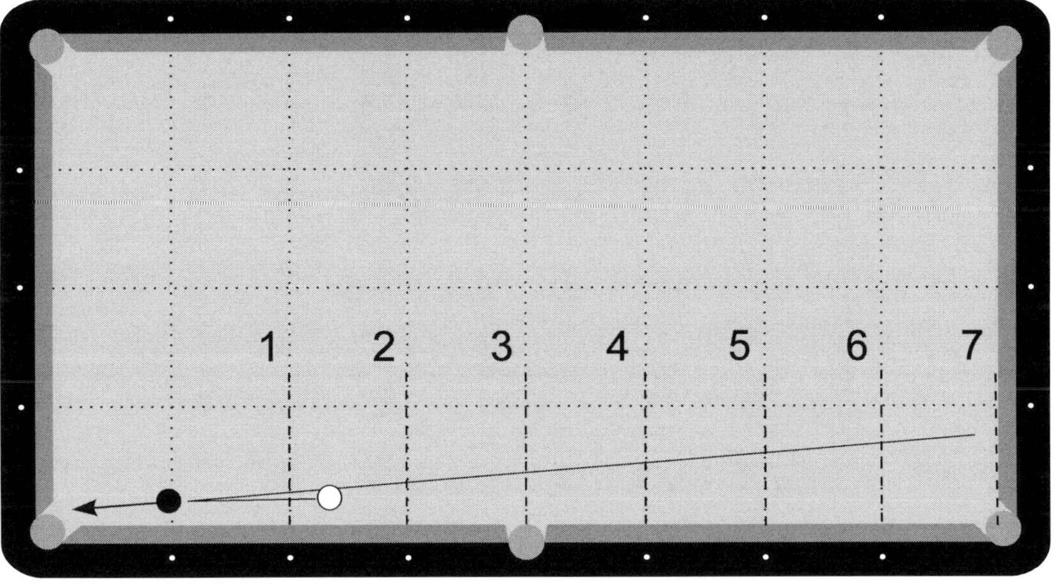

Abbildung 62

In dieser Übung geht es darum, den bereits trainierten Rückläufer nun auch noch zu kontrollieren. "Einen gezielt auf einen bestimmten Punkt gespielten Rückläufer kann nicht jeder," muss sich wohl jeder Billardneuling in seinem Anfängerdasein anhören. Folgende Übung kann man sich zur Behebung des Mangels einprägen. Man platziert die Kugeln gemäß Zeichnung. Aus dieser Situation soll die Weiße immer direkt auf die eingezeichneten Linien, die sich übrigens an den Diamanten orientieren, zurückgezogen werden. Auf jeder Linie gibt es eine kugelbreit rechts und links Toleranz. Die zu treffende Kugel wird so lange versenkt, bis die erste Position gelingt, so dann versucht man die zweite Position zu erreichen, dann die dritte usw. bis die Kopfbande erreicht ist.

4.13.1 Reihenübungen:

Reihenübungen helfen besonders, das Positionsspiel im "kleinen Bereich" zu verbessern. Sie sind dem 14.1e Spiel sehr förderlich

2. Übung:

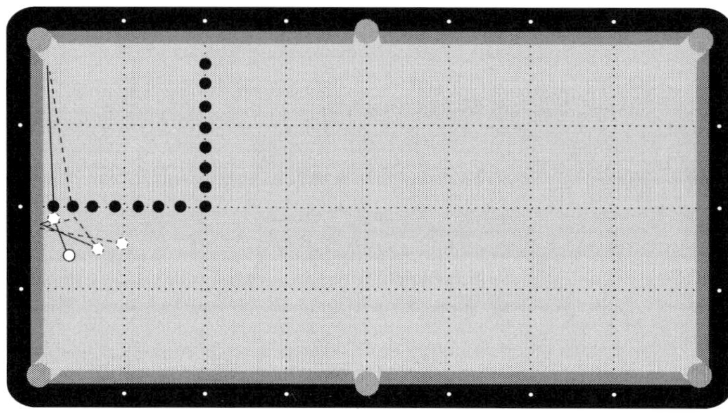

Abbildung 63

Eine sehr klassische Übung bereits zu Anfang, die sogar schon zu Filmehren gekommen ist: In dem Film “Die Farbe des Geldes” hat sich Paul Newman an dieser Übung versucht. Man legt die Kugeln gemäß Zeichnung und versucht sie der Reihe nach zu versenken, jeweils mit Position zur nächsten. Verfehlt man eine Kugel, so muss man wieder von vorn anfangen, so lange, bis es gelungen ist, alle Kugeln in einer Aufnahme im Eckloch zu versenken. 15 Bälle sind das Ziel, als Pflicht, um im Programm weiterzukommen, genügen jedoch sieben.

3. Übung:

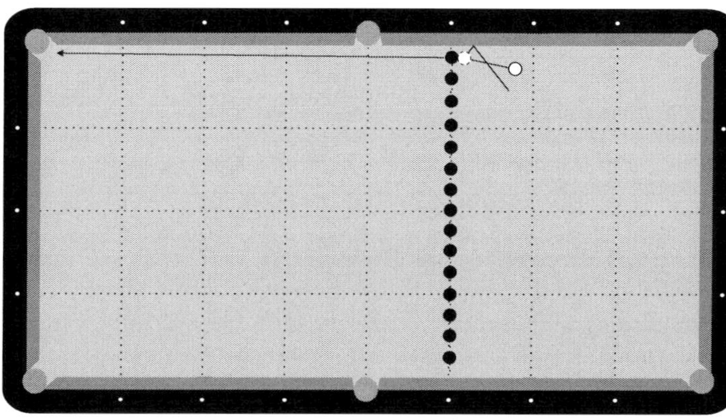

Abbildung 64

Bei der vorliegenden Übung werden die Kugeln gemäß Zeichnung platziert. Auch hier sollen alle Kugeln der Reihe nach in die zwei Ecklöcher im Fußfeld versenkt werden, jeweils wieder mit Position zur nächsten. Es ist egal, ob man auf der rechten oder linken Seite der Reihe anfängt. Verfehlt man einen Ball, fängt man wieder von vorne an, solange bis alle Kugeln in einer Aufnahme versenkt wurden. 15 Bälle sind das Ziel, als Pflicht, um im Programm weiterzukommen, genügen sieben.

4. Übung:

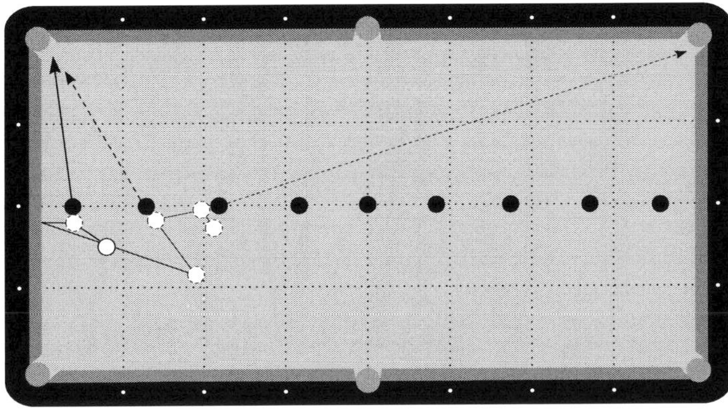

Abbildung 65

Die Kugeln werden gemäß Zeichnung verlegt. Die zu treffenden Kugeln dürfen nur in die drei Löcher der rechten oder linken Seite des Tisches gespielt werden. Die Weiße wird immer in Position zum nächsten Ball gespielt. Die Kugeln müssen der Reihe nach gespielt werden. 15 Bälle sind das Ziel, als Pflicht, um im Programm weiterzukommen, genügen sieben.

4.13.2 Bandenlageübungen:

Die Bandenlageübungen allgemein helfen, Kugeln, die press an der Bande liegen, sicher zu versenken, egal mit welchem Effet (Hoch, Tief, Rechts, Links) man diese anspielen muss, um Position zu erlangen.

Liegt nun eine Objektkugel press an einer Bande, glauben viele Spieler, man müsste Kugel und Bande gleichzeitig treffen, um diese Kugel zu versenken. Eigentlich ist dies richtig, aber physikalisch ist es nun mal nicht möglich, Kugel und Bande gleichzeitig zu treffen. Man muss eins von beiden vorher treffen. Und für die optimale Position spielt es eine sehr große Rolle, was (Kugel oder Bande) zuerst getroffen wird.

Es verhält sich folgendermaßen:

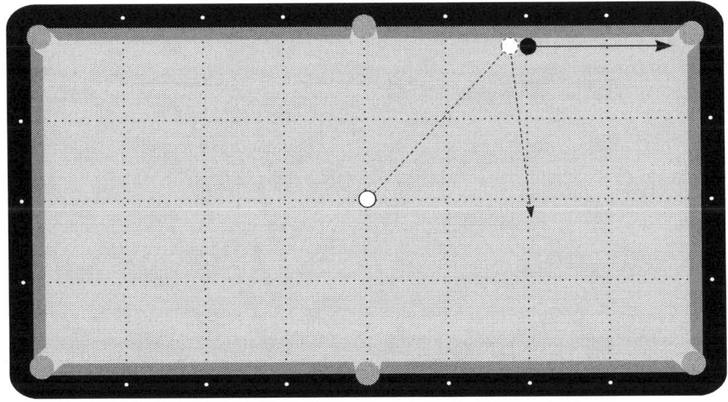

Abbildung 66: Die Weiße wird oberhalb der Mitte mit rechtem Effet gespielt. Die Weiße trifft in ihrem Verlauf zuerst die Bande und dann die Kugel.

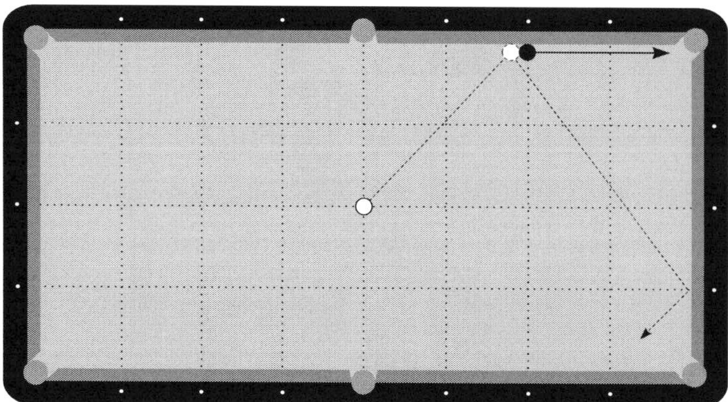

Abbildung 67: Die Weiße wird oberhalb der Mitte und mit rechtem Effet gespielt. Die Weiße trifft in ihrem Verlauf zuerst die Kugel und dann die Bande.

Die beiden Abbildungen verdeutlichen den unterschiedlichen Lauf der Weißen. Im Spiel sollte sich daher jeder Spieler je nach Situation auf beide Varianten einstellen können.

5. Übung:

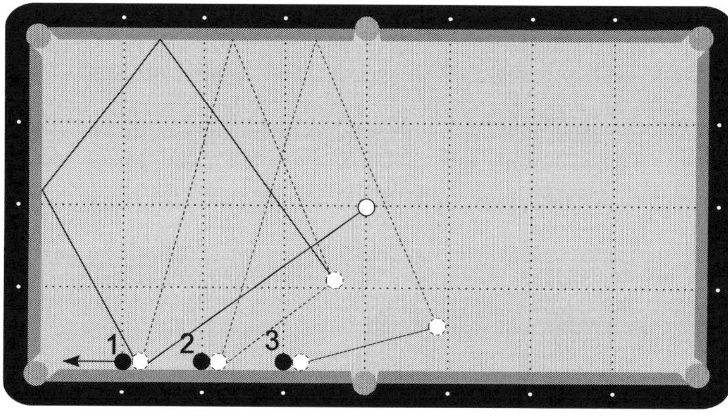

Abbildung 68

Diese Positionsübung besteht nur aus drei Kugeln, aber dennoch sollte man diese nicht unterschätzen. Die Kugeln werden gemäß Abbildung platziert. Aus dieser Situation wird Kugel Nr. 1 in die Ecktasche mit Position für Kugel Nr. 2 gespielt. Wie aus der Abbildung hervorgeht, kann man diese Position über zwei Banden (Weiße: Hoch-Rechts) oder auch über eine Bande (Weiße: Tief-Links) erreichen. Dann spielt man Kugel Nr. 2 in die Ecktasche mit Position für Kugel Nr. 3. Wenn Kugel Nr. 3 versenkt ist, ist die Übung erfüllt. Wird eine Kugel verfehlt, beginnt man von vorne.

6. Übung:

Diese Übung teilt sich in vier Teile auf, wovon nur die ersten drei Pflicht sind, um im Programm weiterzukommen. Der vierte Teil zeigt die Übung als Ganzes und stellt das Ziel dar. Man beginnt mit Abbildung 69 und versucht diese Kugeln aus der gegebenen

Situation abzuräumen. Ist das geschafft, versucht man das gleiche mit der Situation der Abbildung 70. Die Weiße kann hier zu Beginn verlegt werden. Ist auch diese Übung gelungen, werden die Kugeln gemäß der Vorgabe in Abbildung 71 platziert. Auch hier kann die Weiße zu Beginn verlegt werden. Ist es gelungen, auch dieses Bild abzuräumen, ist der Pflichtteil erfüllt. Bei Gelegenheit sollte man jedoch auch die Übung in Vollendung der Abbildung 72 versuchen. Ausgangspunkt der Weißen ist hier wieder die Tischmitte.

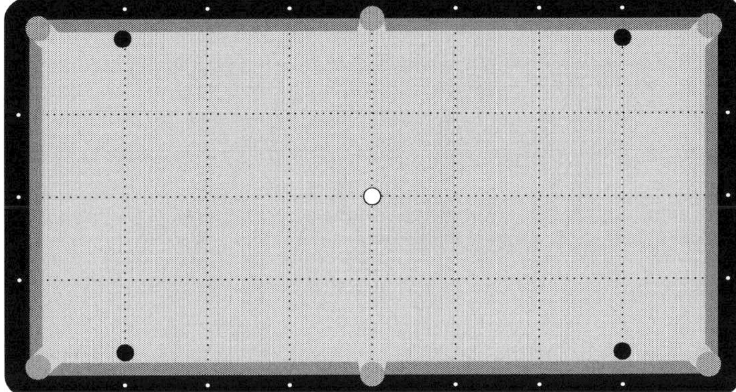

Abbildung 69

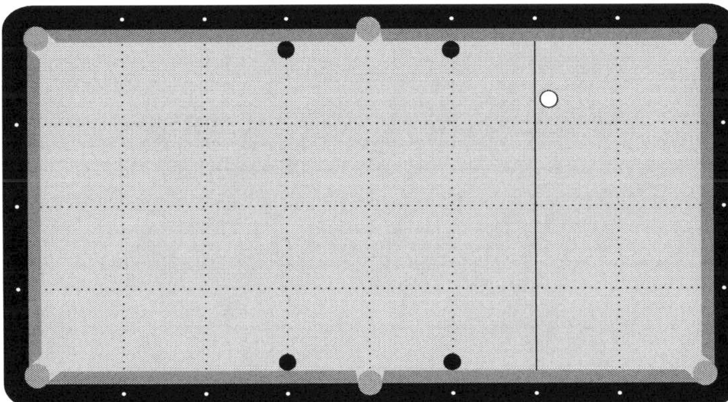

Abbildung 70

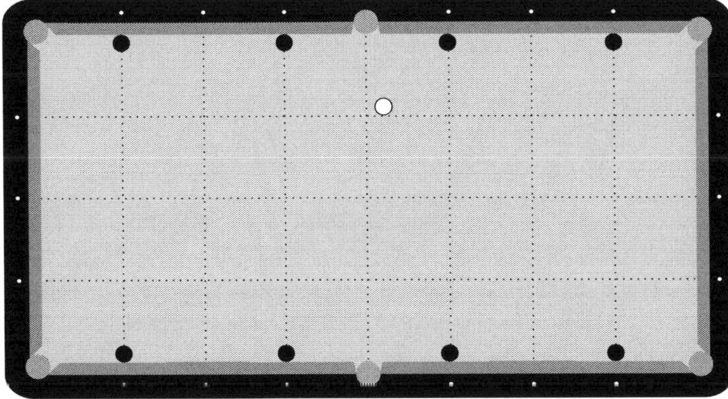

Abbildung 71

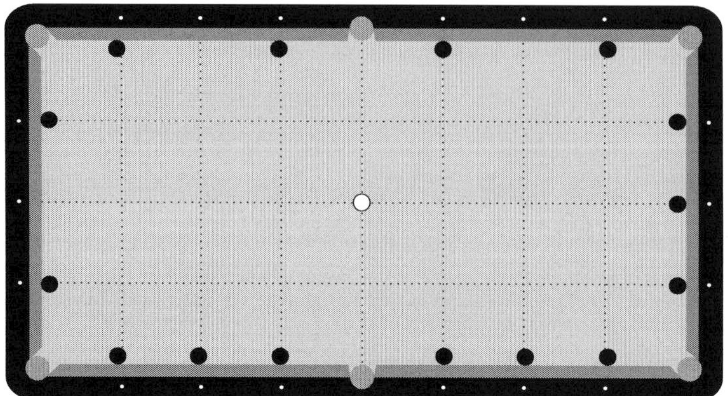

Abbildung 72

4.14 Brain-Washing-Übung

Die sogenannte Brain-Washing-Übung soll dazu dienen, nach einiger Übungszeit den Blick und das Gefühl für den direkten und damit einfachsten Weg der Weißen zur nächsten Position zu entwickeln, sie ist also praktisch eine gegenteilige Übung zu den vorangegangenen Bandenlageübungen. Diese Übung wurde bereits auf einem Lehrvideo von Jim Rempe anschaulich vorgeführt. Der Brain-Washing-Effekt wird allerdings nur dann erzielt, wenn man konsequent über Wochen nur diese Übung spielt und sonst nichts anderes.

Um die Übung zu spielen, verteilt man zunächst alle 15 Kugeln gleichmäßig über den Tisch. Es sollten dabei keine Kugeln press aneinander oder an der Bande liegen. Die Weiße kann zu Beginn beliebig verlegt werden. Von dieser Position ausgehend spielt man Kugel für Kugel ins Loch mit jeweiliger Position zur nächsten. Die besondere Bedingung in dieser Übung ist allerdings, dass die Weiße niemals die Bande berühren darf. Außer der Kugel, die gerade angespielt wird, darf die Weiße auch keine weitere Kugel berühren. Ebenso sind keine Bank- oder Jump-Shots erlaubt. Sobald eine Kugel verfehlt wird, die Weiße eine Bande berührt oder die Weiße außer der Kugel, die angespielt wurde, noch eine weitere berührt, muss man von vorne anfangen. Die Übung gilt als erfüllt, wenn es gelingt, unter den genannten Bedingungen alle Kugeln fehlerlos zu versenken. Doch auch wenn diese Übung recht schnell gelingen sollte, ist es empfehlenswert, sich einige Wochen Zeit zu nehmen und konsequent nur diese Übung zu spielen. Es ist wirklich so, dass man nach einiger Zeit einen Blick dafür entwickelt, wie man einen offenen Tisch richtig und einfach abzuräumen hat. Man wird danach einem offenen Tisch nicht mehr ratlos gegenüberstehen und nicht wissen, mit welchem Ball man anfangen soll und welcher der nächste sein könnte. Davon abgesehen wird zwangsläufig ein gutes Tempogefühl für kontrollierte Rückläufer und vor allem Druckstöße entwickelt.

4.15 Viertes Ausweichprogramm

An dieser Stelle folgt das vierte und letzte Ausweichprogramm mit weiteren interessanten Übungen, die einem technisch guten Spiel förderlich sind.

1. Übung:

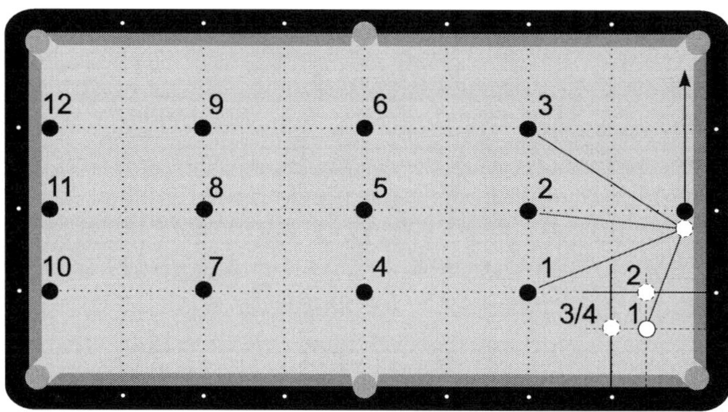

Abbildung 73

Bei den folgenden Übungen geht es erneut um die Richtungsbestimmung der Weißen bei bestimmten Standardpositionen. In der ersten Übung dieser Art werden die Kugeln gemäß Abbildung aufgesetzt. Die Weiße wird zunächst auf die mit Eins gekennzeichnete Position gelegt. Aus dieser Lage spielt man die zu treffende Kugel in das vorgegebene Eckloch und versucht dabei die Weiße auf die mit Eins bezeichnete Kugel laufen zu lassen. Ist diese Karambolage gelungen, wird die mit Eins bezeichnete Kugel weggelegt. Aus derselben Ausgangssituation wird das gleiche mit der als Zwei bezeichneten Kugel versucht. Verfehlt man die zu treffende Kugel oder eine Karambolage, so wiederholt man diesen Stoß, bis er gelingt. Erst nachdem so die ersten drei Kugeln “weggelegt” wurden, folgt dieselbe Übung mit den nächsten drei Kugeln. Dazu legt man die Weiße allerdings auf die mit Zwei gekennzeichnete Position. Ist dies dann ebenfalls gelungen, spielt man die dritte und vierte Kugelreihe auf die gleiche Art aus der mit Drei und Vier gekennzeichneten Position. Es ist also lediglich eine Frage der Zeit bzw. der Disziplin eines Spielers, bis die Übung durchgespielt ist. Die Karambolage muss nicht unbedingt auf dem direkten Weg erreicht werden. Spätestens in der zweiten Kugelreihe kann man die Karambolage auch über Bande erzielen. Jeder Spieler sollte sich den für ihn einfachsten Weg aussuchen. Es gehört mit zum Sinn der Übung, dass die verschiedenen Möglichkeiten ausprobiert und kennengelernt werden.

2. Übung:

Dies ist eine Variation der ersten Übung. Diesmal liegt die zu treffende Kugel allerdings eine Kugelbreite von der Bande entfernt. Für die erste und zweite Kugelreihe legt man die Weiße gemäß der mit Eins gekennzeichneten Position. Für die dritte und vierte Kugelreihe benutzt man die mit Zwei gekennzeichnete Position. Ansonsten gelten die gleichen Bedingungen wie in der vorangegangenen Übung.

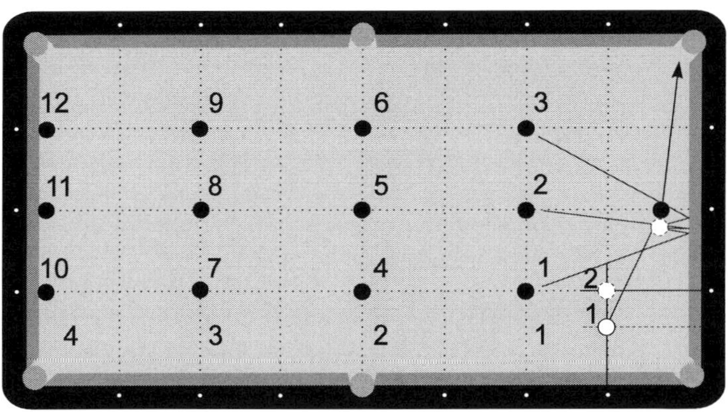

Abbildung 74

3. Übung:

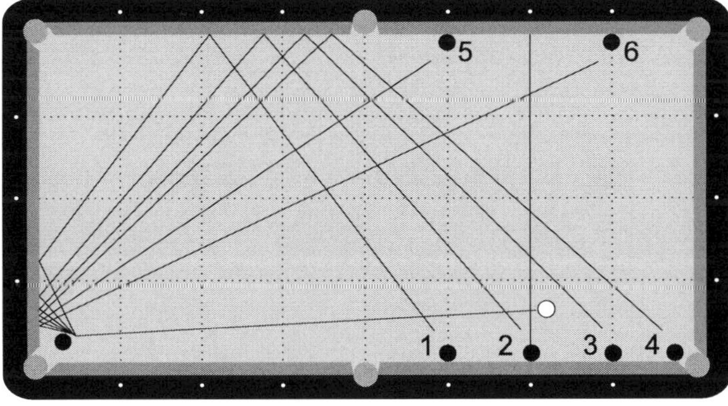

Abbildung 75

In dieser Übung geht es wieder um einen Ball vor dem Loch. Die Weiße kann gemäß Abbildung hinter der Kopflinie verlegt werden. Es gilt, mit den eingezeichneten Kugeln nacheinander Karambolagen zu erzielen, jeweils beliebig über eine oder mehrere Banden. Einige Möglichkeiten sind eingezeichnet.

4. Übung:

In dieser Übung liegt der zu treffende Ball etwas schwieriger auf der Diamantenkreuzungslinie vor dem angegebenen Eckloch. Die Weiße ist hinter der Kopflinie verlegbar. Es gilt, mit den fünf eingezeichneten Kugeln nacheinander Karambolagen zu erzielen. Hier soll überprüft werden, ob man die erworbenen Kenntnisse aus der Effet-Session auch umsetzen kann, ob ein Spieler also in der Lage ist, einen langen Ball auch mit teilweise extremem Effet zu versenken.

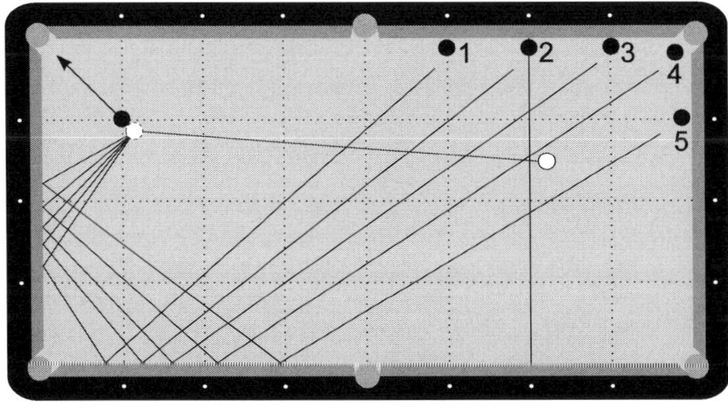

Abbildung 76

5. Übung:

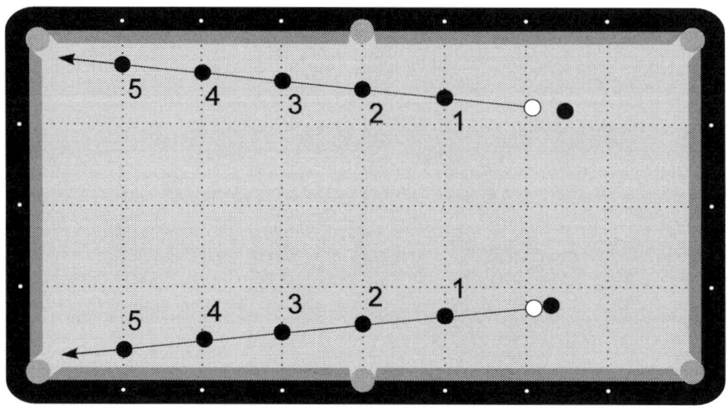

Abbildung 77

Die folgende Übung unterscheidet sich grundsätzlich von allen vorangegangenen. Es gilt hierbei, eine sichere Queueführung zu erlangen, und das trotz schwierigem Übergreifen einer Kugel, die direkt vor der Weißen liegt. Die zwei Fotos Nr. 30 und 31 im Kapitel 3 sollen die hier benötigte Queuebrücke veranschaulichen. Aus der Zeichnung ist zu ersehen, wie die Kugeln zu platzieren sind. Man beginnt damit, die mit Eins gekennzeichnete Kugel mit der Weißen anzuspielen, solange, bis es gelingt, sie aus dieser Lage in das angegebene Eckloch zu versenken. Es versteht sich von selbst, dass nicht alle fünf Kugeln auf einmal aufgesetzt werden, denn es soll schließlich keine Fünferkombination gespielt werden. Ist die erste Kugel versenkt, so spielt man die mit Zwei gekennzeichnete Kugel usw. bis zur fünften, das ganze jeweils aus zwei verschiedenen Positionen. Bei der ersten liegt die zu übergreifende Kugel eine kugelbreit vor der Weißen. Bei der zweiten Position liegt die zu übergreifende Kugel direkt bzw. press vor der Weißen. Hierbei sind die Tipps für gestochene Bälle im allgemeinen (siehe zehnten Standardpositionsball) recht nützlich.

4.16 Bank-Shot-Drills

Bei Bank-Shots im allgemeinen sind einige Dinge zu beachten. Wenn man mit der Weißen eine andere Kugel gegen die Bande spielt, gilt das Gesetz von Einfallswinkel gleich Ausfallwinkel nur, wenn ohne Effet und relativ leicht gespielt wurde. Spielt man fester, verkürzt sich der Ausfallwinkel. Das liegt daran, dass mit erhöhter Kraft die Kugel entsprechend tiefer in die Bande gedrückt wird. Ebenso kann mit Effet der Ausfallwinkel der Kugel entweder verkürzt oder erweitert werden. Spielt man mit der Weißen direkt gegen die Bande, so liegt es auf der Hand, dass sich bei rechtem Effet der Ausfallwinkel nach rechts vergrößert und umgekehrt, und dass er sich verkleinert, wenn der Effet gegen den Lauf gerichtet ist. Trifft man mit der Weißen nun eine Kugel vorher und diese läuft dann an die Bande, so verhält sich die Wirkung an selbiger umgekehrt, aber abgeschwächt durch den Reibungsverlust. Einige Abbildungen von der Weißen mit weiterer Kugel in Standardsituationen (Abb. 78 bis 80) sollen hier Aufschluss geben.

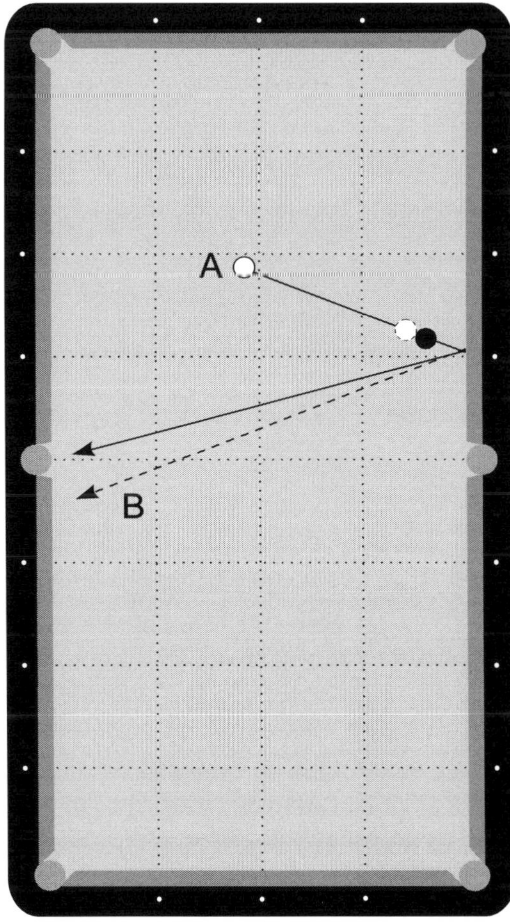

Abbildung 78: (A) Hart und ohne Effet gespielt, oder leicht, aber mit rechtem Effet gespielt. (B) Leicht und ohne Effet gespielt.

Der Ausfallwinkel lässt sich im übrigen außer durch Kraft und rechtem/linkem Effet auch noch durch Hoch- oder Tiefspielen der Weißen beeinflussen. Das trifft allerdings nur zu, wenn die Weiße gegen die Bande läuft. Mit diesem Phänomen befasst sich Punkt 4.17 ausführlich.

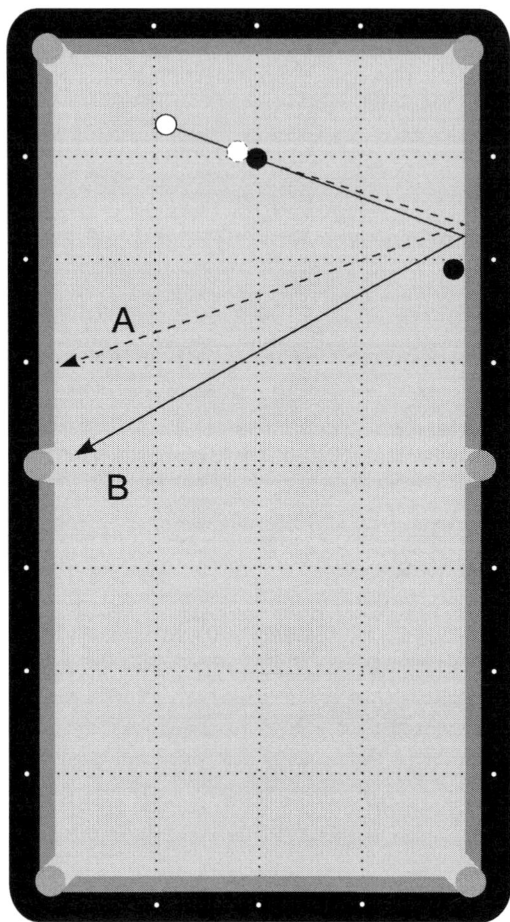

Abbildung 79: (A) Leicht, ohne Effet gespielt.(B) Medium Speed mit linkem Effet gespielt.

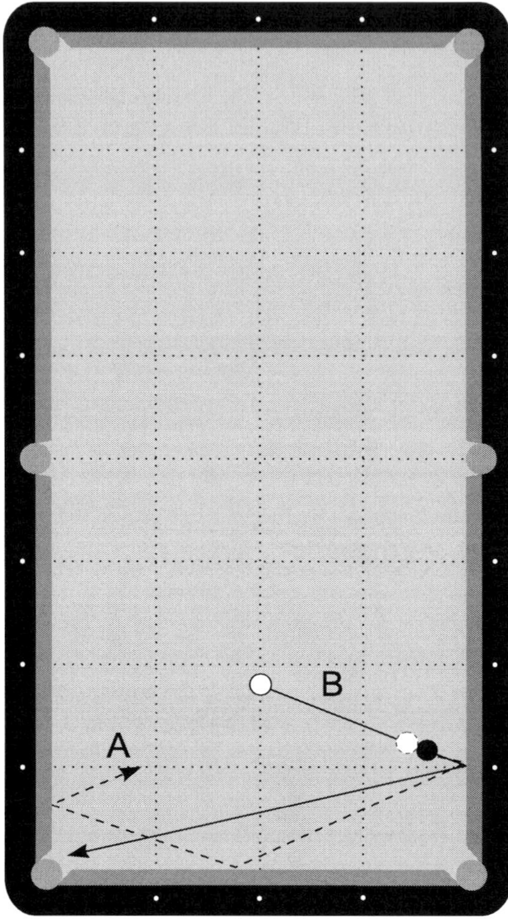

Abbildung 80: (A) Leicht, ohne Effet gespielt. (B) Fest mit rechtem Effet gespielt.

1. Übung:

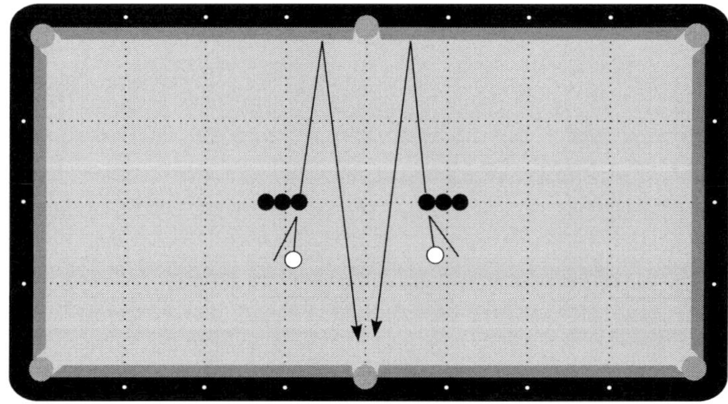

Abbildung 81

Zu dieser Übung platziert man die Kugeln gemäß Abbildung. Die Weiße darf beliebig verlegt werden. Die drei press aneinander liegenden Kugeln müssen jeweils in Folge mit Position zur nächsten über eine Bande versenkt werden. Man beginnt mit den Kugeln auf Höhe des Mittellochs, dann folgen die Kugeln, die in

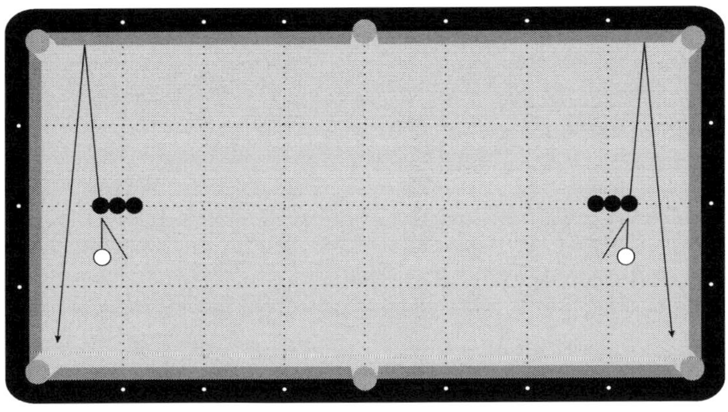

Abbildung 82

die Ecklöcher gespielt werden. Es kommt in der Praxis recht selten vor, dass man einen Banker mit Position zum nächsten spielen muß, aber das ist auch nicht der Sinn der Übung. Es geht vielmehr darum, den Spieler, da er mit Position spielen muß, mit verschiedenen Winkeln zu konfrontieren, die entsprechend mit Effet oder Kraft beeinflusst werden müssen, um auch noch Position zum nächsten zu erlangen. Ziel ist also etwas Praxis im Umgang mit verschiedenartigen Bankern.

2. Übung:

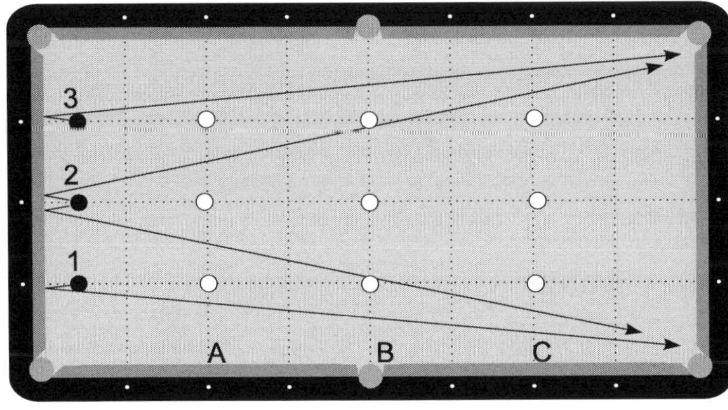

Abbildung 83

In der folgenden Übung geht es um die "langen" Banker. Man legt die zu treffende Kugel jeweils eine kugelbreit von der Bande entfernt an die Diamanten der kurzen Bande. Die Weiße wird auf der Höhe des zweiten Diamanten der langen Bande verlegt. Von dort aus versucht man den Banker auf die unteren Ecklöcher. Das Eckloch ist frei wählbar. Sobald dieser Banker gelungen ist, verlegt man die Weiße auf Höhe des Mittellochs und versucht das gleiche von dort nochmal. Ist auch dieser Banker gelungen, verlegt man die Weiße diesmal hinter der Kopflinie. Auch von dort wird so lange gespielt, bis der Banker gelingt. Dann wiederholt man das ganze jeweils mit den anderen zwei an der kurzen Bande befindlichen Kugeln. Alles in allem sind also neun lange Banker zu spielen.

4.16.1 Vorbanden Effet-System

Dieses Effet-System kann man auf die vielfältigsten Situationen übertragen.

Abbildung 84 zeigt wie die Effets an der Weißen anzusetzen sind. Drei lederbreit Effet gilt als absolutes Maximum, solange das Queue dabei noch waagrecht geführt wird. Mehr Wirkung lässt sich nur per Bogenstoß erreichen. Bei diesen drei lederbreit benötigt

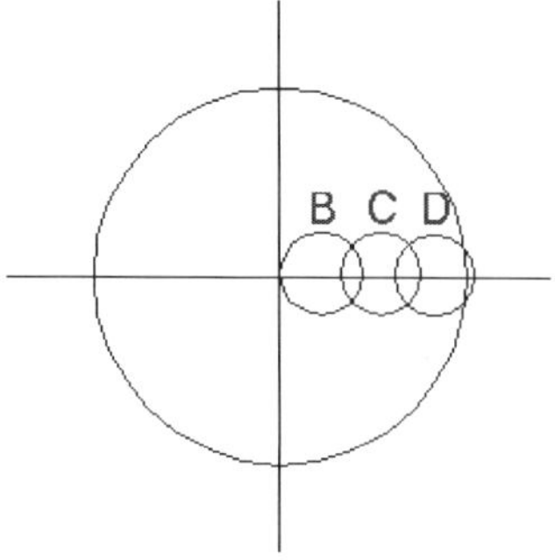

Abbildung 84:
(B) Ein lederbreit Rechtseffet,
(C) Zwei lederbreit Rechtseffet,
(D) Drei lederbreit Rechtseffet

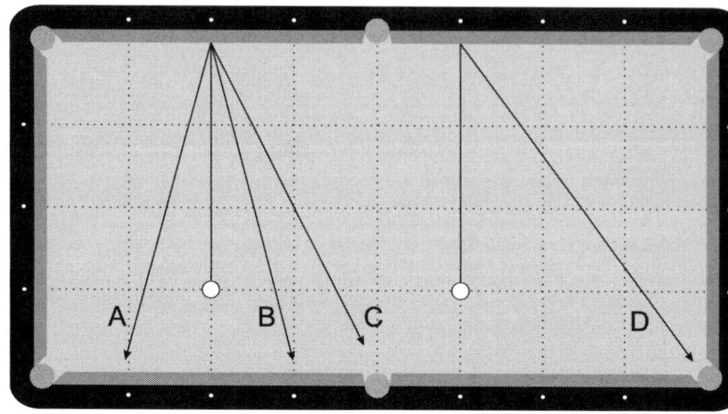

Abbildung 84a :(A) ca. ein lederbreit linker Effet, (B) ca. ein lederbreit rechter Effet ,(C) ca. zwei lederbreit rechter Effet, (D) ca. drei lederbreit rechter Effet

man jedoch einen sehr geschmeidigen Stoß, sonst besteht hier Abrutschgefahr.

Abbildung 84a zeigt die entsprechenden Verlaufslinien. Wenn es nicht gleich funktionieren sollte, kann das an unterschiedlicher Stoßgeschwindigkeit liegen oder am weiteren Queueverlauf nach dem Treffen der Weißen. Diese Komponenten sollten entsprechend angepasst werden, bis die Verlaufslinien erreicht werden. Genau dann hat man den Stoß für dieses System gefunden damit es zuverlässig funktioniert.

Es spielt übrigens keine Rolle - solange geradlinig gegen die Bande gespielt wird - wie weit die Weiße von der Bande entfernt liegt.

Abbildung 84b zeigt weitere Anwendungen. Hier spielt der Abstand der Weißen zur Bande allerdings die entscheidende Rolle.

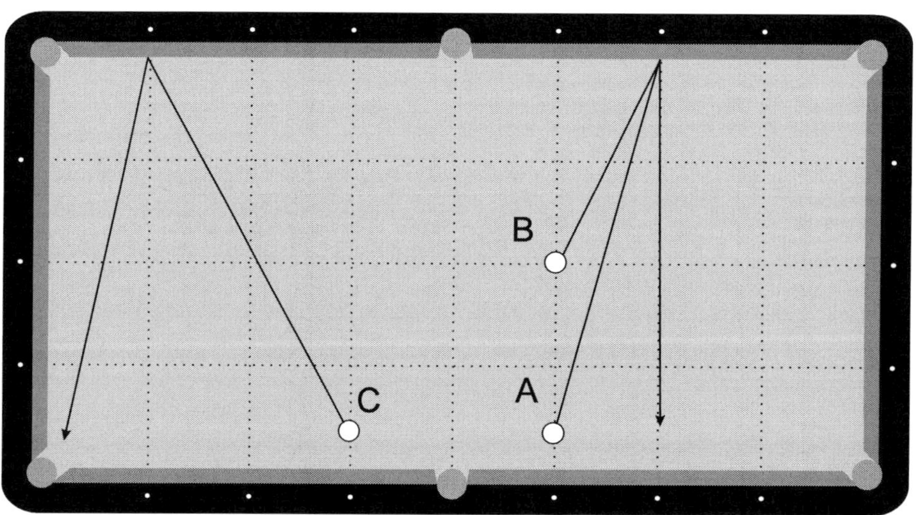

Abbildung 84b: (A) Dieser Verlauf wird durch eine Lederbreite Gegeneffet (Linkes) erreicht. (B) Dieser Verlauf wird durch zwei Lederbreite Gegeneffet erreicht. (C) Dieser Verlauf wird durch eine Lederbreite Gegeneffet (rechtes) erreicht.

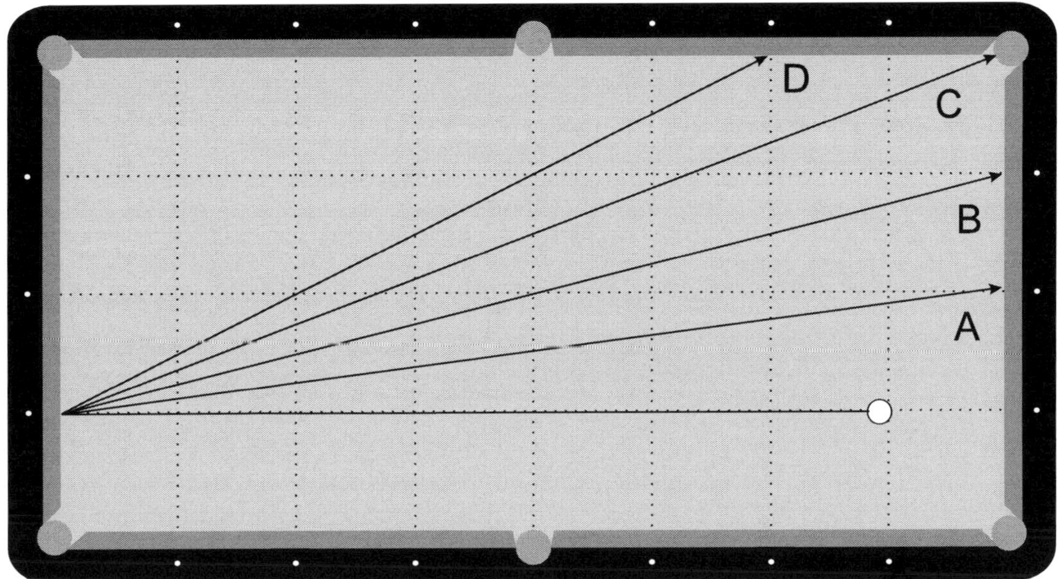

Abbildung 84c: (A) Ein halbes lederbreit Rechtseffet, (B) Ein lederbreit Rechtseffet, (C) Eineinhalb lederbreit Rechtseffet, (D) Zwei lederbreit Rechtseffet

Abbildung 84c zeigt die Anwendung über die lange Bande.

Es versteht sich von selbst, dass die Kugel die es zu treffen gilt nicht unbedingt an der Bande liegen muss. Es genügt, wenn diese an einem beliebigen Punkt der angegebenen Verlaufslinien liegt. Dasselbe gilt natürlich auch für die Weiße.

Die Möglichkeiten dieses Systems sind daher geradezu unbegrenzt und auf die meisten Safesituationen übertragbar.

4.17 Sondersession

Die in diesem Abschnitt behandelten Phänomene sollen lediglich auf selbige aufmerksam machen. Kritische Beispiele sind in der Critical Shot-Session zu finden. Außerdem ist diese Session als Ergänzung (da in unmittelbarem Zusammenhang) zu der bereits behandelten Druckstoß-Session zu verstehen.

4.17.1 Nachläuferbogen

Der Nachläuferbogen kommt automatisch zustande, sobald man einen Nachläufer auf einen Ball mit Winkel spielt, auch wenn der Winkel minimal ist. Gerade wenn der Winkel minimal ist, kommt der Nachläuferbogen erst richtig zur Geltung, weil das "Nachlauf"-Drehmoment fast 90° entgegen die Kiss-Shot-Tangente gerichtet ist. Ist der Winkel stärker, ist das "Nachlauf"-Drehmoment eher konform zur Kiss-Shot-Tangente. Was dabei passiert, ist folgendes: Die Weiße gibt die Hauptkraft auf die zu treffende Kugel ab. Die restliche Kraft bringt die Weiße zunächst in Richtung der Kiss-Shot-Tangente: Je nachdem, mit wieviel Kraft bzw. Druck die Weiße gespielt wird, um so länger wird sie der Kiss-Shot-Tangente folgen. Je schneller die Weiße an Kraft verliert, um so früher wird der Nachlaufeffet anfangen, auf dem Tuch zu greifen und damit die Kiss-Shot-Tangente kreuzen. Man kann also den Nachläuferbogen durch Kraft und Intensität des Nachlaufeffets beeinflussen. Die Abbildungen 85 bis 87 sollen verdeutlichen, in wie weit dieses Phänomen nützen kann.

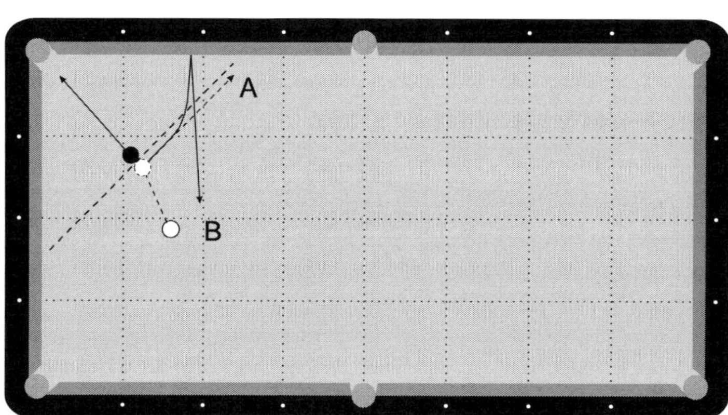

Abbildung 85: (A) Verlauf gemäß Druckstoß. (Anspielweise wie Stopball) (B) Ein möglicher Verlauf, hier ca. ein lederbreit oberhalb der Mitte, geradliniger Queueverlauf, Hard-Speed.

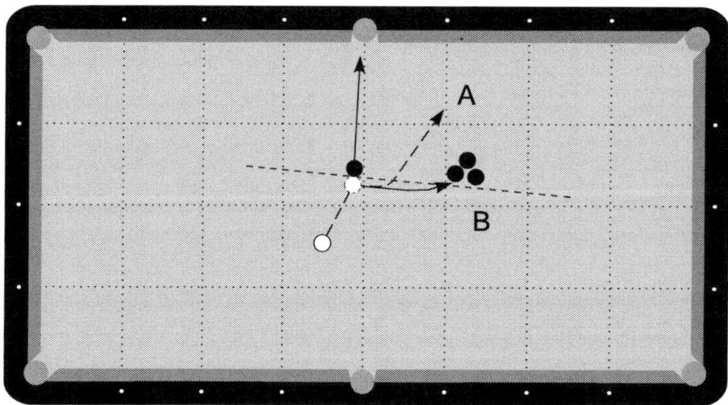

Abbildung 86: (A) Als Nachläufer wie bei Abb. 85 gespielt. (B) Hier nur wenige Millimeter tiefer gespielt, um den Pulk zu lösen.

Ein besonderer Effekt tritt auf, wenn man einen Pulk von Kugeln auf die-

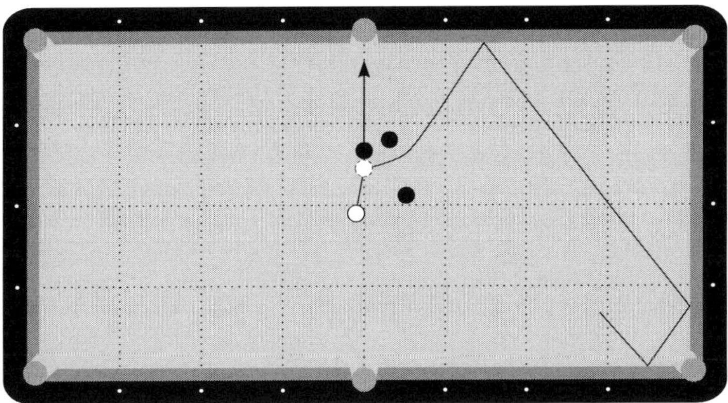

Abbildung 87

se Weise anspielt: Bei der Weißen kommt aufgrund der größeren Masse, auf die sie stößt, noch ein gewisser Abpralleffekt hinzu, der ebenfalls dann und wann nützlich sein kann.

4.17.2 Nachläuferbogen im System

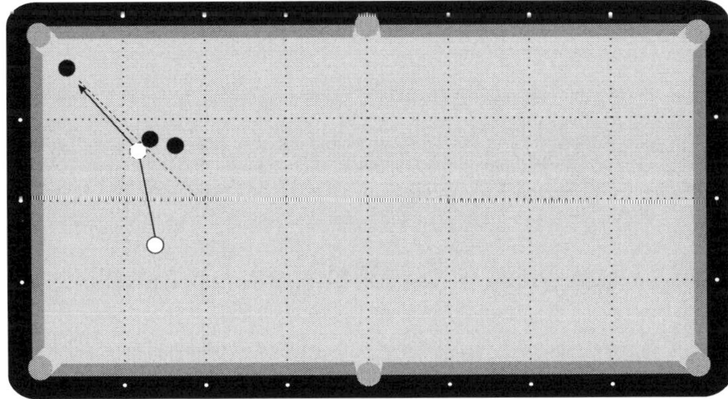

Abbildung 87a: 1. Möglichkeit: Frei von der Kiss-Shot-Tangente ausgehend.

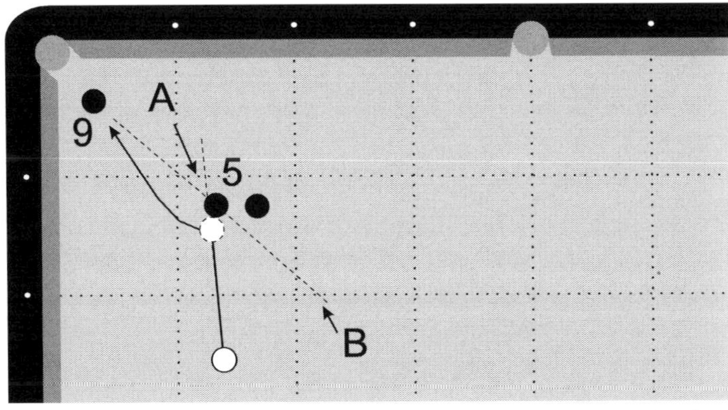

Abbildung 87b: 2. Möglichkeit: Nachlaufbogensystem, (A) Zielpunkt, (B) Standardziellinie

Folgendes System soll einen Anhaltspunkt geben, in welche Richtung uns der vorangegangene Nachläuferbogen bringen wird.

Abbildung 87a zeigt eine herkömmliche Möglichkeit (Kiss-Shot Variante), den gegebenen Kombinationsstoß auszuführen.

Abbildung 87b zeigt die Nachläuferbogen-Variante. Wenn man die Standardziellinie durch Kugel 5 zieht (es wird praktisch mit der 5 auf die 9, als wenn es die Weiße wäre, gezielt), erhält man praktisch hinter der 5 den Zielpunkt A. Mit der Mitte der Weißen zielen wir jetzt nur noch auf Punkt A, so als wäre Kugel 5 gar nicht da.

Es ist am Anfang etwas problematisch sich die-

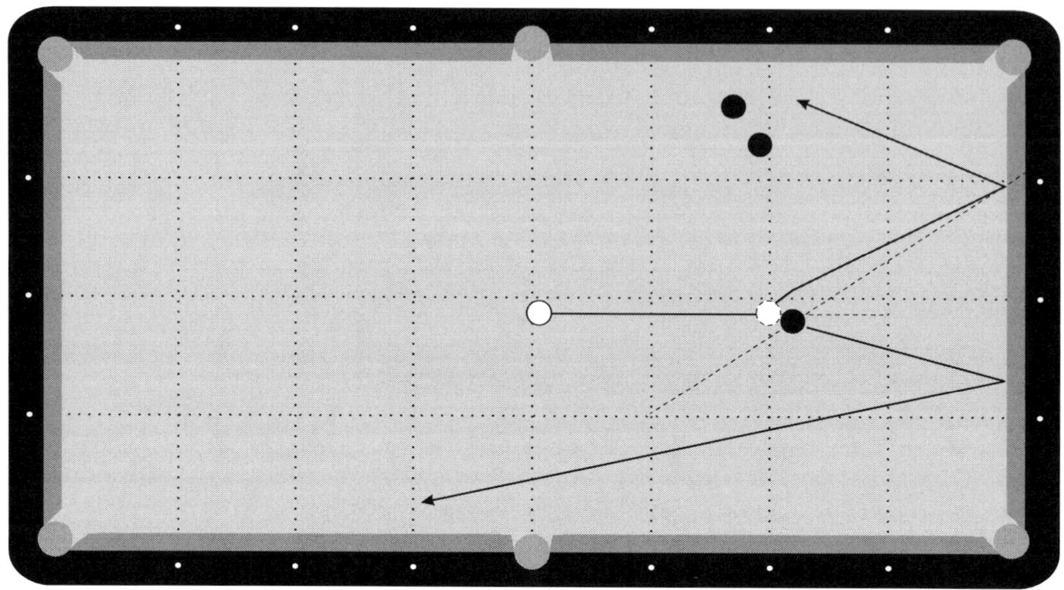

Abbildung 87c: Richtungsbestimmung der Weißen beim Safe.

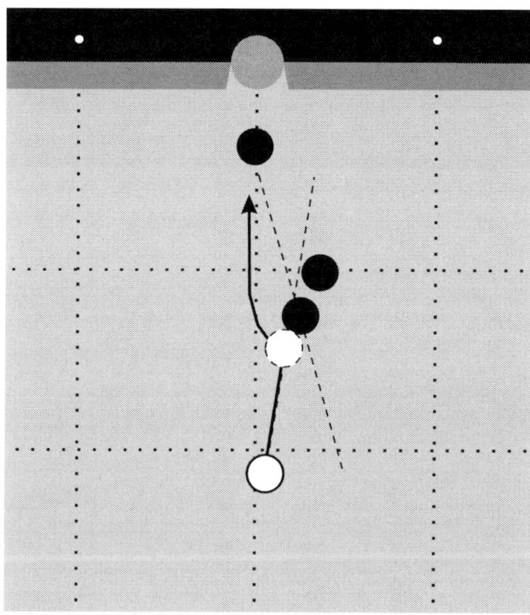

Abbildung 87d: Nachläuferbogensystem als einzige Möglichkeit

sen Punkt beim Zielen vorstellen zu können, schließlich befindet sich der Punkt auf der “anderen” Seite der 5. Mit der Zeit sollte es jedoch immer besser gehen.

Die Weiße spielt man schließlich mit Medium-Speed und knapp oberhalb der Mitte. Die Weiße wird sehr zuverlässig den gewünschten Verlauf nehmen.

Dieses System ist schon ziemlich alt, es ist lediglich in letzter Zeit in Vergessenheit geraten (Karambolagespielern ist dieses System jedoch immer noch geläufig). Von wem dieses System stammt lässt sich wohl nicht mehr nachvollziehen. Das älteste Buch, in dem ich dieses System beschrieben fand, war in dem Buch von Clive Cottingham, jr. von 1964.

Die Anwendungsmöglichkeiten sind sehr vielfältig, im weiteren sind noch zwei Beispiele aufgezeigt (Abbildung 87c und 87d).

4.17.3 Rückläuferbogen

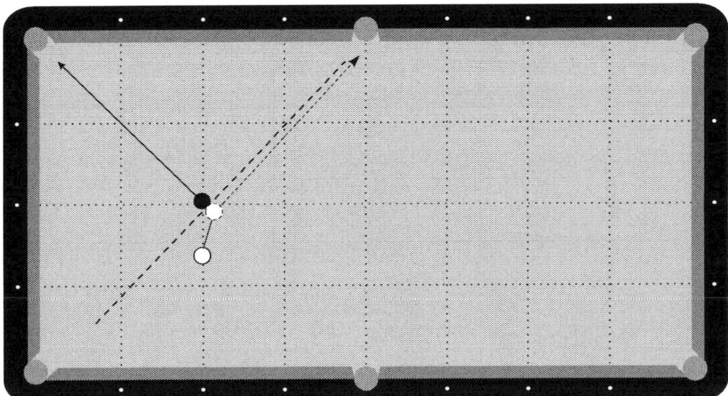

Abbildung 88: Achtung Scratchgefahr, wenn der Rückläufer zu hart gespielt wird oder auch zu weit durchgegangen wird.

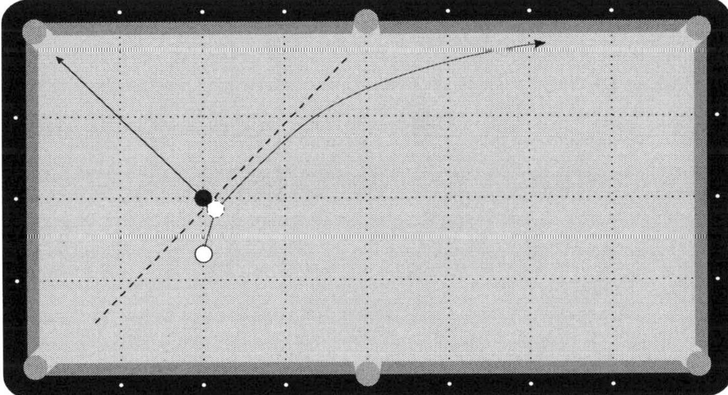

Abbildung 89: Keine Scratchgefahr! Die Weiße wird als Rückläufer weniger hart als in Abb. 88 gespielt und vor allem wird mit dem Queue nur kurz durchgegangen.

Beim Rückläuferbogen verhält es sich ähnlich wie beim Nachläuferbogen, mit dem Unterschied, dass die Weiße die Kiss-Shot-Tangente nicht kreuzt, sondern sich immer mehr von dieser entfernt. Um den Bogen möglichst lang zu spielen, dass die Weiße also möglichst lange an der Kiss-Shot-Tangente entlangläuft und die Rückläuferwirkung entsprechend spät, aber dafür auch sehr intensiv eintritt, muss man entsprechend weit mit dem Queue durchgehen. Um den Bogen möglichst kurz zu halten, dass die Weiße also möglichst früh anfängt zurückzulaufen, muss man entsprechend kurz spielen. Ein Anwendungsbeispiel (Abb. 88 und 89) soll dessen Wirkungsweise verdeutlichen.

4.17.4 Rückläuferbogen im System

Dieses System wurde von Roger Griffis, einem PBTA Profi in einer 1994er Ausgabe des amerikanischen Pool & Billiard Magazins vorgestellt.

Doch auch dieses System dürfte älteren Datums sein, denn es ist auch schon in dem zuvor genannten Buch von Clive Cottingham,jr aus dem Jahr 1964 erwähnt.

In der vorliegenden Abbildung 89a soll die Neun per Rückläuferbogen über die Fünf versenkt werden. Dazu zieht man imaginäre Hilfslinien von der Mitte der Weißen ausgehend durch die Neun und die Fünf, sowie die Linie von der Fünf durch die Neun.

Man erhält somit ein Dreieck. Die Seitenhalbierende Weiße/Neun lässt man durch die Fünf gehen und erhält somit den Zielpunkt A. Mit der Mitte der Weißen zielt man nun auf den Punkt A (Man trifft also die Fünf tatsächlich etwas weiter links, je länger die Seite Weiße/Neun ist um so größer ist diese Abweichung). Dabei spielt man einen Rücklä-

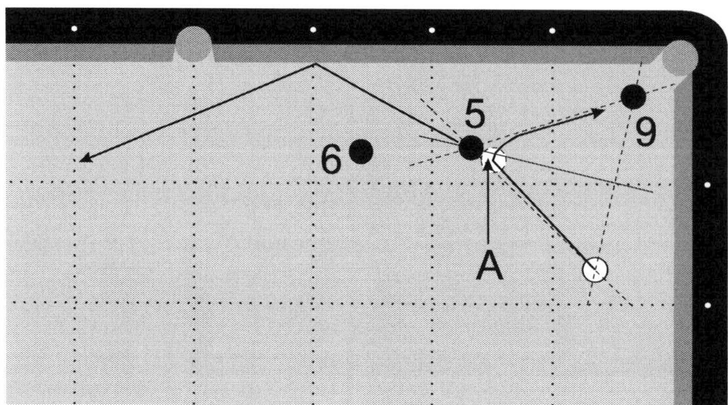

Abbildung 89a: (A) Zielpunkt

fer mit Medium-Speed und die Weiße wird durchaus den gewünschten Verlauf nehmen.

Je nachdem wie fest man spielt und wie weit das Queue dabei durchgeführt wird, wird der Rückläuferbogen in seiner Intensität verändert. Aufgrund dieses Systems hat man jedoch einen Anhaltspunkt und davon ausgehend wird man mit der Zeit ein Gefühl dafür entwickeln ob man entsprechend den Abstoß verändern oder leicht den Zielpunkt verlagern soll.

Die Anwendungsmöglichkeiten sind wiederum vielfältig. In Abbildung 89b sind einige Anwendungen zur Safemöglichkeit aufgezeigt. Es versteht sich von selbst, dass man nach einiger Zeit nicht mehr großartig messen muss um so etwas hinzukriegen. So etwas "sieht" man dann einfach.

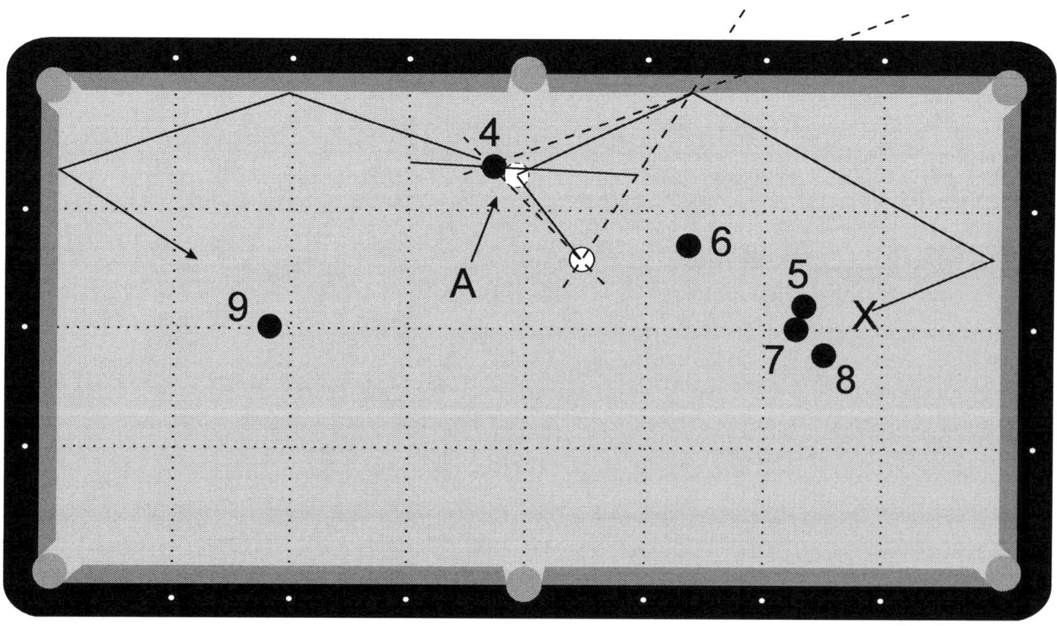

Abbildung 89b

4.17.5 Rückläuferbogen im Bandenspiel

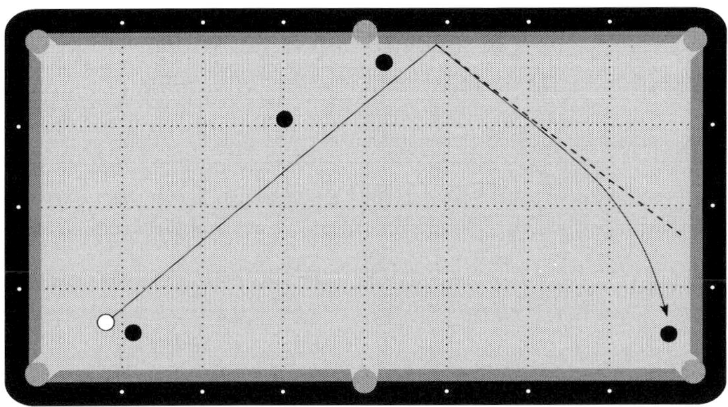

Abbildung 90

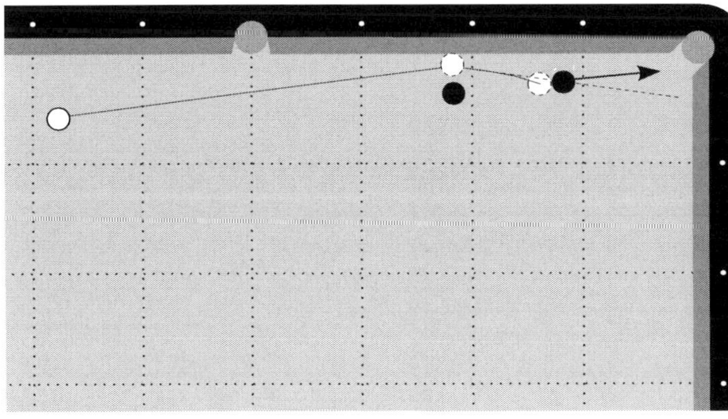

Abbildung 91

Wenn man die Weiße im Winkel gegen die Bande spielt und ihr dabei viel Rücklaufeffet mitgegeben hat, kann man dadurch den Ausfallwinkel erheblich verkürzen. Dabei passiert folgendes: Man spielt die Weiße in einem relativ flachen Winkel gegen die Bande und trifft sie dabei wie einen sauberen Rückläufer. Nach der Bandenberührung folgt sie zunächst der bekannten Ausfallinie, beginnt jedoch durch den jetzt seitlich von der Ausfallinie wirkenden Rücklaufeffet, sich immer mehr von der Ausfallinie zu entfernen. Sie beschreibt dabei einen Bogen. Dieses Faktum kann dabei helfen, Bälle noch zu treffen, die mit der normalen Ausfallinie nicht mehr zu erreichen wären. Aus dem Ausfall- gleich Einfallswinkelprinzip her wissen wir außerdem, dass wenn eine Kugel, die nah an der Bande liegt und die über Vorbande versenkt werden soll, der Treffpunkt näher zur Kugel vorverlegt werden muß, da die Weiße durch das Tiefspielen noch kürzer aus der Bande herauskommt, als man es vielleicht gewohnt ist.

Die Abbildungen 90 und 91 sollen wiederum den nötigen Aufschluss über die Anwendungsmöglichkeiten verschaffen.

In der Rubrik der Kritischen Stöße lernen wir noch ein Diamantensystem kennen, das auf diesem Rückläuferbandenstoß basiert.

4.17.6 Nachläuferbogen im Bandenspiel

Der Nachläuferbogen nach der Bandenberührung entsteht unter den gleichen Bedingungen wie der vorangegangene Rückläuferbogen nach der Bandenberührung, natürlich mit dem Unterschied, dass der Nachläuferbogen die Ausfallinie nach der Bandenberührung nicht verkürzt, sondern diese "verlängert". Ein Beispiel hierzu in Abb. 92. Der Bogen fällt dabei weniger extrem aus als beim Rück-läuferbogen.

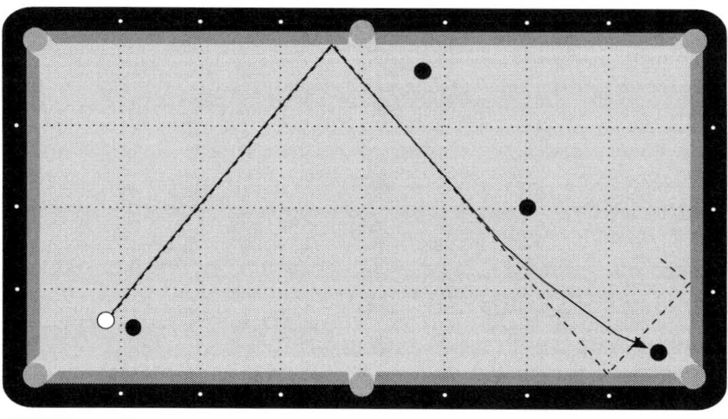

Abbildung 92

4.17.7 Automatischer Effet

Automatischer Effet entsteht bei jedem Ball, der von der Weißen winklig angespielt wird. Dieser Effet wird hervorgerufen, wenn die Weiße ein andere Kugel "streift". Die Kraft, die am Kontaktpunkt die Linie zum Mittelpunkt der getroffenen Kugel angibt, sorgt ebenso dafür, dass ein Drehmoment um die eigene Achse der getroffenen Kugel entsteht. Der dadurch hervorgerufene Effet ist um so stärker, je größer die Reibung zwischen den beiden Kugeln ist. Je fettiger die Kugeln, um so mehr automatischer Effet. Wenn man einen Ball mit etwas mehr oder weniger Winkel in eine Tasche spielt, wird der bei dem getroffenen Ball hervorgerufene Effet sich auch auf dessen Laufrichtung auswirken. Diese Auswirkungen sind in

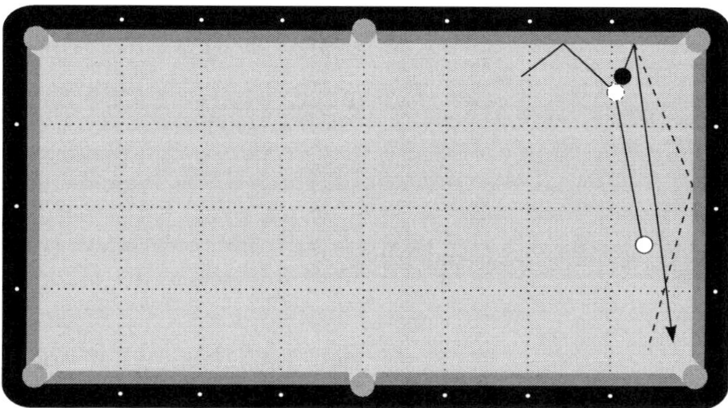

Abbildung 93: Dieser Banker muß aufgrund des automatischen Effets weiter links angespielt werden.

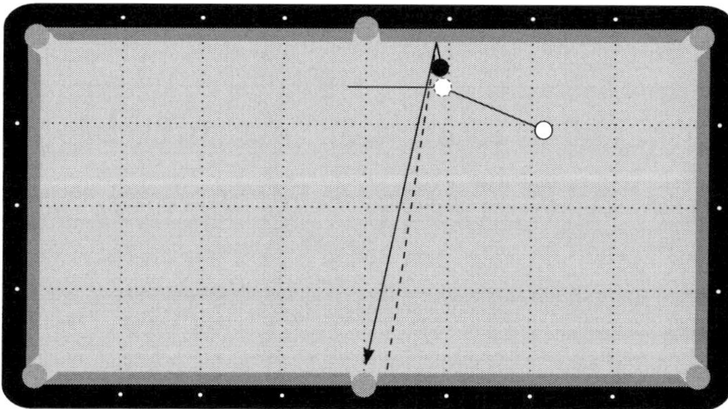

Abbildung 94: Dieser Banker muß wegen des automatischen Effets etwas dünner getroffen werden.

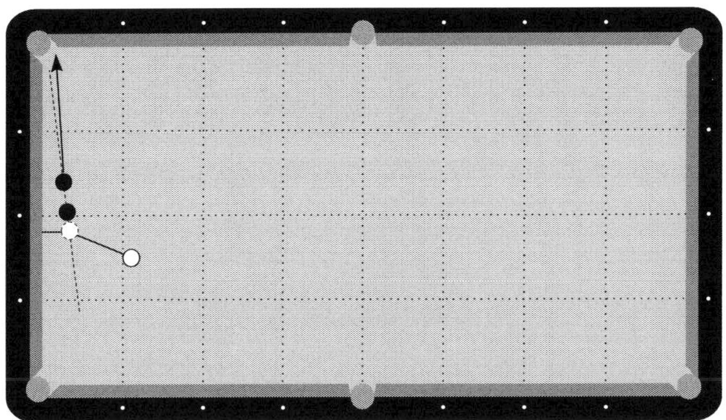

Abbildung 95: Die anzuspielende Kugel erhält automatisch linken Effet. Dadurch wird die zu versenkende Kugel geringfügig nach rechts abweichen. Diese Kugelkombination muß also noch dünner getroffen werden als man ohnehin schon muß.

den meisten Situationen vernachlässigbar. Unbedingt zu berücksichtigen ist der automatische Effet aber, wenn die getroffene Kugel noch eine Bande berührt oder bei nicht press liegenden Kugelkombinationen.

Denn bei der Bandenberührung macht sich dieser ungewollte Effet bemerkbar und führt so zu mancher Fehleinschätzung. Einige Beispiele der Abbildungen 93 bis 95 sollen hier auf die Problematik aufmerksam machen.

4.17.8 Bremsen der Weißen

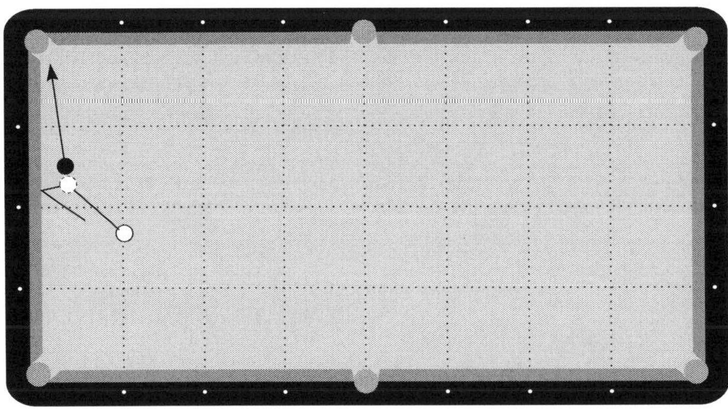

Abbildung 96: Zum Bremsen der Weißen wird diese tief und kurz gespielt.

Das Bremsen der Weißen ist erforderlich, wenn man einen Ball z.B. relativ dünn anspielen muß, die Weiße nach dem Treffen des Balles aber möglichst schnell zum Stehen kommen soll. Da der Ball aber dünn angespielt wird, bleibt die Hauptkraft des Stoßes an der Weißen erhalten und diese Kraft gilt es wegzunehmen. Dafür gibt es drei Möglichkeiten:

1. Bremsen der Weißen durch Rücklaufeffet (Abb. 96)
2. Bremsen der Weißen durch Gegeneffet (Abb. 97, bei Bandenberührung im weiteren Verlauf)
3. Bremsen der Weißen durch Winkelentschärfung (Abb. 98, hervorgerufen durch "Pro"-Effet)

In den meisten Fällen kommt man mit der ersten Möglichkeit aus. Die Weiße wird dabei als Rückläufer gespielt, der, sobald die Weiße eine Teilkraft an die zu treffende Kugel abgegeben hat, sofort verstärkt wirkt. Diese Möglichkeit ist praktisch immer gegeben.

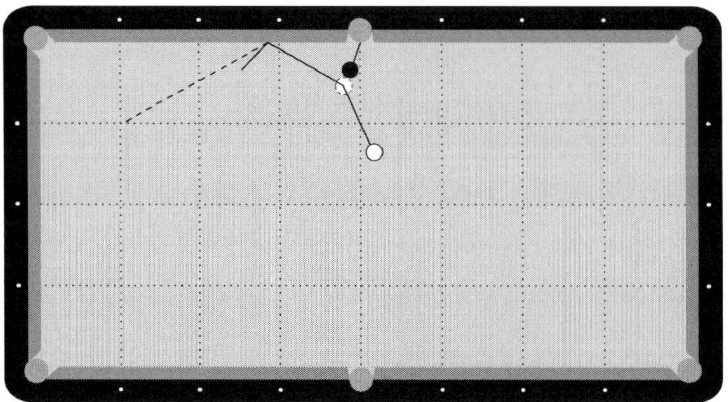

Abbildung 97: Bremsen der Weißen durch Gegeneffet (in diesem Fall rechtes).

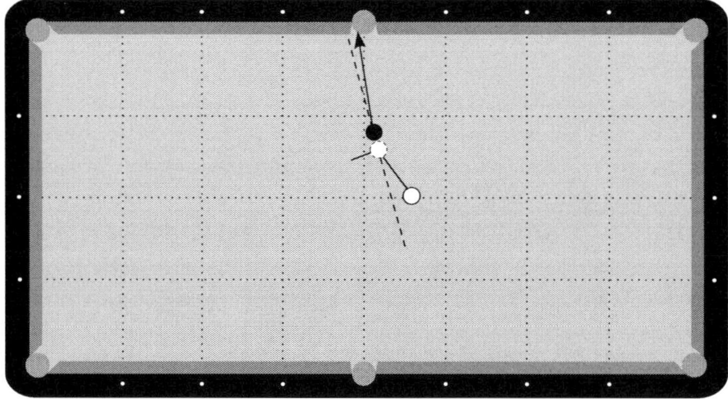

Abbildung 98: Bremsen der Weißen mittels Rückläufer und Winkelentschärfung durch linken „Pro“-Effet, kurz gespielt.

Wenn die Weiße aber kurz nach der Karambolage eine Bande im Winkel anläuft, kann man durch entsprechend gegen die Laufrichtung gerichteten Effet die Weiße ebenfalls bremsen. Abgesehen von diesen zwei Möglichkeiten, die auch kombiniert anwendbar sind, versteht es sich von selbst, dass die zu treffende Kugel so leicht angespielt wird, dass sie buchstäblich mit letzter Kraft das Loch erreicht.

Wie in der Effet-Session bereits beschrieben ändert eine Kugel, die mit der Weißen leicht angespielt wurde, ihren Lauf ebenfalls leicht. Dadurch kann man gegebene Winkel durch entsprechenden Effet flacher gestalten, also “entschärfen”. Das ist dann die dritte Möglichkeit, die sich natürlich auch mit dem Rücklaufeffet kombinieren lässt.

Einige Beispiele (Abbildung 96 bis 98) geben Aufschluss über die Möglichkeiten.

4.18 Theoretische Spielabläufe

Hier geht es speziell um die Spielabläufe der wichtigsten Spiele im einzelnen. Nun sollen die taktischen und technischen Unterschiede der einzelnen Spiele kennen und spielen gelernt werden. Es wäre allerdings müßig, möglichst viele Beispiele anhand von Diagrammen Stoß für Stoß durchzugehen. Ich möchte hier typische und kritische Situationen vorstellen und Modelle zur Vorgehensweise aufzeigen. Im 8-Ball und One-Pocket werde ich mich dabei auf das Wesentliche beschränken, während ich mich im 9-Ball und 14.1e. auf einem sehr anspruchsvollen Niveau bewegen werde. Das begründet sich dadurch, dass 9-Ball, nicht nur bei besseren Spielern, die regelmäßig Turniere besuchen, längst zum wichtigsten Spiel geworden ist (vgl. auch Kapitel 2 “Regeln”).

4.18.1 14.1 endlos

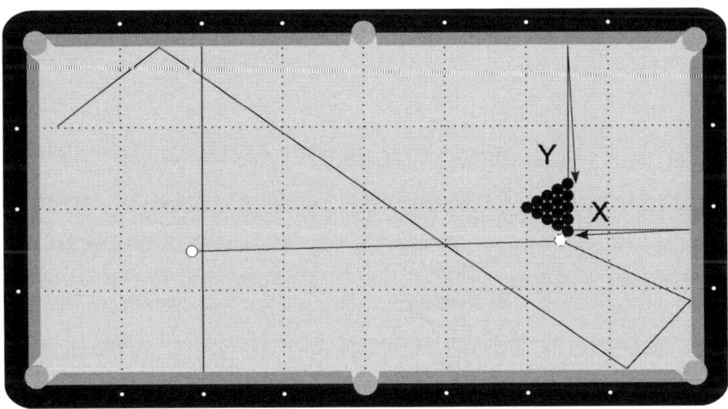

Abbildung 99: Typischer 14/1e-Eröffnungsstoß, der mit viel rechtem Effet gespielt wird.

Der Eröffnungsstoß im 14.1e wird gemäß Abbildung 99 durchgeführt. Dazu wird die Weiße hinter der Kopflinie verlegt. Es ist empfehlenswert, die Weiße dabei nicht zu weit nach außen zu legen, da sich sonst erfahrungsgemäß zu viel Bälle aus dem Dreieck lösen (es wird mehr Kraft von der Weißen auf das Rack übertragen). Man sollte also die Weiße hinter der Kopflinie in etwa auf gleicher Höhe platzieren wie eine der hinteren Eckkugeln des Dreiecks. Von dort aus hat man auch die größtmögliche Chance, einen perfekten 14.1e Anstoß zu erzielen. D.h. die Weiße läuft wieder ins Kopffeld zurück und hinterlässt ein nahezu unverändertes Dreieck. Das ist nicht ganz einfach, man muss dazu wissen, dass laut Regel beim Eröffnungsstoß zwei Farbige und die Weiße nach der Karambolage an die Bande laufen müssen. Man könnte natürlich auch versuchen, eine Kugel zu versenken, da man aber Loch und Kugel ansagen muss und man sich einem geschlossenen Dreieck gegenübersieht, unterlässt man es besser, eine fragwürdige Kombination aus dem Dreieck anzusagen. Da man also selbst keine Kugel riskiert, ist man bestrebt, dem Gegner eine möglichst schlechte Situation zu hinterlassen. Damit die Weiße nun zu Anfang nicht einfach durch die Gegend geschubst wird, erstellte man die Regel, dass man die zu treffende Kugel auch anspielen muß. Damit diese nun nicht einfach angeschubst werden (könnte sich bei Erwiderung des Gegners endlos hinziehen) legte man die Regel so fest, dass nach der Karambolage eine Kugel an die Bande muß. Diese Regel ist allgemein gültig, da man jedoch eine länger anhaltende Safe-Session gleich zu Beginn des Spiels vermeiden wollte, legte man eben für den Eröffnungsstoß die Bedingung fest, dass zwei farbige Kugeln und die Weiße nach der Karambolage die Bande berühren müssen. Damit wird dem Gegner nicht gleich ein offenes Rack hinterlassen, aber meist bekommt er dadurch die erste Ballchance. Da die Spieler aber bestrebt sind, die Weiße beim Anstoß möglichst wieder zurück an die Kopflinie zu legen, wird dies für den Gegner zumindest ein recht schwieriger Ball sein. Damit die Kugeln möglichst gemäß Abb. laufen, spielt man die Weiße mit Laufeffet (gemäß Abb. 99, also rechts) auf Kugel X. Dadurch läuft Kugel X an die Kurze und Kugel Y an die lange Bande. Gibt man der Weißen genügend Effet mit, braucht man nicht mehr allzu fest spielen, da die Weiße an den Banden entsprechend beschleunigt. Die Weiße läuft dann kurze Bande, lange Bande, lange Bande und meist noch kurze Bande. Gibt man weniger Effet mit oder verzichtet auch ganz darauf, kann die Weiße auch kurze Bande, lange Bande, kurze Bande laufen. Man benötigt dann aber ein besseres Tempogefühl.

4.18.1.1 Aus Problemsituationen sich ergebende Ballfolgen

Die Überschrift zeigt schon deutlich, um was es hier gehen wird. Manche Spieler sind im 14.1e manchmal recht ratlos, wenn sie mit einem offenen Tisch konfrontiert werden, obwohl sie vielleicht im 9-Ball sehr gut spielen und genau wissen, was sie tun. Aber das ist gerade der wesentliche Unterschied von 9-Ball zu 14.1e. Im 9-Ball ist der Weg vorgegeben, die Schwierigkeit besteht darin, die gegebene Situation zu meistern. Im 14.1e ist die Kugelreihe nicht vorgegeben, man muss selbst wissen, welche Kugeln als nächstes gespielt werden. Wenn man einen guten Überblick hat, so muss sich die Weiße nur wenig bewegen und man wird nur mit relativ einfachen Bällen konfrontiert. Wenn man jedoch nicht aufpasst, sieht man sich schnell größeren Problemen ausgesetzt.

Daher sollte man es sich zur Gewohnheit werden lassen, wenn man an den Tisch geht zuerst eine kleine Situationsanalyse zu machen. Zu Beginn geschieht dies erst langsam und bewusst, aber mit zunehmender Routine wird sich dies im Kopf weitaus schneller vollziehen. Wird man mit einem teilweise gelösten Rack konfrontiert, ist es ratsam, zunächst die Problembälle zu suchen, also Kugeln, die press aneinander liegen, keine Kombinationsmöglichkeiten bieten und daher gelöst werden müssen. So dann sucht man die Kugeln, die sich zum Lösen selbiger anbieten. Das sind Kugeln, die meist neben einem solchen Pulk liegen und frei spielbar sind. D.h. wenn man die Weiße mit etwas Winkel zu diesem (Break)-Ball in Position bringt und diesen dann versenkt, sollte die Weiße, wenn sie der Kiss-Shot-Tangente folgt, diesen Pulk lösen können. Diese Position zu diesem Breakball ist das nächste Ziel. Von den Kugeln, die sich als erstes anbieten, sieht man vom natürlichen Lauf der Weißen ausgehend, welche Position sich als nächstes anbietet, ohne der Weißen allzuviel Effet oder Kraft mitgeben zu müssen. Vorher sollte man jedoch von der gewollten Breakballposition den Weg "rückwärts" zurückverfolgen. D.h. man sucht zunächst einen Breakvorbereitungsball, von dem aus sich die gewollte Breakballposition am einfachsten erreichen lässt. Dann überlegt man, wie man am besten die Position für diesen Breakvorbereitungsball erreicht. Es muss sich ein Weg finden, von der gegebenen Position der Weißen und der nächst möglichen Position zu dieser Breakballvorbereitungsposition zu gelangen. Manchmal lässt sich die Breakballposition direkt von der gegebenen

Lage aus erreichen, manchmal muss man vier bis fünf Kugeln beseitigen, bis man die gewünschte Position erreicht. Das Wesentliche ist dabei auf die Lösung der Probleme zuzuspielen, um diese möglichst schnell zu beseitigen. Dazu benutzt man die freiliegenden Bälle. Es ist ein typischer Anfängerfehler, die freiliegenden Bälle einfach wegzuspielen, um dann an den Problemsituationen zu scheitern. Damit ergibt sich fast automatisch aus den Problemsituationen eine Ballfolge bis zur Lösung dieser Probleme. Sind die Probleme dann beseitigt, sind selten mehr als fünf oder sechs Kugeln auf dem Tisch verblieben. Spätestens dann - bei anfangs offenem Tisch natürlich gleich - legt man einen Breakball fest, mit dem das nachfolgend aufgebaute Dreieck aufgemacht werden soll. Von dort aus legt man wieder “rückwärts” über den Breakvorbereitungsball die Ballfolge der verbliebenen Kugeln fest. Bei einem von Anfang an offenen Tisch wird zu allererst der Breakball für das nächste Dreieck festgelegt, ebenso die vorgehenden zwei Bälle, also der Breakvorbereitungsball und der Ball, um dessen Position vorzubereiten. Das sollte man zu Anfang tun, damit man im weiteren Spielverlauf diese nicht unnötig oder aus Versehen bewegt.

4.18.1.2 Gruppeneinteilung bei offenem Tisch

Es ergeben sich auch logische Teilreihenfolgen aus Bällen, die z.B. in kürzerer Entfernung in einer Linie auf eine Tasche liegen. Es versteht sich von selbst, dass es am besten ist, die vordere Kugel zuerst wegzuspielen, um somit der zweiten Kugel die Bahn freizumachen. Für eventuell im Kopfbereich des Tisches liegende Kugeln ergibt sich ebenfalls eine Reihenfolge. Man teilt sich das Kugelfeld also in Gruppen ein, zum Beispiel die Anfangsgruppe, bestehend aus den Kugeln, für die sich mit der Weißen aus ihrer Ausgangslage einfach Position erzielen lässt. Dann die Gruppe der A-Bälle (das sind die Bälle, die weggeräumt werden müssen, um anderen Bällen die Bahn freizumachen). Es folgen die Kugeln der Kopf- und Mittelfeldgruppe und die Kugeln der Schlussgruppe, bestehend aus dem Breakball und dessen Vorbereitungsbällen.

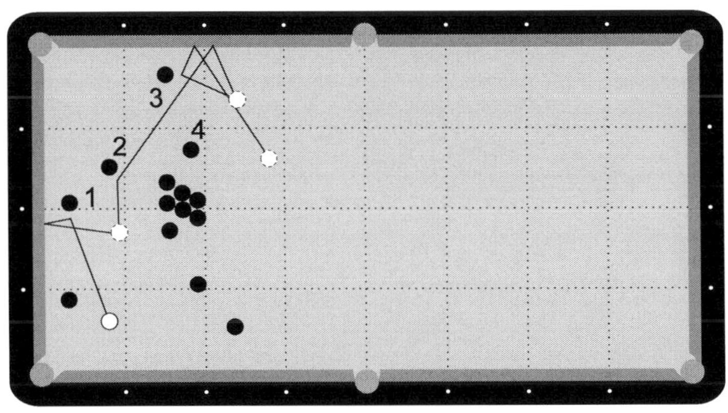

Abbildung 100: Beispiel für „aus Problemsituation sich ergebende Ballfolge“. (3) Breakvorbereitungsball (4) Breakball

Ich hoffe, hiermit einige Anhaltspunkte gegeben zu haben. Grundsätzlich entwickelt jeder Spieler den Blick, einfach zu sehen, wie ein Rack abzuräumen ist, erst nach langer Zeit, je nachdem wie viele Racks er gespielt hat. Denn nur wer entsprechend viele unterschiedliche Situationen durchgespielt hat, dem werden neue Situationen immer vertrauter und die Lösung liegt dann quasi auf der Hand. Grundsätzlich gibt es aber auch keinen 100% richtigen Weg. Es gibt unendlich viele Möglichkeiten ein Rack wegzuspielen. Daher: Übernehmen Sie die volle Verantwortung für Ihren Spielaufbau und lassen Sie den Erfolg oder Misserfolg für dessen Richtigkeit entscheiden. Auch bei unorthodoxen Entscheidungen gibt der Erfolg immer recht. Im folgenden werden einige theoretische Ballfolgen beispielhaft nachgeliefert. Siehe Abbildungen 100, 101, 102.

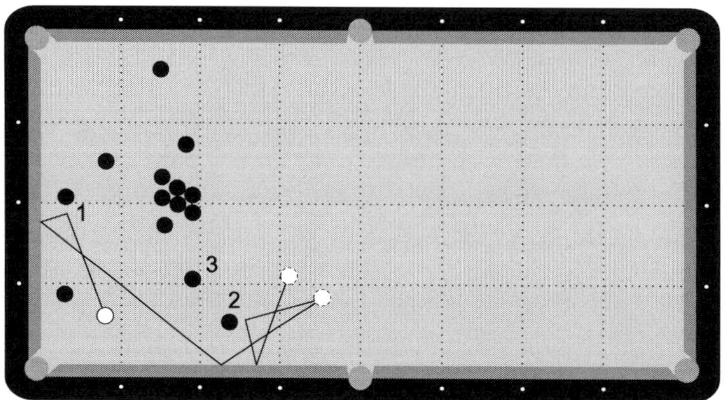

Abbildung 101: Zweites Beispiel für „aus Problemsituation sich ergebende Ballfolge". (2) Breakvorbereitungsball (3) Breakball

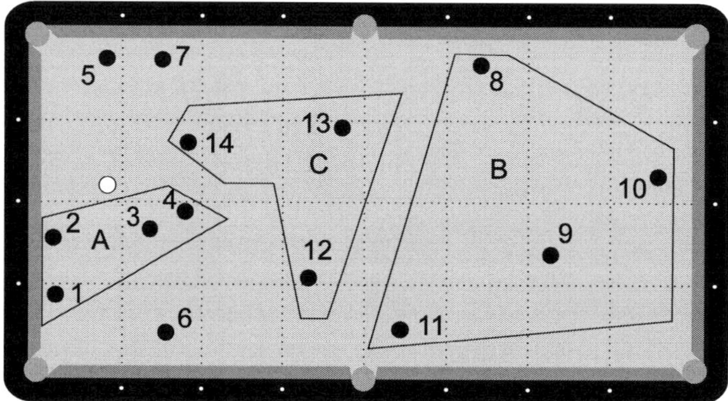

Abbildung 102: Beispiel für Gruppeneinteilung bei völlig offenem Tisch. Die Numerierung entspricht der möglichen Ballfolge. (A) Anfangsgruppe, (B) Kopf- und Mittelfeldgruppe, (C) Breakballvorbereitungsgruppe

4.18.1.3 Typische Breakbälle

In den folgenden Abbildungen 103 bis 115 möchte ich einige Breakbälle zeigen, vom idealen und typischen bis hin zu recht ausgefallenen Breakbällen und ihrer Spielweise.

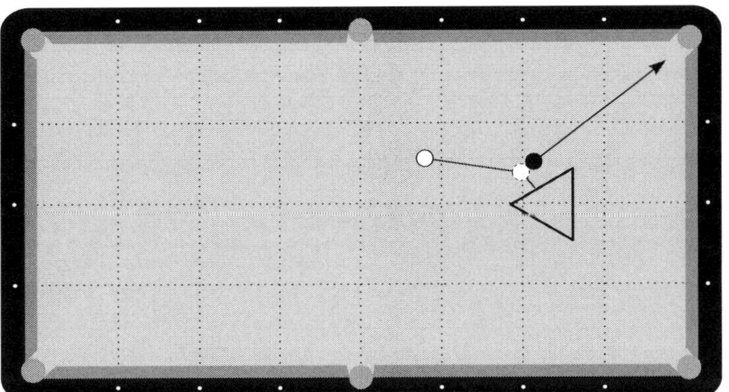

Abbildung 103: Standard- und Idealposition. Unterschiedliche Spielweise, siehe „Positionsbestimmung der Weißen nach dem Break".

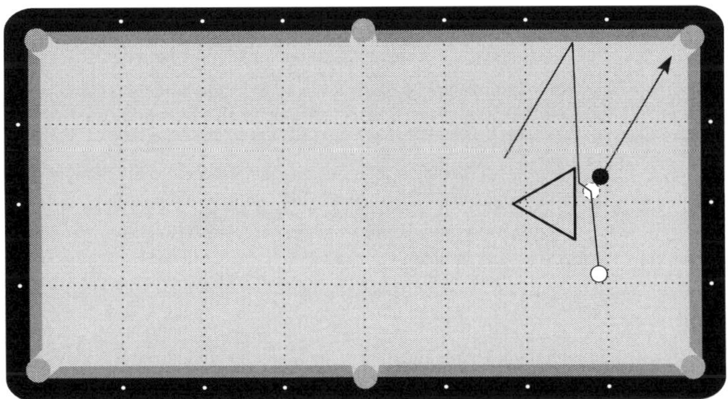

Abbildung 104: Die Weiße wird für diesen Break hoch-links gespielt.

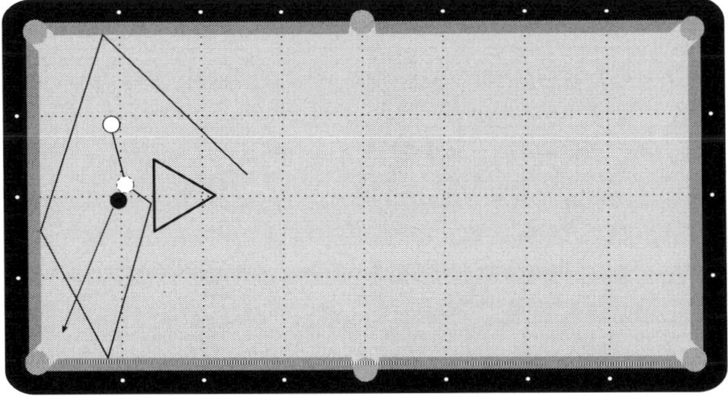

Abbildung 105: Die Weiße wird für diesen Break hoch-rechts gespielt.

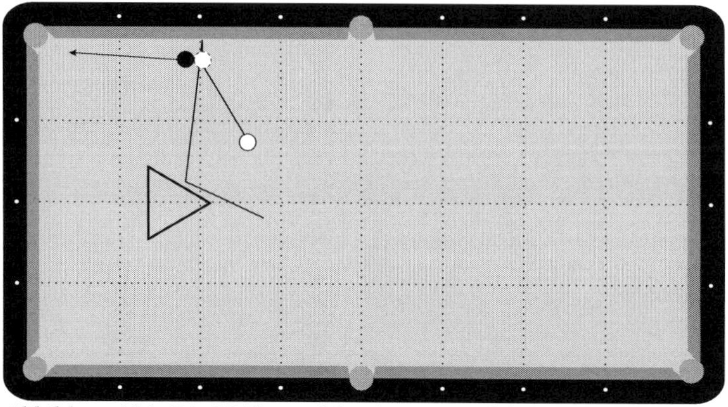

Abbildung 106: Die Weiße wird für diesen Break knapp oberhalb der Mitte und mit etwa einer halben Lederbreite Links-Effet gespielt.

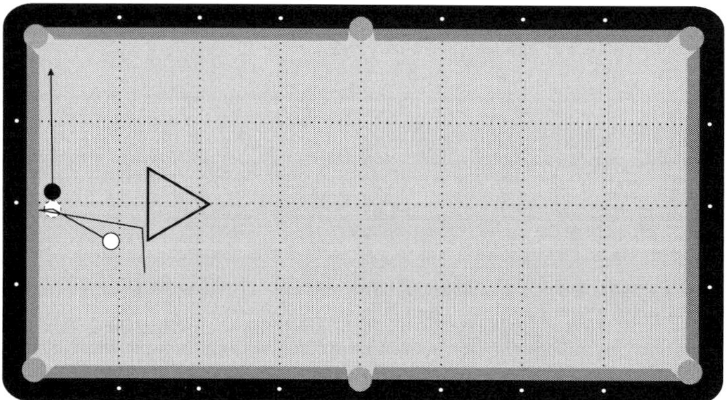

Abbildung 107: Die Weiße wird für diesen Break knapp oberhalb der Mitte und mit etwa einer halben Lederbreite Links-Effet gespielt.

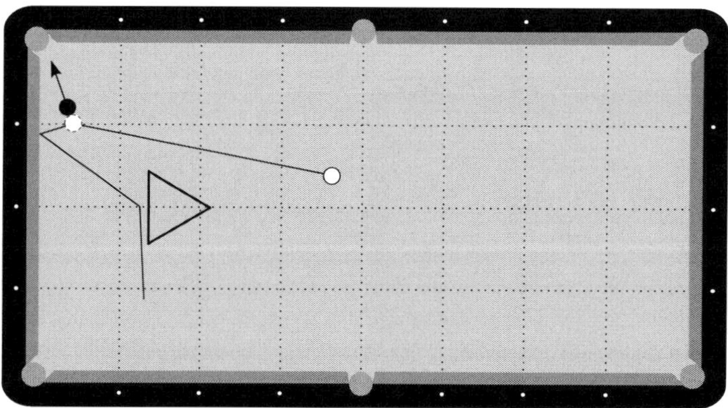

Abbildung 108: Die Weiße wird für diesen Break knapp oberhalb der Mitte und mit etwa einer Lederbreite Links-Effet gespielt.

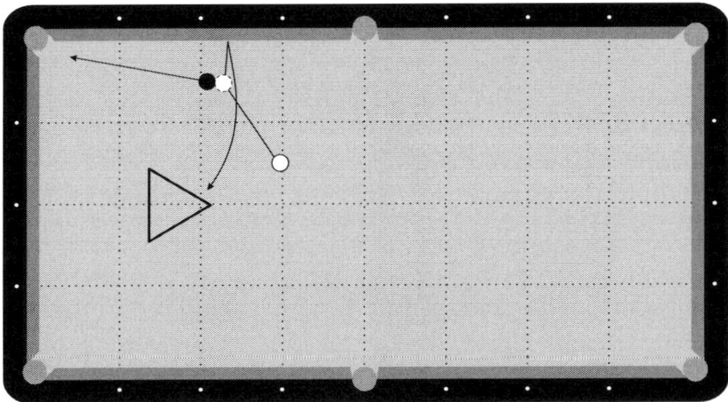

Abbildung 109: Die Weiße wird für diesen Break knapp oberhalb der Mitte und mit etwa einer Lederbreite Links-Effet gespielt. Das Queue sollte dabei etwas steiler gehalten werden.

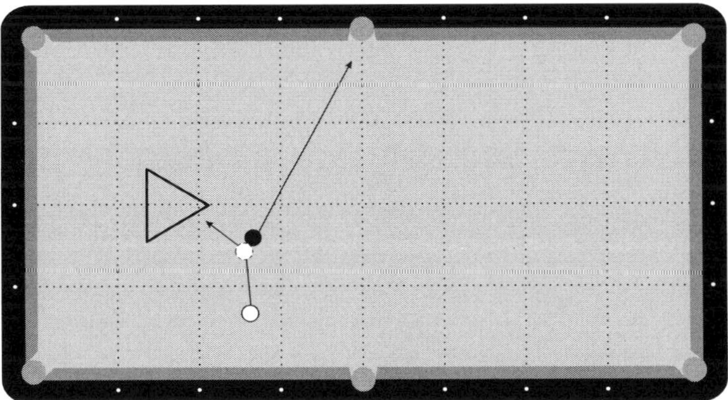

Abbildung 110: Die Weiße wird für diesen Break knapp oberhalb der Mitte gespielt.

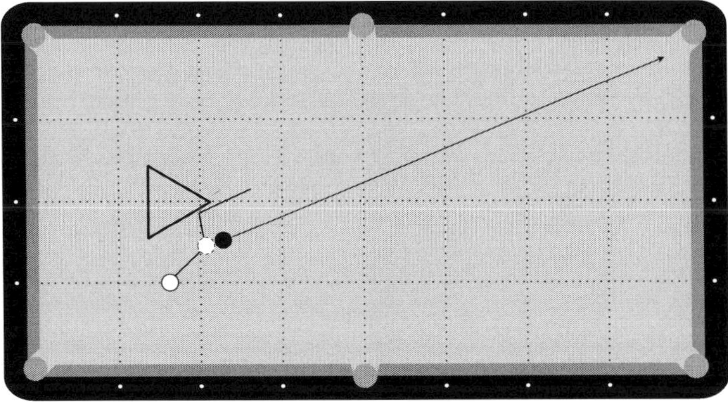

Abbildung 111: Die Weiße wird für diesen Break in der Mitte angespielt.

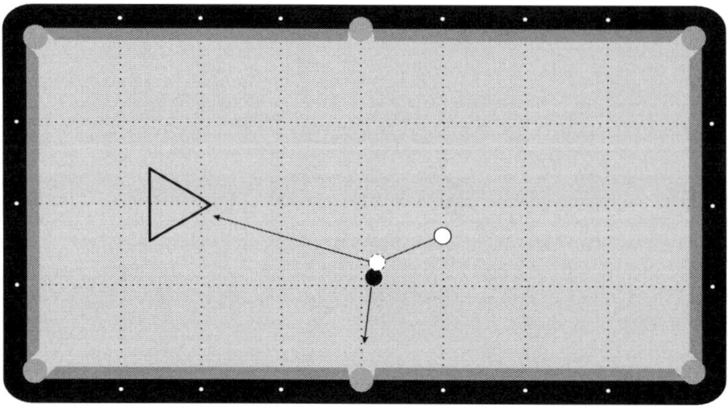

Abbildung 112: Die Weiße wird für diesen Break in der Mitte angespielt.

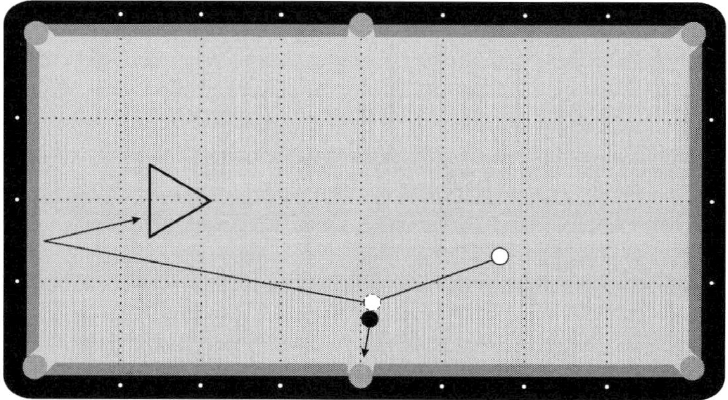

Abbildung 113

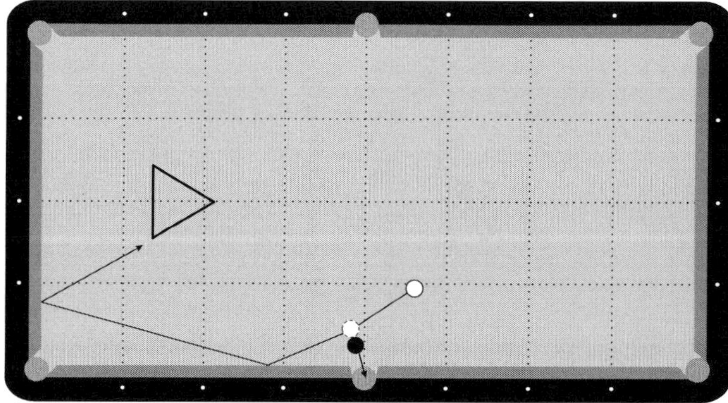

Abbildung 114: Die Weiße wird für diesen Break knapp oberhalb der Mitte mit etwa einer Lederbreite Rechts-Effet gespielt.

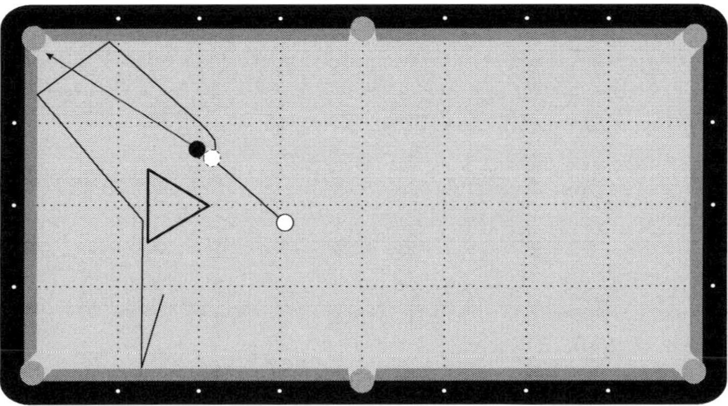

Abbildung 115: Die Weiße wird hier hoch-links gespielt, dabei gut durchgehen und das Queue etwas steiler halten.

4.18.1.4 Breakballerstellung

Findet sich bei offenem Tisch kein idealer Breakball, so gibt es gewöhnlich einige Möglichkeiten, sich einen idealen Breakball doch noch zu erstellen, bevor man auf einen zweitklassigen Breakball zurückgreifen muß. Einige beispielhafte Situationen sollen dies verdeutlichen (Abbildungen 116 bis 119).

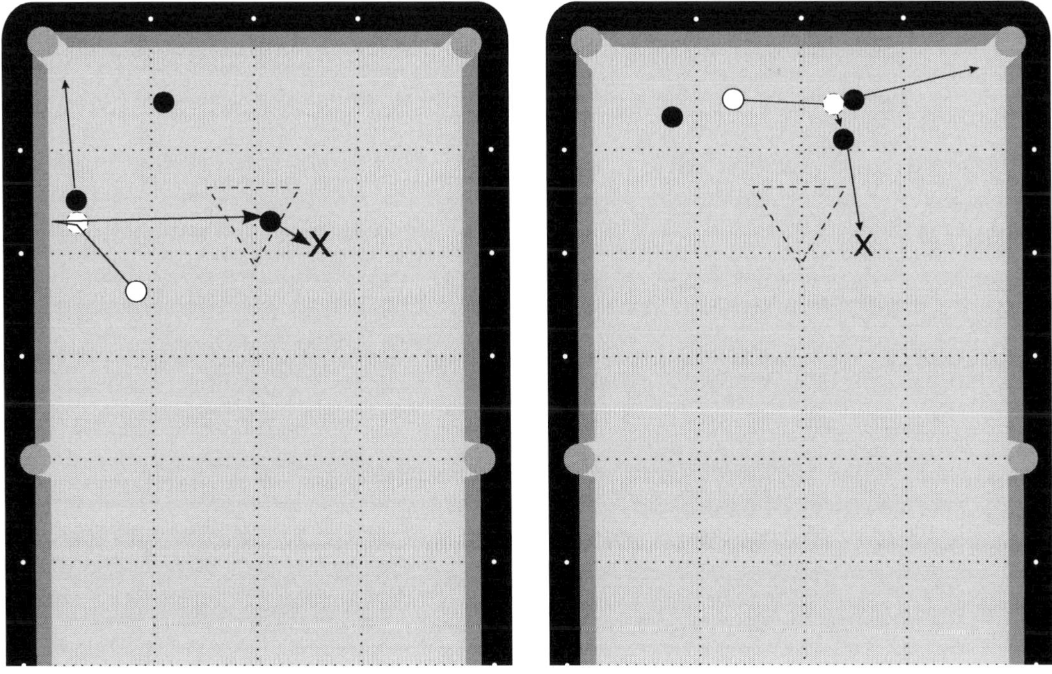

Abbildung 116 *Abbildung 117*

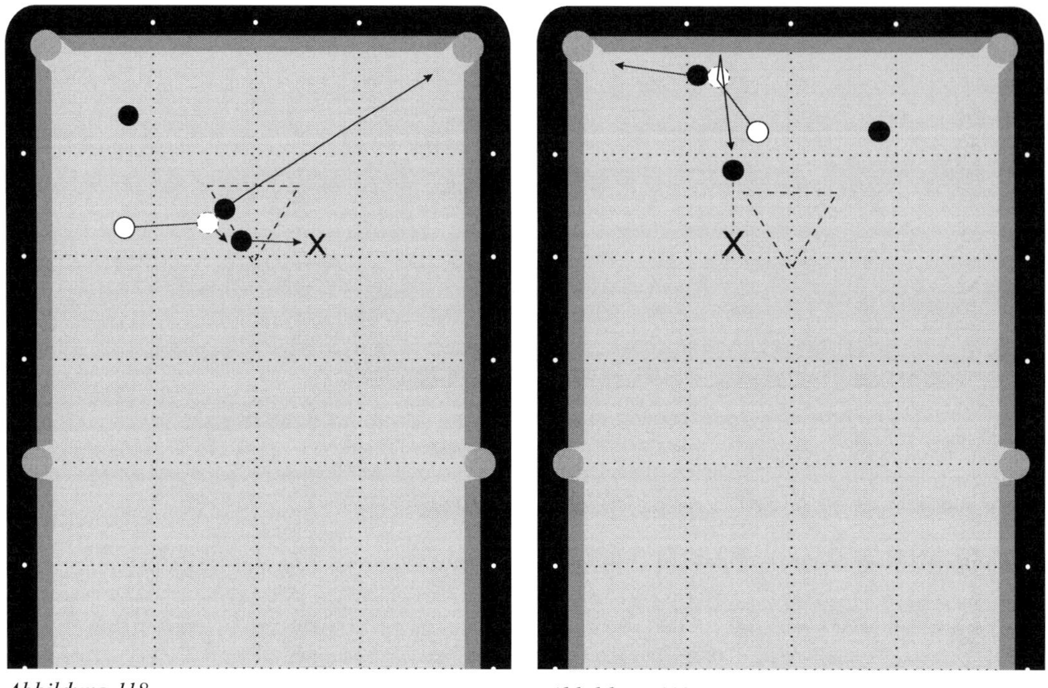

Abbildung 118 *Abbildung 119*

4.18.1.5 Verhalten ohne Breakball

Sollte sich, während man das Rack abräumt, abzeichnen, dass kein Breakball erstellt werden kann und auch zweitklassige Breakbälle äußerst fragwürdig erscheinen, ist es empfehlenswert, als letzten Ball eine Kugel im Kopffeld liegen zu lassen und, nachdem das Rack aufgebaut ist, die Kugel zu versenken und einen Safe anzusagen. Dabei ist zu beachten, dass die Weiße möglichst press an der Kopfbande liegen bleibt. Damit wird es dem Gegner erschwert, einen erfolgreichen Resafe durchzuführen. Sollte die Position auf einen Breakball misslungen sein, ist es ebenfalls empfehlenswert, einen Safe anzusagen, die Kugel zu versenken und die Weiße möglichst an die Kopfbande zu legen. Diese Reaktion bringt zweifellos mehr als irgendwelche apokalyptischen Breakversuche.

4.18.1.6 Positionsbestimmung der Weißen nach dem Break

Wirft man einen Blick auf die Abbildung 120, zeigt sich, dass die Positionsbestimmung der Weißen nach dem Break stark davon abhängt, ob man mit der Weißen Kugel X oder Kugel Y des Dreiecks zuerst trifft. Kugel X und Y können natürlich auch die vorderen oder hinteren zwei Kugeln dieser Reihe darstellen, je nach Breakballposition.

Trifft die Weiße zuerst Kugel X und dies von der Weißen aus gesehen eher links, wird die resultierende Kiss-Shot-Tangente die Weiße auf Kugel Y bringen und die dar-

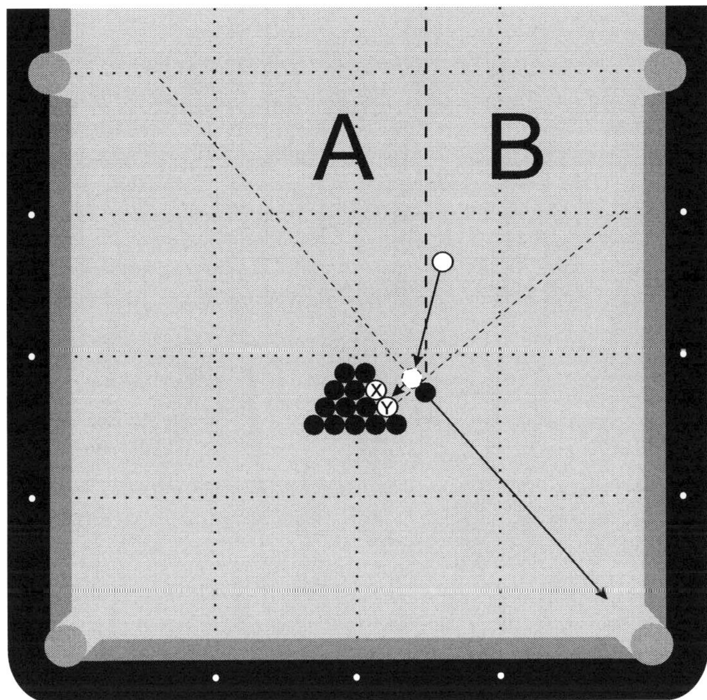

Abbildung 120: (A) Positiver Winkelbereich: Liegt die Weiße in diesem Bereich, so werden diese Breakbälle zu 80% tief und eher fest gespielt. (B) Negativer Winkelbereich: Liegt die Weiße in diesem Bereich, so werden diese Breakbälle zu 80% hoch und eher leicht gespielt.

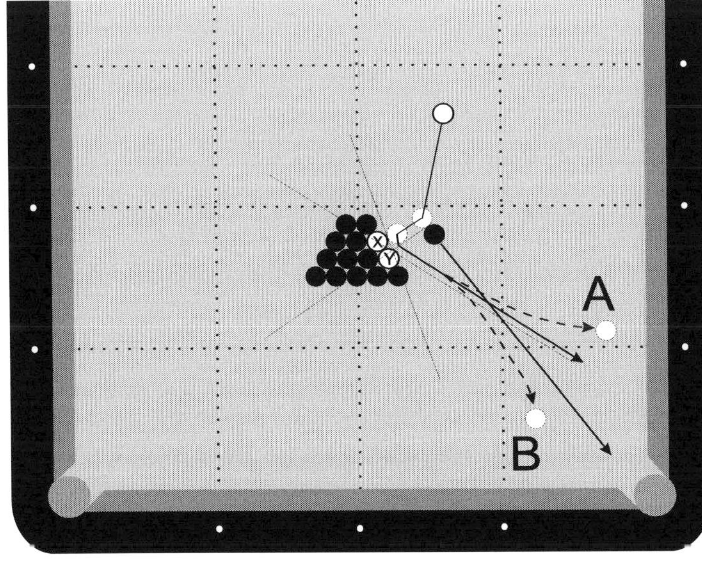

Abbildung 121: (A) Tief gespielter Verlauf (B) Hoch gespielter Verlauf

aus resultierende Kiss-Shot-Tangente wird die Weiße in Richtung Eckloch bringen. Solche Breakbälle werden eher tief gespielt, wenn die Weiße im positiven Winkelbereich liegt, um die Weiße im weiteren Verlauf vom Eckloch "wegzuziehen".

Wenn die Weiße dabei im negativen Winkelbereich liegt, so trifft für 80% der Fälle zu, dass die Weiße eher hoch gespielt wird. (siehe auch Abbildung 121).

Trifft die Weiße zunächst auf Kugel Y auf der rechten Seite, bringt dies die Weiße zunächst auf Kugel X und von dort aus Richtung Kopffeld (siehe Abbildung 122). Diesen Ball könnte man auch tief spielen, aber wesentlich dabei ist das Tempo. Entweder spielt man ihn so leicht, dass die Weiße möglichst gleich im Zentrum des Tisches liegen bleibt oder eben so fest, dass die Weiße aus der Kopfbande wieder heraus ebenfalls das Zentrum erreicht.

Wenn man diesen Ball hoch spielt, kann man die Weiße im weiteren Verlauf stark abbremsen, da der Nachlauf dann gegen die Laufrichtung gerichtet ist. Da man diesen Stoß nicht

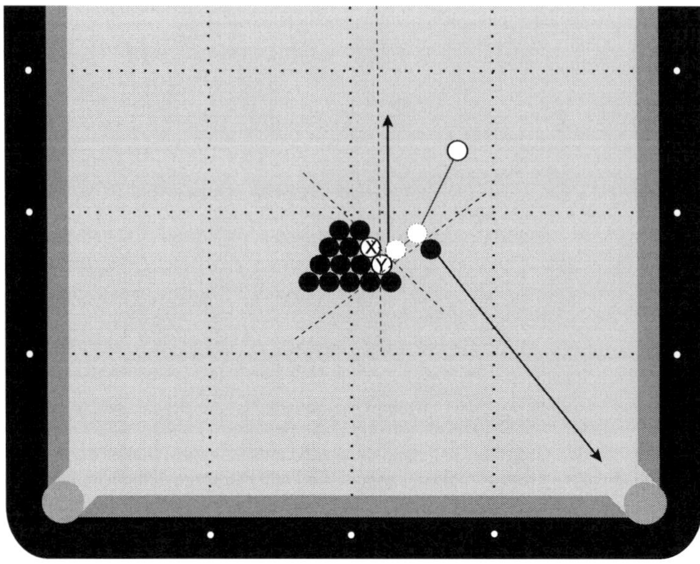

Abbildung 122

so fest ausführen muß, bevorzuge ich dieses Break.

Gelingt das nicht, wird man mit der Situation konfrontiert, nach dem Break einen langen Ball spielen zu müssen.

Trifft man mit der Weißen Kugel X oder Y relativ zentral, kann man dies als ideal bezeichnen, denn dann kann man ohne großen Kraftaufwand das ganze Rack öffnen und die Weiße wird von Kugel X bzw. Y abprallen und durch das plötzlich entgegengesetzte Drehmoment nicht allzuweit laufen und meist recht zentral liegenbleiben.

Es gilt hierbei noch zu erwähnen: Je weiter der Breakball vom Rack entfernt liegt, um so besser ist zwar zu beeinflussen, wo die Weiße das Rack trifft, aber mit wachsender Entfernung kann man sich hierbei auch verschätzen. Liegt der Breakball sehr nah am Dreieck, hat man praktisch keinen Einfluss auf den weiteren Verlauf der Weißen bis zum Rack. Sie wird genau dem Verlauf der Kiss-Shot-Tangente folgen. Aber je näher der Breakball am Rack liegt, um so besser kann man sehen, wo die Weiße Kugel X oder Y trifft, und sich entsprechend darauf einstellen.

4.18.1.7 Foulsituationen

Spielentscheidend kann es manchmal sein zu wissen, dass der Gegner seine letzte Aufnahme mit einem Foul beendete. Sobald man im Spiel in eine aussichtslose Lage kommt (z.B. nach dem Break ist die Weiße press an einer anderen Kugel liegengeblieben und es gibt keine Möglichkeit, eine andere Kugel zu versenken) sollte man daran denken, ob der Gegner nicht mit einem Foul abgeschlossen hatte. Hat er keines gemacht, so muss man natürlich ausbaden, was man sich hingelegt hat. Hatte er aber ein Foul in seiner letzten Aufnahme, so liegt es natürlich auf der Hand, dass man auch selbst eines macht, indem man die Weiße mit dem Queueleder leicht berührt und damit dem Gegner diese Situation überlässt. Er könnte dies erwidern, indem er ebenfalls ein weiteres Foul macht, was Sie natürlich ebenso wieder tun würden, denn ein drittes Mal wird er es nicht unbedingt riskieren, da man bei drei Fouls hintereinander 15 Punkte zusätzlich abgezogen bekommt.

Diese 15 Punkte oder eben das offene Feld, das er dann wohl überlassen muß, können spielentscheidend sein. Wird man selbst mit einer solchen Situation konfrontiert, so

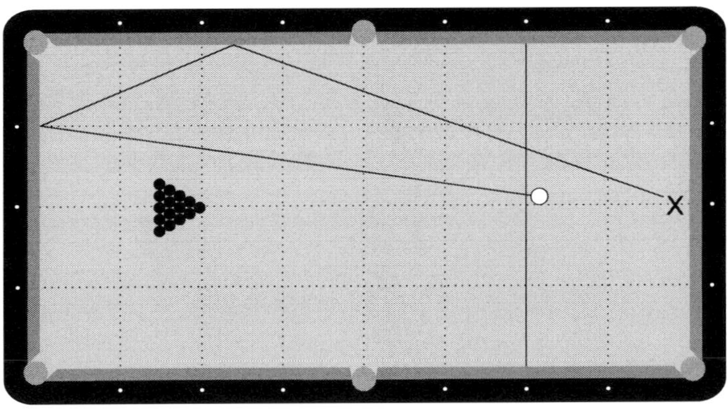

Abbildung 123

muss man situationsgerecht entscheiden, ob man den Punkteabzug in Kauf nehmen und neu anstoßen muss oder ob man vielleicht nicht doch irgendein korrektes Safe versucht. Die Entscheidungskriterien sind der Spielstand, die eigene Spielstärke und die des Gegners, wie gut man einen neuen Eröffnungsstoß spielt und auch eine eventuelle Aufnahmebegrenzung.

Sollte der Gegner in einer anderen Situation, z.B. bei einem fragwürdigen Breakball, versehentlich die Weiße "scratch" gehen lassen, ohne dass es ihm gelang, das Rack zu öffnen, so ergibt sich auch hier eine interessante Foulsituation. Man kann die Weiße zwar im Kopffeld verlegen, muss aber aus diesem herausspielen. Nun einen korrekten Safe zu spielen, wäre ein Fehler, sofern man nicht selbst die vorhergehende Aufnahme mit einem Foul abgeschlossen hatte. Statt dessen sollte man besser die Weiße vom Kopfpunkt aus gemäß Abbildung 123 mit einem lederbreit Laufeffet auf den ersten Diamanten der Fußbande spielen, um sie schließlich am mittleren Diamanten möglichst press an der Kopfbande für den Gegner zurückzulassen. Der Gegner hat das erste Foul und eine schwere Lage, um einen guten Resafe folgen zu lassen.

4.18.1.8 Safes

Typische Safemöglichkeiten in verfahrenen Situationen bei ansonsten offenem Rack sind stark situationsabhängig, sehr individuell zu behandeln und daher kaum zu berücksichtigen. In den folgenden Abbildungen (124-132), werden jedoch Safemöglichkeiten bei geschlossenem oder teilweise geschlossenem Rack beispielhaft gezeigt. Im allgemeinen gilt, dass man bestrebt sein sollte, die Weiße möglichst wieder in das Kopffeld laufen zu lassen. Denn von dort aus fällt es dem Gegner am schwersten, einen fehlerlosen Resafe auszuführen.

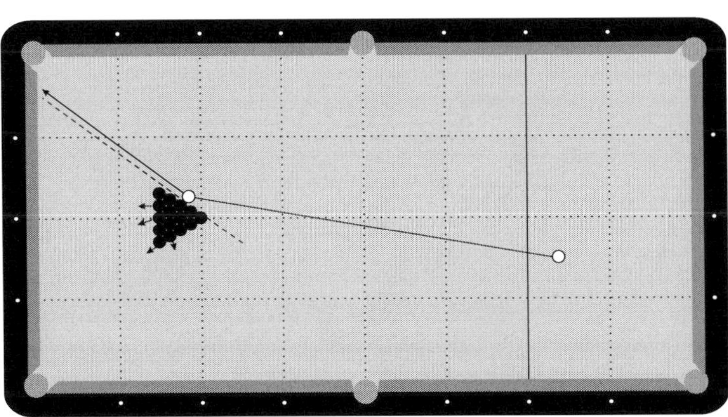
Abbildung 124: Das Dreieck leicht und dünn treffen, aber Vorsicht, Scratchgefahr! Wenn man bereits zwei Fouls hat ist dieser Safe nicht zu empfehlen.

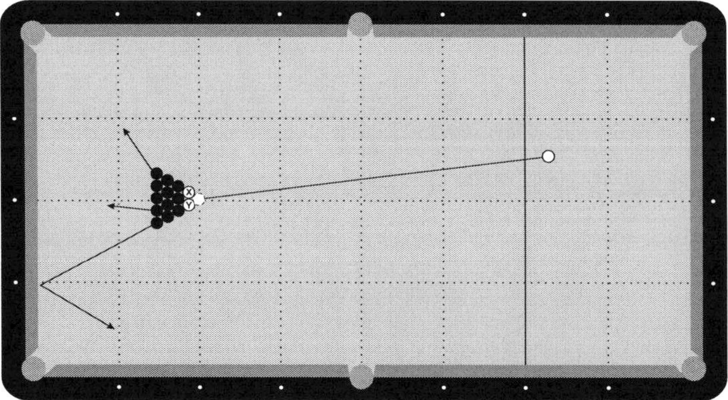

Abbildung 125: Liegt die Weiße wie in diesem Beispiel rechts vom Kopfpunkt, so muß Kugel Y zuerst getroffen werden. Liegt die Weiße links vom Kopfpunkt, so muß Kugel X zuerst getroffen werden.

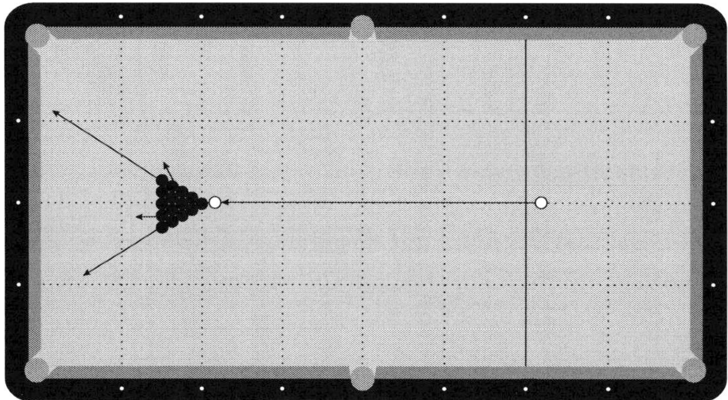

Abbildung 126: Die Weiße wird mit natürlichem Lauf leicht gespielt. Vorderste Kugel muß preß liegen und absolut in der Mitte getroffen werden.

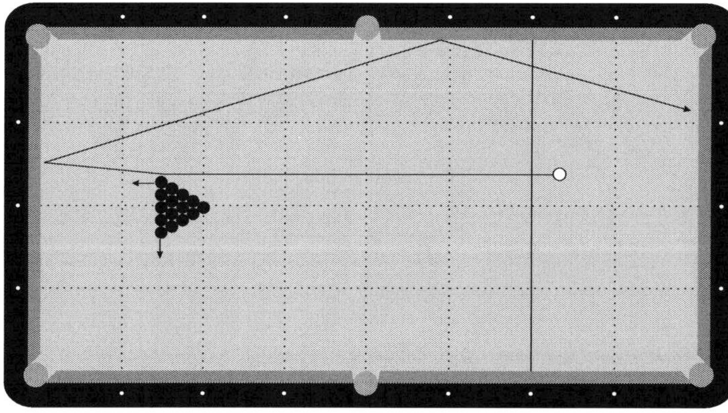

Abbildung 127: Dieser Safe wird wie der Eröffnungsstoß nur dünner gespielt.

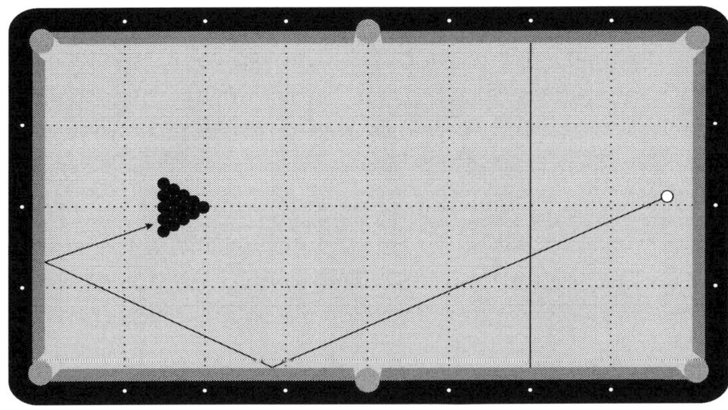

Abbildung 128: Sie können aus dieser Situation heraus durchaus ein Foul machen (es werden sich dadurch kaum Kugeln aus dem Dreieck lösen), denn auch wenn Ihr Gegner wieder ein Foul macht und Ihnen damit die entstandene Situation überläßt, so können Sie von dort aus viel einfacher einen korrekten Safe spielen als von der Ausgangsposition aus. Ein von Sascha Trautmann bevorzugter Spielzug.

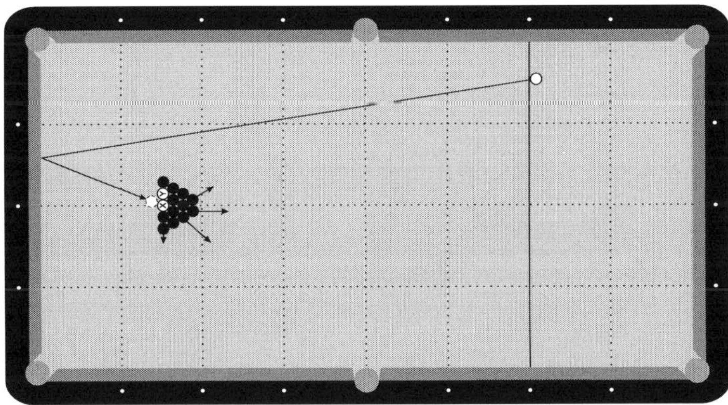

Abbildung 129: Die Weiße wird oberhalb der Mitte mit etwas Links-Effet gespielt. Vorsicht, Kugel X muß knapp vor Kugel Y getroffen werden, sonst läuft die Weiße auf linker Seite heraus.

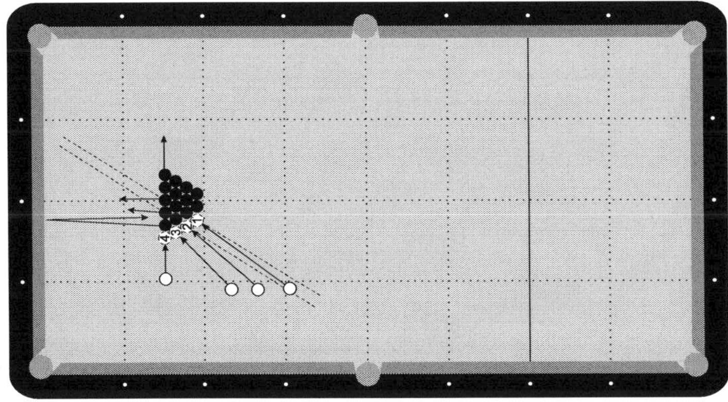

Abbildung 130: Vier Safemöglichkeiten von der Seite aus. Bei Möglichkeit eins bis drei muß die unterste Kugel immer zuerst mit ggf. leichtem Linkseffet getroffen werden.

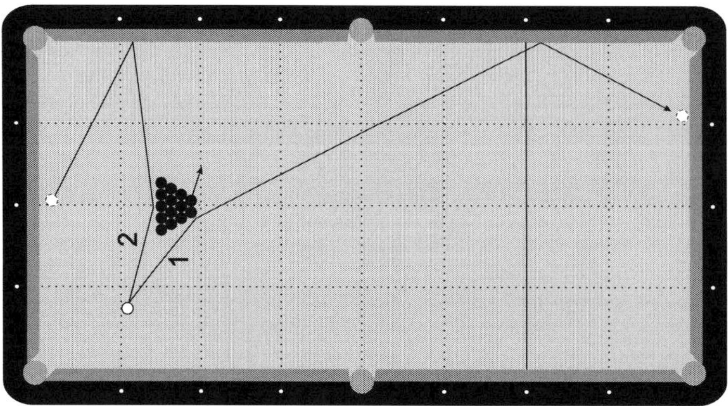

Abbildung 131: Zwei Safemöglichkeiten von der Ecke aus. Wobei bei Möglichkeit eins noch ein sogenannter „Lockball" herausläuft.

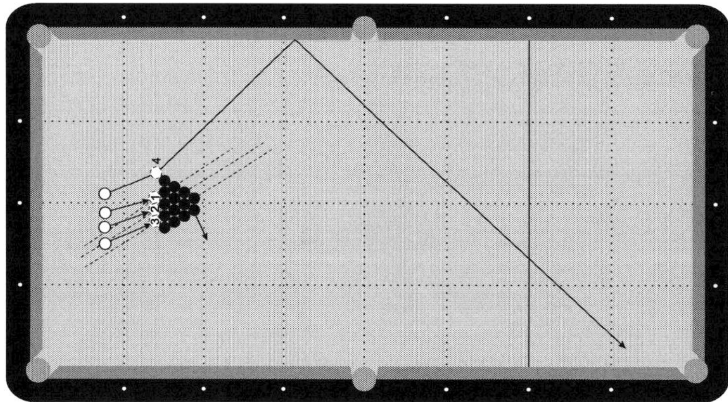

Abbildung 132: Vier Safemöglichkeiten von hinter dem Dreieck aus. Bei der vierten Möglichkeit bietet sich wieder Gelegenheit einen „Lockball" herauszulegen.

4.18.1.9 Rhythmus und Gegenrhythmus

Wenn man vom Spielrhythmus im Pool-Billard allgemein spricht, so muss man bemerken, dass dieser Rhythmus im 14.1e eine besonders große Rolle spielt. Doch was ist Spielrhythmus überhaupt? Wenn man im Spiel den eigenen Spielrhythmus gefunden hat, kann man sagen, dass man "automatisch" spielt. D. h. man spielt eigentlich unbewusst. Wenn man im 14.1e jeden Ball voll bewusst spielen würde, also immer auf alle Gefahren achten, Alternativen gegeneinander abwägen, lange schwingen, um sich wirklich zu konzentrieren und das volle Programm durchspielen würde, dann würde das viel zuviel Konzentration kosten.

Das würde dann dazu führen, dass man auf diese Art kaum in der Lage wäre, hohe Serien zu spielen, geschweige denn auf lange Sicht ein hohes Niveau zu wahren. Um in den Rhythmus zu kommen bzw. automatisch spielen zu können, muss man natürlich mit typischen Spielsituationen und Spieltechniken sehr vertraut sein (also zumindest im Training typische Spielsituationen oft genug bewusst gespielt haben.). Um sich diese Routine anzueignen, ist es unerlässlich, solche Situationen schon vielfach erlebt und sie auch gemeistert zu haben, das ganze natürlich voll bewusst (d.h. man weiß warum und wie man etwas gemacht hat). Erst wenn man solche Standardsituationen voll bewusst und entsprechend oft durchgespielt hat, ist man auch in der Lage, diese Dinge mit geringerem Konzentrationsaufwand erfolgreich zu bewältigen. Mit wachsender Routine entsteht ein gewisser Spielfluss von selbst; die gesparte Konzentration hilft dann über kritische Situationen und längere Sessions hinweg.

Es gibt natürlich auch Spieler, die es sich schon früh angewöhnt haben, recht schnell zu spielen, ohne lange nachzudenken, was sie da überhaupt machen. Diese Spieler sind in kritischen Situationen allerdings etwas benachteiligt: Wenn nicht gleich offensichtlich ist, wie man sie zu spielen hat, werden sie mit einer Situation konfrontiert, mit der sie nicht vertraut sind. Das macht schon mal unsicher. Wenn ihnen dann nach kurzer Zeit keine geeignete Lösung einfällt oder sie sich zwischen zwei Möglichkeiten nicht sofort entscheiden können, werden sie dennoch gewohnheitsmäßig losspielen und - in 80% der Fälle - scheitern. Bezeichnend für solche Spieler ist auch, dass sie im Training zwar erstaunliche Leistungen bringen, unter Wettbewerbsbedingungen jedoch ihrer Form hinterherlaufen, was mit daran liegt, dass sie sich nun plötzlich konzentrieren wollen und sich damit in eine Lage bringen, mit der sie nicht vertraut sind. Es gibt verschiedene Gründe, weshalb so etwas vorkommen kann, psychische und technische. Im geschilderten Fall ist das ein rein technisches. Solche Spieler lassen sich vom Gegner übrigens leicht in ihrem Spielfluss beeinflussen. Einige Safes und ein langsameres Spiel von Gegnerseite genügen schon, um sie von ihrem Leistungslevel herunterzubringen. Diese Spieler wissen auch oft keinen Rat gegen dieses Unsicherheitsgefühl, denn sie fühlen sich eigentlich gar nicht nervös und verstehen die Welt nicht mehr. Doch nicht nur diesen Spielern sollen die Standard- und Standardpositionsbälle als Übung dienen, sich schon im Training mit Streßsituationen vertraut zu machen.

Spieler, die schon im täglichen Training sehr bewusst spielen und Tempo nur in überschaubaren Situationen zulassen, sind in ihrem Spielfluss von außen nur schwer zu stören. Denn auch wenn sie gestört werden, können sie durch kurzzeitig bewusst konzentriertes Spiel ihren Spielfluss wiederfinden. Auch wenn der Gegner einen einmal längere Zeit zuschauen lässt und man "kalt" an den Tisch geht, sollte man die ersten Bälle langsam, konzentriert, eben bewusst spielen. Das richtige Tempo kommt dann von allein, und selbst wenn man dennoch früh scheitert, war der Gegner dann auch schon ein Weilchen gesessen, was sich auch auf seinen Spielfluss auswirken kann.

All diese Aspekte spielen im 14.1e eine entscheidende Rolle, in anderen Spielarten weitaus weniger. Im 9-Ball z.B. wird man schließlich des öfteren mit schwierigeren Bällen und komplizierten Positionen konfrontiert, Situationen, die immer wieder aufs neue bewusst gespielt werden müssen. Einen schnellen Spielfluss im 9-Ball sieht man selten, und wenn, dann nur von sehr guten Spielern und das auch fast nie über einen längeren Zeitabschnitt. Es ist auch eine Frage des Gegners, ob er so etwas überhaupt zulässt. Beeinflussungen von außen sind möglich. Statt sich darüber zu ärgern oder gar aufzuregen - was die Erfolgsaussichten nur mindern würde - sollte man dies als einen Teil des Spiels ansehen und sich auf mentale Stärken besinnen.

Im Rahmen des Programms sollte es gelingen, 30 Bälle in Serie zu versenken, bevor man zum nächsten Punkt übergeht.

Exkurs: 2. Geläufigkeitsübung, "Speed-Pool"

Jeden Ball bewusst und situationsabwägend zu spielen wurde bereits geübt. Damit man aber nicht anfängt, sich in oftmals unnötigen Überlegungen zu verzetteln (siehe auch erste Geläufigkeitsübung), die den Spielfluss einschränken, soll folgende Übung einen Gegenschwerpunkt setzen.

Im "Speed-Pool" versucht man, ein Rack so schnell wie möglich abzuräumen, und das ohne Fehlstoß.

Der Weltrekord wird von Lou Boutera mit 36 Sekunden gehalten. Um die Übung abzuschließen, sollte es in weniger als zwei Minuten gelingen.

Dies ist lediglich eine Geläufigkeitsübung. Im richtigen Spiel sollte man möglichst nicht versuchen, einen neuen Geschwindigkeitsrekord aufzustellen.

4.18.2 Theoretischer Spielablauf 9-Ball + 10-Ball Ergänzung

4.18.2.1 Der Break

Ein guter 9-Ball-Break versetzt jeden in die Lage, das Spiel von Anfang an zu kontrollieren, und ist daher unbedingt als Vorteil anzusehen. Es ist aber sehr schwer die Anstoßtechniken im 9-Ball niederzuschreiben. Dennoch einige Hinweise: Im Gegensatz zum 14.1e ist man im 9-Ball bestrebt, beim Anstoß unbedingt irgendeine Kugel außer der Weißen zu versenken. Die Kugeln werden gemäß Abbildung 133 aufgebaut und schon beim

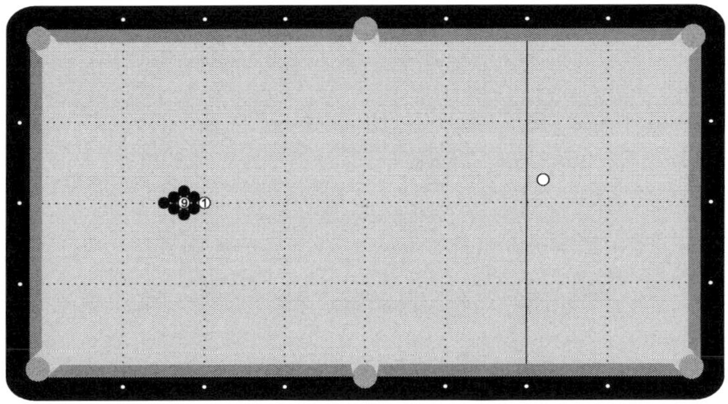

Abbildung 133

Anstoß gilt, dass man die Kugel mit dem niedrigsten Nummernwert - also die Eins - als erstes anspielen muß. Um möglichst eine oder mehrere Kugeln beim Break zu versenken, muss man zwar sehr kraftvoll, aber dadurch nicht weniger kontrolliert anstoßen.

Die Haltung beim 9-Ball-Break ist etwas anders als sonst. Der vordere Arm und auch die Beine sind etwas angewinkelt. Was also sonst vermieden wird, dient hier zum nötigen Schwung. Der Bock wird möglichst hoch aufgebaut, aber dennoch geschlossen gehalten. Selbst der Stoß und das Schwingen vorher läuft hier etwas anders. Beim Schwingen läuft das Queue nicht geradlinig. Es läuft zunächst geradlinig vor der Weißen, jedoch senkt sich die Queuespitze immer wieder. Wir erreichen dies, indem wir beim Vorwärtsschwung das Queueende mit dem Oberarm etwas hochziehen. Der Grund: Der Bogen, den die Queuespitze vor der Weißen beim Schwingen beschreibt, verlängert sich im Moment des Stoßes nach vorne. Durch die hohe Handbrücke wird die Weiße entgegen allem Anschein oberhalb der Mitte getroffen. Im weiteren Verlauf des Stoßes senkt sich die Queuespitze wieder. Die Weiße bekommt also einen Impuls von leicht oberhalb ihres Zentrums nach unten. Unterhalb der Weißen ist die Schieferplatte, also hebt die physikalisch entstehende Resultierende die Kugel leicht von der Platte ab. Es handelt sich hier keineswegs um einen Jump-Shot, denn der "Sprung" der Weißen ist kaum zu sehen. Sobald die Weiße aber auf die Eins trifft, trifft sie diese ebenfalls oberhalb der Mitte. Das Resultat ist, dass die Hauptkraft den Kugelpulk auseinandersprengt, die Restkraft an der Weißen aber treibt diese nach oben, manchmal bis zu 30 oder 40 cm. Wird so, wie beschrieben, angestoßen, springt die Weiße nach dem Break. Indem man die Weiße beim Break zum Springen bringt, verliert sie in der Luft und in den Momenten, in denen sie auf die Tischplatte trifft, fast jegliche Rotation und bleibt dadurch nach dem Break möglichst in der Tischmitte liegen. In der Abbildung 134 wird der Vorgang zeichnerisch verdeutlicht.

Diese Technik ist nötig, um die Weiße zu kontrollieren. Würde die Weiße nicht springen, würde sie wie eine Flipperkugel von ihrer eigenen Rotation und den karambolierenden Kugeln auf dem Tisch ohne jegliche Kontrolle herumlaufen. Die Weiße soll jedoch in der Tischmitte liegenbleiben, da man von dort die größtmögliche Chance hat, eine gute Position auf die Eins zu erhalten. Fast jeder bessere 9-Ball-Spieler nutzt diese Technik: Es gelingt zwar nicht immer, aber immer öfter. Profispieler haben damit kaum Probleme, sie gehen gewöhnlich noch einen Schritt weiter und versuchen, die Eins in eine gewünschte Position zu bringen. Davon soll später noch die Rede sein.

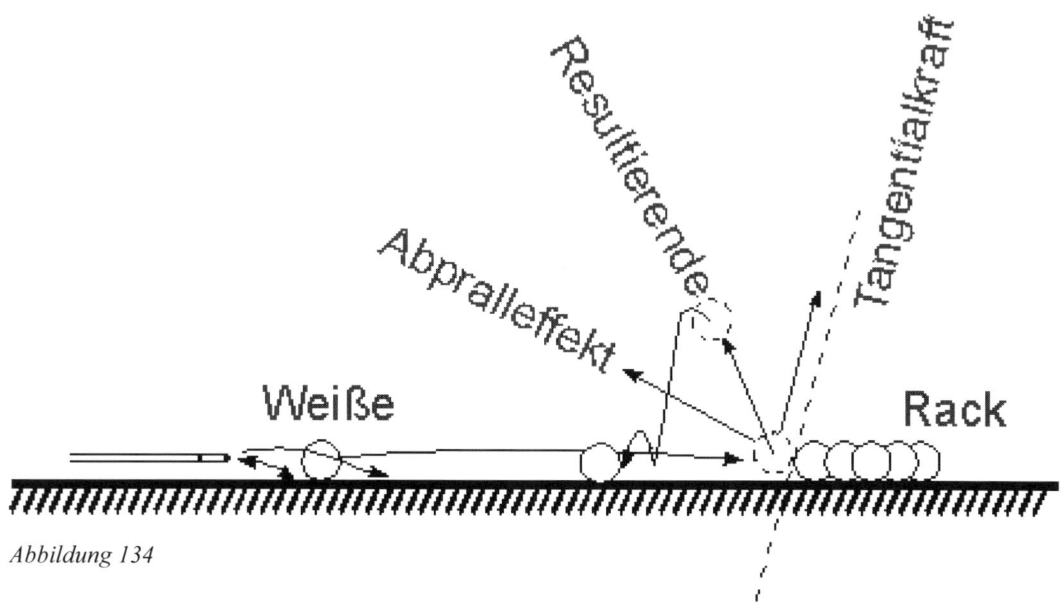

Abbildung 134

Es versteht sich von selbst, dass die Eins beim Break von der Weißen vertikal gesehen zwar oberhalb des Zentrums, aber horizontal gesehen mittig, also voll getroffen werden muß. Dies ist einer der Hauptfehler beim Break. Es ist nicht einfach, einen langen Ball bei diesem Kraftaufwand noch genau zu treffen. Wird die Eins auch nur leicht zu weit links oder rechts getroffen, wird die Weiße nicht mehr gerade nach oben gehen, sondern entsprechend nach links oder rechts springen, mitunter springt sie dabei auch vom Tisch.

Die meisten Spieler benutzen für den Break ein sogenanntes Breakqueue. Wenn man Mike Sigel (mehrfacher Weltmeister, Mitglied der "Hall of Fame") glauben darf, so hat er damit Anfang der Achtziger angefangen und die meisten anderen Spieler folgten seinem Beispiel. Die Gründe, die für eine Verwendung eines Breakqueues sprechen, sind die starken Belastungen, denen ein Queue beim Break ausgesetzt ist. Das wäre zunächst einmal das Queueoberteil, das beim Break stark durchgebogen wird, wie Momentaufnahmen belegen. Zum anderen und für viele der wesentliche Grund ist das Leder. Durch die ständigen harten Anstöße ändern sich die Spieleigenschaften des Leders. Es wird zunehmend härter, und wenn man viel 9-Ball spielt und entsprechend oft anstößt, wird das Leder eben zu hart um geschmeidige Stöße durchführen zu können. Das Leder wird in seiner Struktur zu stark zusammengestaucht und büßt dabei zunehmend seine Elastizität ein. Andererseits kann man so ein Leder, das zu weich erscheint, mit entsprechend harten Stößen etwas härten. Gelegentlich passiert es bei älteren Queues, deren Ferrule noch aus Elfenbein ist, dass die Ferrule beim Break reißt oder sich vom Schaft löst, was bei allen Ferrulenarten möglich ist. Ein Grund, der gegen die Verwendung eines Breakqueues spricht, wurde von Nick Varner (ebenfalls mehrfacher Weltmeister und "Hall of Fame"-Mitglied) in einer Billardzeitschrift geäußert. Er sagt darin, dass er nicht einsehe, weshalb er für den wichtigsten Stoß im 9-Ball ein ihm weniger vertrautes Queue benutzen soll als sein Spielqueue.

Auch gehen die Meinungen auseinander, welches Gewicht für ein Breakqueue am besten ist. Es gibt Spieler, die bevorzugen ein möglichst schweres Breakqueue, und andere sagen, ein möglichst leichtes würde die meiste Kraft auf das Rack bringen. Meiner Ansicht nach hängt das nur von der Breaktechnik des einzelnen ab. Ich unterscheide hier zwischen Speed- und Power-Break. Beim Power-Break kommt die Kraft aus dem Schwung. Der betreffende Spieler schwingt vor dem Stoß nicht nur mit dem Arm, sondern auch mit dem ganzen Körper jeweils vor und zurück, immer mit dem Queue. Beim eigentlichen Stoß steckt dann nicht nur der Queueschwung, sondern der Schwung des ganzen Körpers hinter der Kraft. Für den Power-Break benutzt man am besten einen längeren Bock und ein schweres Queue. Beim Speed-Break kommt die Kraft aus der Geschwindigkeit. Diese entsteht durch sehr schnelles Hin- und Herschwingen des Queues vor dem eigentlichen Stoß. Man benutzt für den Speedbreak vorzugsweise einen kurzen Bock und ein leichteres Queue. Der Speed-Break bringt die größere Genauigkeit, also die bessere Kontrolle über die Weiße, sofern der Bock kurz gehalten wird. Meine Empfehlung ist, sich mit beiden Techniken vertraut zu machen und ein Queuegewicht zu verwenden, das dem des Spielqueues am nächsten kommt. Man ist dann in der Lage, in Situationen, in denen man mit einer der beiden Breaktechniken nicht zu Recht kommt, auf die andere Technik umzusteigen und bessere Resultate zu erzielen. Bei Tischen, an denen man beim Break kaum Probleme hat, eine Kugel zu versenken, könnte man dann mit dem Speed-Break die größere Kontrolle über die Weiße ausnutzen, andererseits ist es möglich, bei Tischen, bei denen sich das Versenken einer Kugel beim Break als äußerst problematisch erweist, mit dem Power-Break den größeren Druck auf das Rack auszunutzen.

Auffällig ist, dass an Tischen (völlig unabhängig von der Marke) häufig unterschiedliche Resultate beim Break vorkommen. Im wesentlichen liegt dies an den in das Tuch eingeprägten Kugelpunkten des 9-er-Racks. In diese Kugelpunkte legen sich, bei auch nur einigermaßen konstantem Aufbau, die Kugeln hinein und nehmen dadurch ihre für diesen Tisch typischen Lage immer wieder von neuem ein. Innerhalb der Lebensdauer eines Tuches können sich die Kugelpunkte allerdings leicht verändern. Aber egal wie ein Tisch nun die Kugeln fallen lässt, wenn man die richtige Breaktechnik anwendet und nach einigen Probebreaks die beste Stelle für die Weiße entlang der Kopflinie gefunden hat, so müsste man auch bei schwierigen Tischen nach kurzer Zeit gute konstante Resultate erzielen können. Man sollte sich deshalb auch nicht angewöhnen, immer wieder mit der Weißen vom selben Punkt aus anzustoßen. Jeder Spieler sollte in seinem Anstoßpunkt flexibel sein und sich nach den entsprechenden Gegebenheiten richten. Ich z.B. beginne eineinhalb kugelbreit rechts des Kopfpunktes. Wenn nach zwei Breaks (Speed- und Power-Break) nicht das gewünschte Resultat (Kugel fällt konstant, die Eins und Weiße nehmen gleichmäßige günstige Positionen ein) eintritt, verlege ich die Weiße spiegelverkehrt, also eineinhalb kugelbreit links des Kopfpunktes. Habe ich von diesem Punkt auch keinen Erfolg, verlege ich die Weiße etwa eine kugelbreit von der rechten oder linken Bande oder auf halber Strecke zwischen Kopfpunkt und Bande. Ich verlege immer solange, bis ich das gewünschte Resultat erziele, und einer meiner sechs Stammbreakpunkte ist gewöhnlich immer in Ordnung.

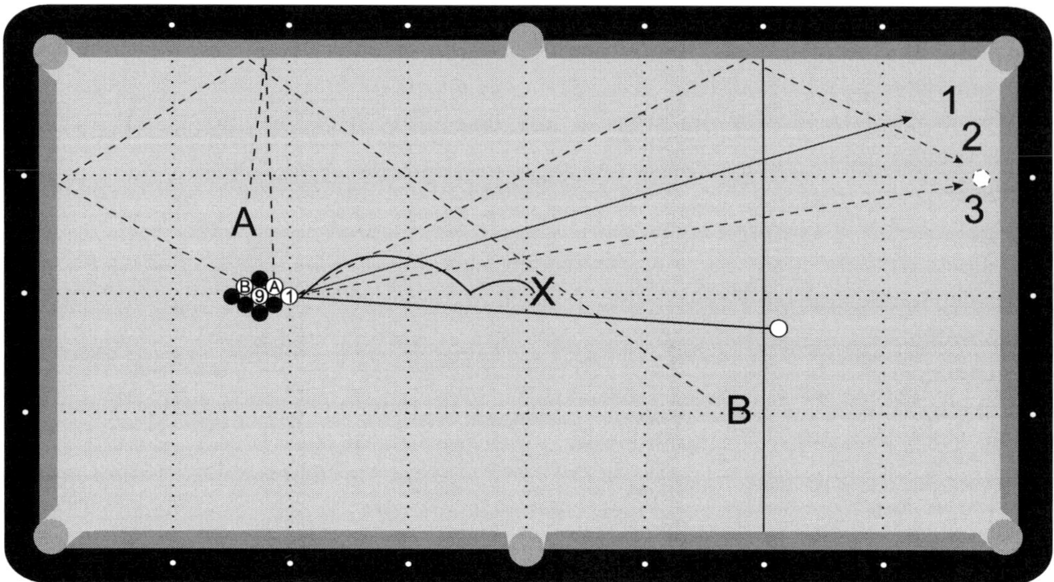

Abbildung 135: Aus dieser Anstoßposition läuft die Eins gewöhnlich in Richtung Kopftasche. Fällt sie, ist es gut, wenn nicht, so ergibt sich eine Position auf die Eins vor dem Eckloch. Nimmt sie allerdings regelmäßig Position zwei oder drei ein, so verlagert man die Anstoßposition etwas weiter rechts oder links.

Sehr wichtig ist das Überprüfen des Racks vor dem Break. Die amerikanischen Spieler nennen dies Rack-Checking. Das Rack-Checking gilt als Vorteil der amerikanischen Spieler gegenüber den europäischen, denn die Amerikaner wissen wonach sie zu schauen haben, während sich fast alle europäischen Spieler auf das Überprüfen des Preßliegens aller Kugeln beschränken.

Zunächst einmal, falls es noch nicht der Fall ist, sollte das Überprüfen des 9er-Racks nach dem Aufbau zur Gewohnheit werden. Falls der Opponent aufbaut, versteht es sich von selbst. Aber auch wenn neutrale Schiedsrichter aufbauen, kommt es vor, dass sich diese nicht die Mühe machen, so korrekt wie möglich aufzubauen. Es ist natürlich auch nicht immer ganz einfach. Des weiteren ist es sehr wichtig, dass die vorderen drei Kugeln press zu den hinteren liegen. Ist das nicht der Fall, so hat dies äußerst schlechte Auswirkungen auf die Effizienz des Breaks, weil die Qualität der Kraftübertragung im Zwischenraum der kleinen Masse (vordere drei Kugeln) auf die größere Masse (restliche Kugeln) stark gebremst wird (Abpralleffekt der kleinen Masse von der größeren).

Wesentlich, nicht nur aus dem eben genannten Grund sondern auch für die "Richtungsbestimmung" der Eins ist, dass diese ebenfalls möglichst press an den hinteren beiden Kugeln liegt. Würde sie nicht press liegen, käme sie weitaus flacher heraus als später noch beschrieben wird.

Eine Lücke zwischen den beiden Kugeln hinter der Neun würde der Neun fast jegliche Chance nehmen, in die Richtung eines Ecklochs zu laufen.

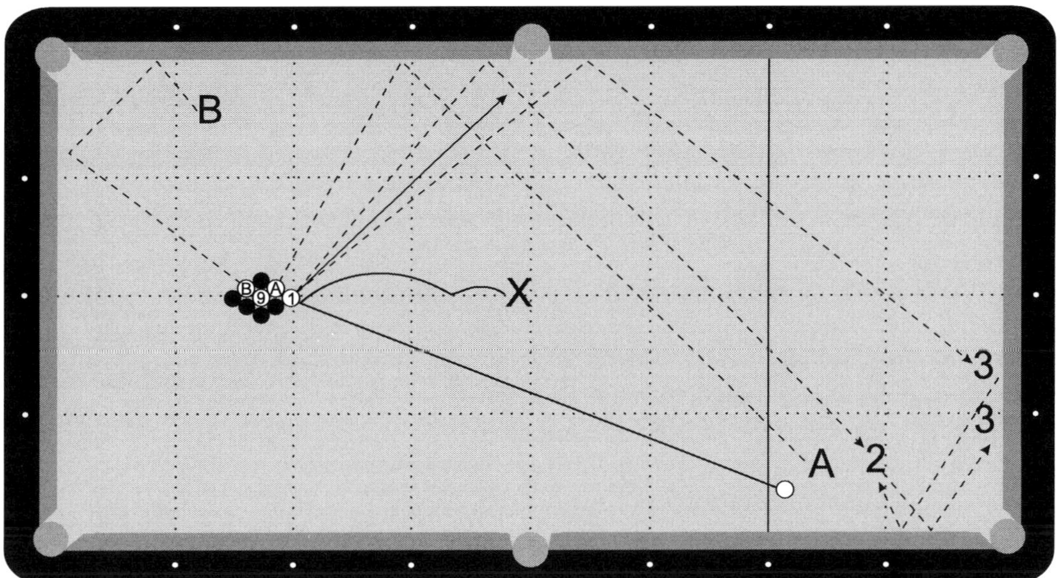

Abbildung 136: Aus dieser Anstoßposition läuft die Eins gewöhnlich in Richtung Mittelloch. Fällt sie, ist es gut, nimmt sie regelmäßig Position zwei ein, so ist das auch in Ordnung. Läuft sie aber zu oft in Position drei, so muß entweder Anstoßpunkt oder auch Breaktechnik geändert werden. Dieser Breakpunkt wird von den PBTA Profis bevorzugt. Sie sagen, daß die Weiße von dort aus seltener Scratch geht und sie könnten von dort aus mehr Druck auf das 9er-Rack ausüben.

Als Spieler achtet man natürlich darauf, dass derjenige, der aufbaut, dieses auch möglichst konstant tut, also möglichst immer auf die gleiche Stelle, bei der man zuletzt auch die gewünschte Wirkung erzielt hat und nach der man seinen Breakpunkt ausgerichtet hat. Spieler mit einem geübten Auge erkennen diese Dinge bereits vom Breakpunkt weg und müssen nicht extra zum Rack vorlaufen.

Ein weiterer Punkt ist die Positionsbestimmung der Eins durch den Break. Die Laufrichtung der Eins beim Break richtet sich in erster Linie danach, wo sich der Anstoßpunkt befindet. Sie ist allerdings auch abhängig von der Breaktechnik und davon, ob der Tisch ein neueres oder älteres Tuch aufweist. Die wesentlichen Wege der Eins sind in den Abbildungen 135 und 136 beschrieben.

In diesen Abbildungen sind auch zwei Kugeln mit A und B sowie deren Lauf gesondert gekennzeichnet. Damit hat es folgendes auf sich. Wenn man deren typischen Verlauf bei den jeweiligen Breaks betrachtet und wenn man die Kugel 2 und 3 entsprechend beim Aufbau platziert, kann man dem Gegner recht umständliche Ablagen geben. Man kann dafür sorgen, dass z.B. die Eins zusammen mit der Drei jeweils im Kopffeld platziert wird und dass die Zwei im Fußfeld belassen werden kann, was wiederum bedeutet, dass der Gegner zweimal die Weiße über die volle Tischlänge in Position laufen lassen muß. Dies ist dann weitaus umständlicher, als wenn er die ersten drei Kugeln nahe beisammen hat. Man muss natürlich darauf achten, von welcher Stellung der Kontrahent gewöhnlich breakt. Mike Sigel hat in einem seiner Lehrvideos auf diese Möglichkeit aufmerksam gemacht.

Zum Schluss bleibt noch zu erwähnen, dass sowohl konstantes Racking, als auch die Breakkonstanz, Grundvoraussetzung für einen regelmäßigen Lauf der Eins darstellen.

4.18.2.2 Situationsanalyse

Die Situationsanalyse ist nichts weiter als ein Entscheidungsprozess zwischen zwei Möglichkeiten: entweder versucht man die Partie auszustoßen oder auf Sicherheit zu spielen. Da es nach jedem Break unendlich viele Möglichkeiten gibt, wie die Kugeln liegenbleiben können, ist natürlich jede Situation ein Einzelfall und als solche auch immer individuell zu behandeln. Dennoch gibt es einige allgemeine Entscheidungskriterien. Sind alle Kugeln frei spielbar und hat der Spieler eine gute Position auf die Eins, fällt die Entscheidung leicht: Man versucht auszustoßen.

Ist die Position auf die Eins schlechter, sollte man je nach Tagesform und Risikobereitschaft entscheiden, Safe zu spielen oder den Ball zu versuchen. Ist die Position auf die Eins schlecht, kommt das "Push out" zur Anwendung.

Push out erlaubt dem Spieler, der nach dem Break aufnahmeberechtigt ist, die Weiße an eine beliebige Stelle des Tisches zu spielen, ohne dass er dabei die Eins treffen muß. Der andere Spieler hat dann die Entscheidung, ob er die Situation übernimmt oder dem vorangegangenen Spieler die Situation überlässt.

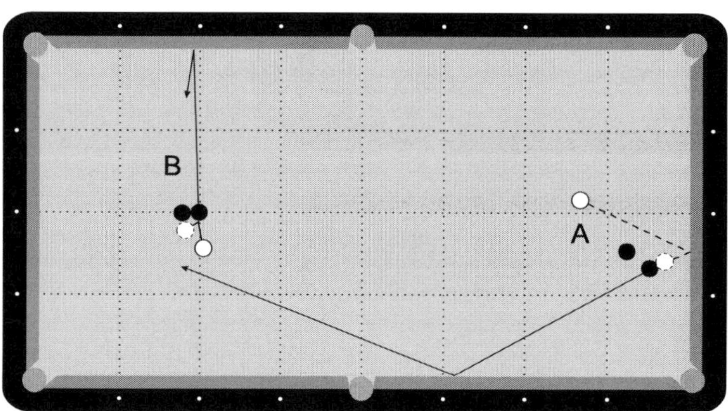

Abbildung 137: (A) SITUATION 1: Tief links gespielt, (B) SITUATION 2: Tief links und kurz gespielt.

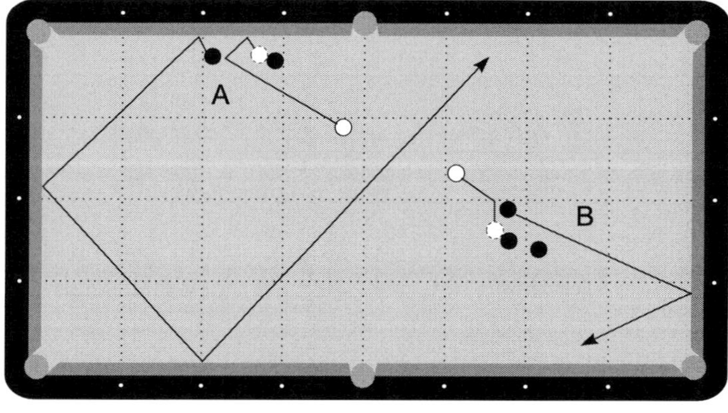

Abbildung 138: (A) SITUATION 1, (B) SITUATION 2

Es handelt sich hier um eine faire Regelung, die den Glücksfaktor etwas herabsetzt. Wenn man Push out spielt, versucht man gewöhnlich eine schwere, aber machbare Position herzustellen. Das gilt für die Machbarkeit des Balles wie für eventuelle Safemöglichkeiten.

Gibt es auf dem Tisch eine oder mehrere Problemsituationen (pressliegende Bälle u.a.), muss man sich nach Lösungsmöglichkeiten umsehen.

Ein Beispiel: Die Ku-

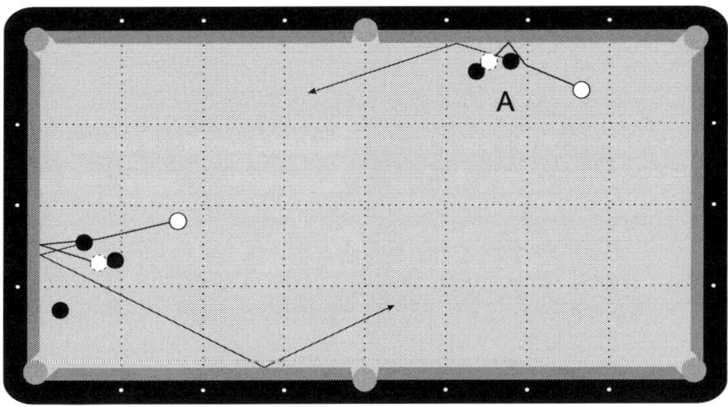

Abbildung 139: (A) SITUATION 1, (B) SITUATION 2

geln eins, zwei und drei sind frei spielbar, Kugel vier liegt unspielbar press an Kugel 8 in der Nähe der Bande. Man überlegt, welche Position man für die Drei erreichen müsste, um Kugel vier lösen zu können, mit größtmöglicher Chance auf Position. Ist diese Position über die Eins und Zwei leicht erreichbar, ist das in Ordnung und man spielt seinen Plan durch bis zur Lösung der Vier. Danach folgt eine neue Situationsanalyse. Kommt man aber zu dem Schluss, dass eine Position auf die Drei, um Kugel vier zu lösen, nur sehr schwer erreichbar ist, sollte man sich nach Safemöglichkeiten umsehen. Wenn man nicht ausstoßen kann, muss man also versuchen, es für den Opponenten noch schwieriger zu machen. In den Abbildungen (137-139) werden einige typische 9-Ball-Safes gezeigt.

4.18.2.3 Multifunktionsstöße

Dass im 9-Ball ein Safe jedoch nicht nur defensive Züge hat, sondern durchaus auch den Spielverlauf beleben kann, soll in den folgenden elf Beispielen gezeigt werden (Siehe Abbildungen 140 bis 151).

Meist hat man die Chance, bei einem Stoß zwei bis drei Aspekte zu berücksichtigen. Z.B. gibt es Situationen, in denen man versuchen kann, einen nicht ganz einfachen Ball einzulochen. Gleichzeitig aber, um das Risiko abzudecken, kann man dem Gegner einen Safe oder zumindest eine unangenehme Lage hinterlassen, falls der Ball verfehlt wird, und trotzdem, falls der Ball gelingt, Position zum nächsten haben.

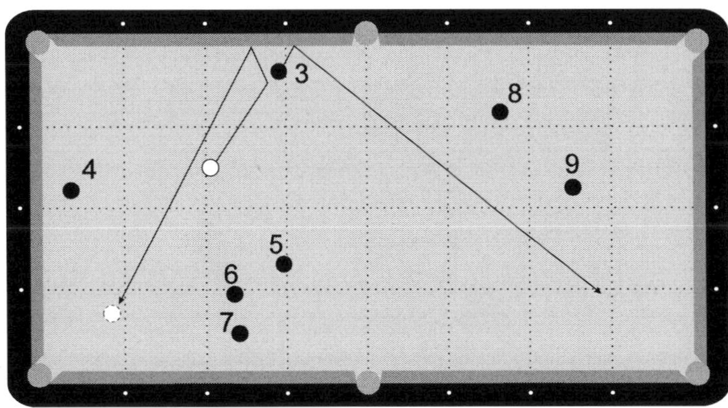

Abbildung 140: Statt die Drei hier lang zu spielen, mit wenig Aussicht auf Position, sollte man lieber diesen Bank-Shot versuchen. Wenn er fällt ist es gut, denn es ergibt sich Position auf die Vier. Fällt die Drei nicht, so liegt zu 90% Safe.

Dies klingt unwahrscheinlich und für den Einsteiger vielleicht etwas kompliziert, aber die kommentierten Abbildungen der folgenden Unterpunkte werden den nötigen Aufschluss geben.

Diese Unterpunkte

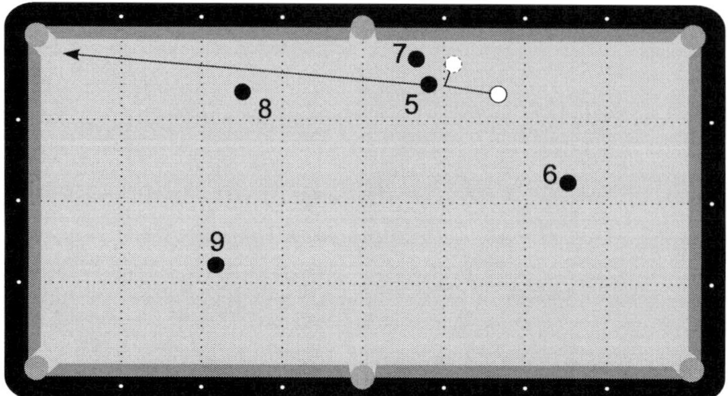

Abbildung 141: Für den Fall, daß die Fünf nur sehr knapp an der Acht vorbeikommt, sollte man die Weiße sicherheitshalber hinter der Sieben plazieren.Fällt die Fünf ist es gut, wenn nicht liegt Safe.

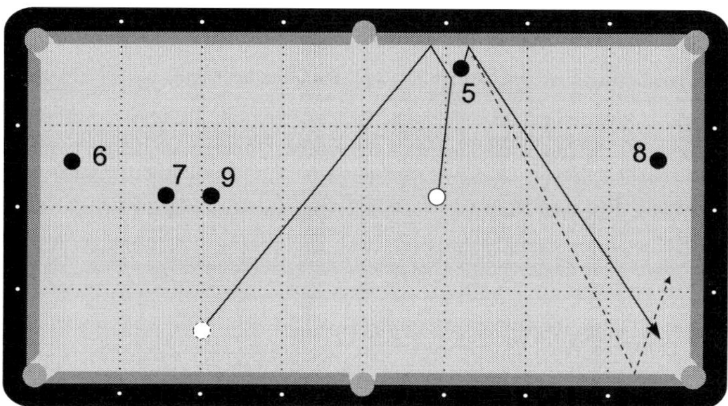

Abbildung 142: Wenn so ein Banker gespielt wird, sollte darauf geachtet werden, daß, wenn er daneben geht, er dann zu kurz läuft. Nur dann gibt es die Gewährleistung, daß dem Gegner nicht gerade eine erstklassige Ablage überlassen wird.

sollen auch dazu anregen, sich im Spiel solche Überlegungen zu eigen zu machen, denn für einen Profispieler gehören solche Gedankengänge zum Standardrepertoire.

Einige Zuschauer oder gar Mitspieler neigen dazu, es als Glück zu bezeichnen, wenn ein guter Spieler einen Ball verfehlt und seinem Gegner eine schlechte Situation oder gar einen Safe hinterlässt. Solchen Irrtümern sind auch Fernsehkommentatoren verfallen.

Wird man selbst allerdings mit einem Safe konfrontiert, sollte man sich an die sogenannten Critical Shots, zum Beispiel Jump-Shots, Kopf- und Bögenstöße und Diamantensysteme für das Bandenspiel, erinnern.

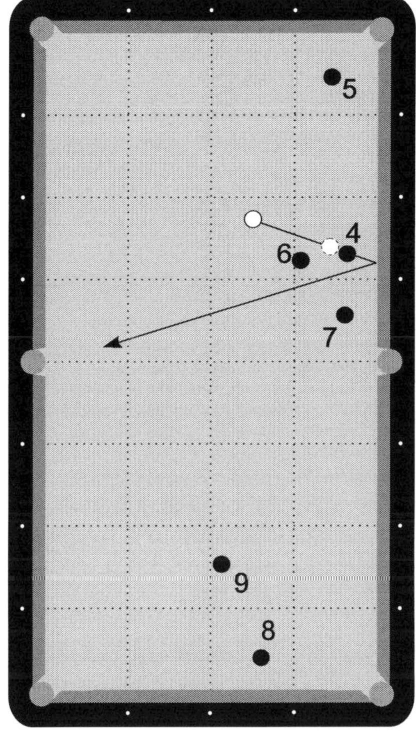

Abbildung 143: Anstatt die Weiße in Idealposition für die Fünf zurückzuziehen, würde es sich eher anbieten mit der eingezeichneten Position sich zufriedenzugeben und dafür aber sicher sein, daß bei einem Verfehlen die Vier Safe liegt.

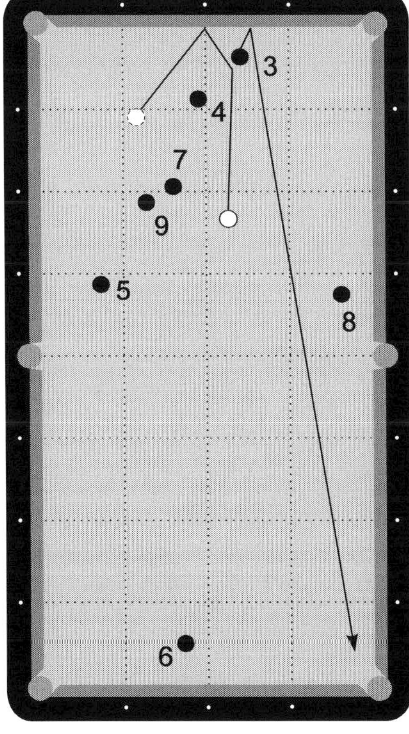

Abbildung 144: Das Diagramm zeigt hier alle Möglichkeiten: Safe, Position und Ballchance in einem.

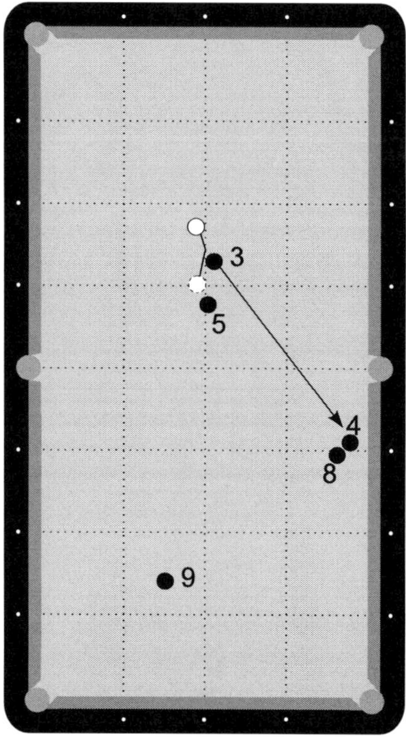

Abbildung 145: Safe und Problemsituationslösung: Wenn man in dieser Lage „Ball in Hand" hat, sollte man nicht versuchen auszustoßen. In Anbetracht der Lage von Kugel vier und acht sollte man eher auf Sicherheit spielen. Allerdings dann auch möglichst so, daß mit der Drei das Problem gelöst wird und nach einem erneuten Foul des Gegners man einen offenen Tisch hat.

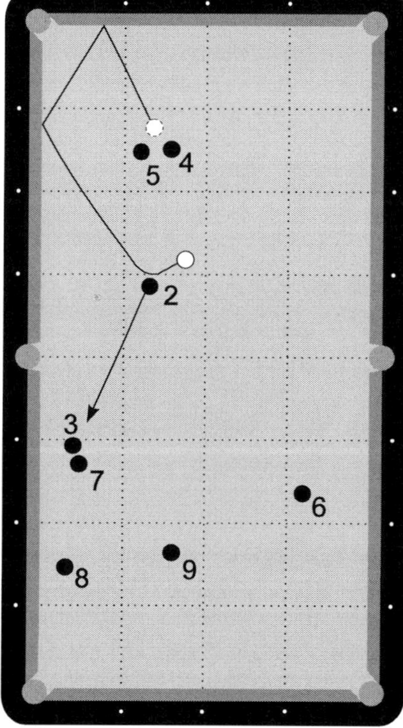

Abbildung 146: Safe und Problemsituationslösung: Statt die Zwei einfach einzulochen und eine fragwürdige Position auf die Drei zu erhalten, sollte man lieber die Zwei auf die Drei laufen lassen, das Problem damit lösen und dem Gegner auf jeden Fall einen Safe hinterlassen.

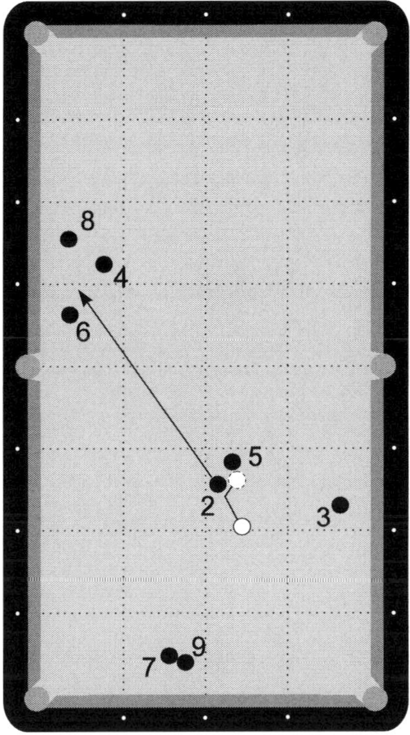

Abbildung 147: Safe und Vorbereitung des zweiten Safes: Die Lösung der Problemsituation mittels eines Safes ist kaum machbar. Statt die Zwei in die Leere laufen zu lassen, ist es sinnvoller sie in die Nähe einer Kugelansammlung laufenzulassen: 1. Ist die Zwei aus dem Safe heraus für den Gegner noch schwieriger zu treffen, und 2. kann man dann einen zweiten Safe sicherer spielen.

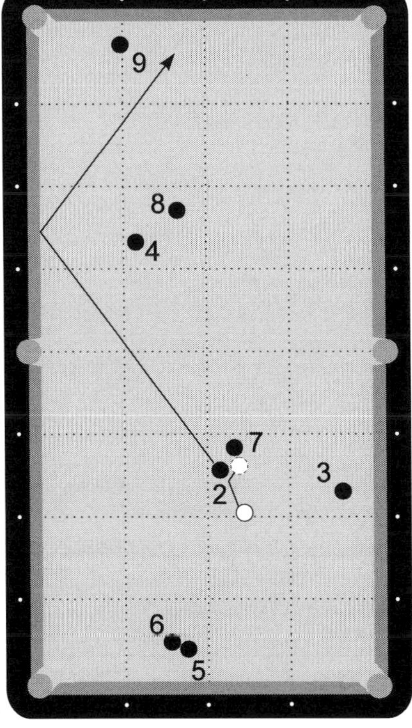

Abbildung 148: Problemsituationslösung mit Safe ist kaum machbar, daher: Safe und 9-Ball Kombinationsvorbereitung. Anstatt die Zwei einfach ins Leere laufen zu lassen, sollte besser versucht werden eine 9er-Kombination vorzubereiten. Beim Safe ist darauf zu achten, daß die Weiße wirklich preß an die Sieben zu liegen kommt, damit der Gegner die Neun-Kombination nicht über Vorbande spielen kann.

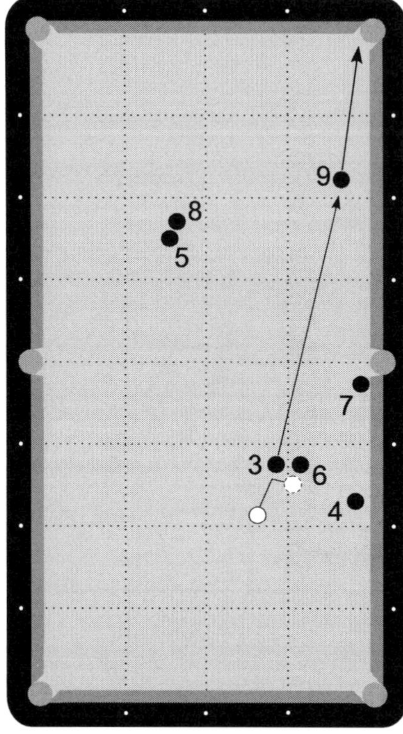

Abbildung 149: Dieses Spiel ist schwer auszustoßen da die Fünf, Sieben und Acht nicht frei spielbar sind. Es empfiehlt sich hier die Neun-Kombination und Safe für den Fall, daß die Neun nicht fällt und im Loch liegen bleibt.

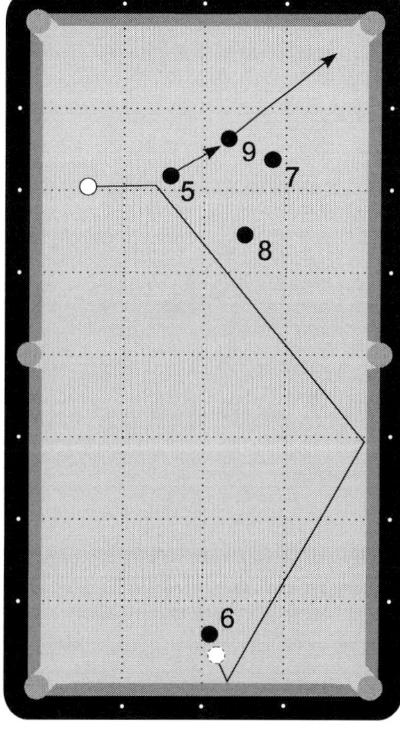

Abbildung 150: Wenn die Neun-Kombination in dieser Situation schon gespielt werden muß, ist darauf zu achten die Weiße sicher zu plazieren, damit es, falls die Neun nicht fällt, der Gegner so schwer wie möglich hat.

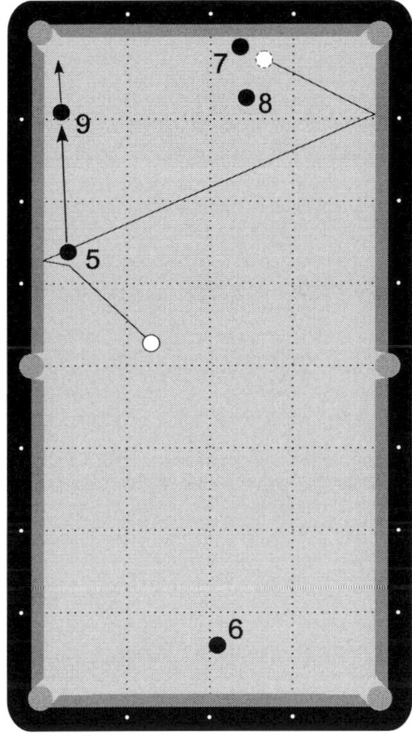

Abbildung 151: Diese Neun-Kombination spielt man mit etwas rechtem Effet um die Weiße zur Sicherheit Safe zu legen.

4.18.2.4 Absichtliche Fouls

Absichtliche Fouls im 9-Ball sind äußerst selten zu sehen. Sie bieten in einer ausweglosen Situation die letzte Chance für den aufnahmeberechtigten Spieler, seinem Gegner eine schwierige Lage zu hinterlassen und dadurch eventuell noch einmal zur Aufnahme zu gelangen.

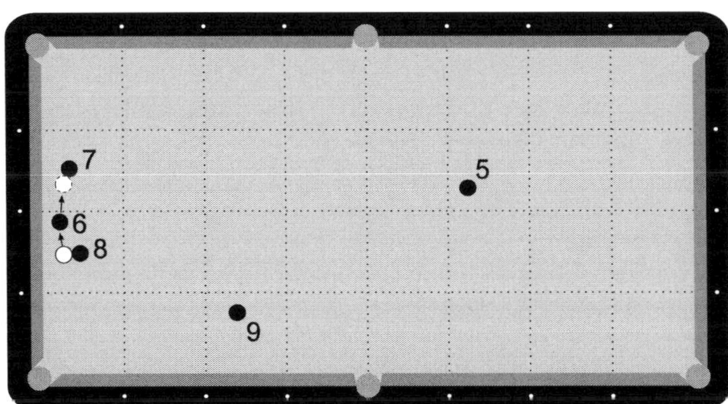

Abbildung 152: Da die Fünf fast nicht zu treffen ist, ist dies eine Situation in der sich das eingezeichnete „absichtliche Foul" anbietet

Befindet man sich also in einer Safesituation, in der kein Critical Shot eine vernünftige Chance bietet, die zu treffende Kugel doch noch zu erreichen, bleibt nur ein Ausweg.

Man sollte versuchen, eine erreichbare Kugel mit der Weißen so anzuspielen, dass diese sich möglichst press und in ungünstiger Linie an eine andere Kugel

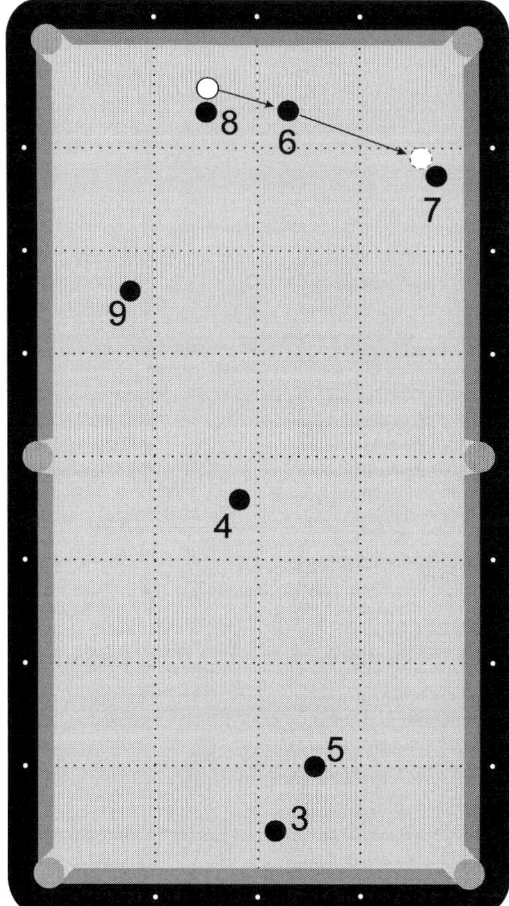

Abbildung 153: Hier eine ähnliche Situation wie bei Abbildung 152.

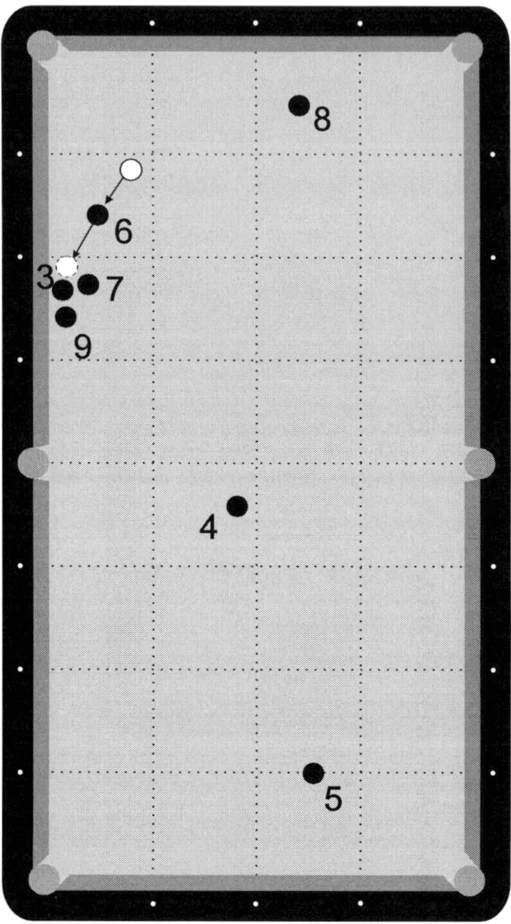

Abbildung 154: Hier kann man ruhig ein „absichtliches Foul" machen, indem man die Sechs noch näher an die Drei legt. Der Gegner kann selbst mit „Ball in Hand" nicht viel anfangen.

legt. Die Hoffnung ist dann, dass der Gegner an der hinterlassenen Problemsituation scheitert, bzw. es ihm auch nicht gelingt, Ihnen drei Fouls hintereinander anzulasten. Einige beispielhafte Situationen werden in den Abbildungen 152 bis 154 aufgezeigt.

4.18.2.5 10-Ball Ergänzung

Für das 10-Ball Spiel gelten die gleichen Regeln, Techniken und Taktiken wie für 9-Ball. Es ist lediglich um einen Ball schwieriger und die Kugeln werden im Dreieck aufgesetzt.

Ein weiterer Unterschied liegt im Anstoßpunkt. Im 10-Ball wird der Break von den äußeren Stellen im Kopffeld bevorzugt. Der Grund hierfür liegt nicht nur bei der Eins, die wie beim 9-Ball-Break auf das Mittelloch zuläuft, sondern hauptsächlich in der erweiter-

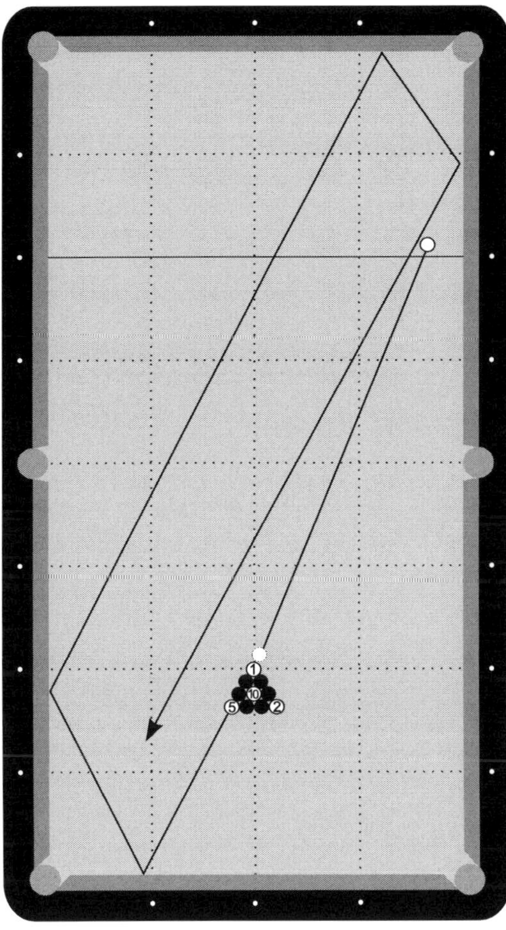

ten Ballchance durch eine der hinteren Eckkugeln. Stößt man z.B. von rechts an, so hat die Zwei (wenn zeichnungsgemäß aufgebaut wurde) die Chance, über vier Banden in das linke Fußloch zu fallen. Stößt man von links an, so trifft dies auf die Fünf für das rechte Fußloch zu. Außerdem ist die Scratchgefahr beim Break von der Seite weitaus geringer. Viel mehr gibt es aus heutiger Sicht über die Unterschiede von 10-Ball zum 9-Ball nicht zu sagen. (Siehe auch die Rubrik der Spielarten zu Beginn des Buches)

Abbildung 155: 10-Ball Break mit eingezeichneter Ballchance.

4.18.3 Theoretischer Spielablauf 8-Ball

4.18.3.1 Der Break

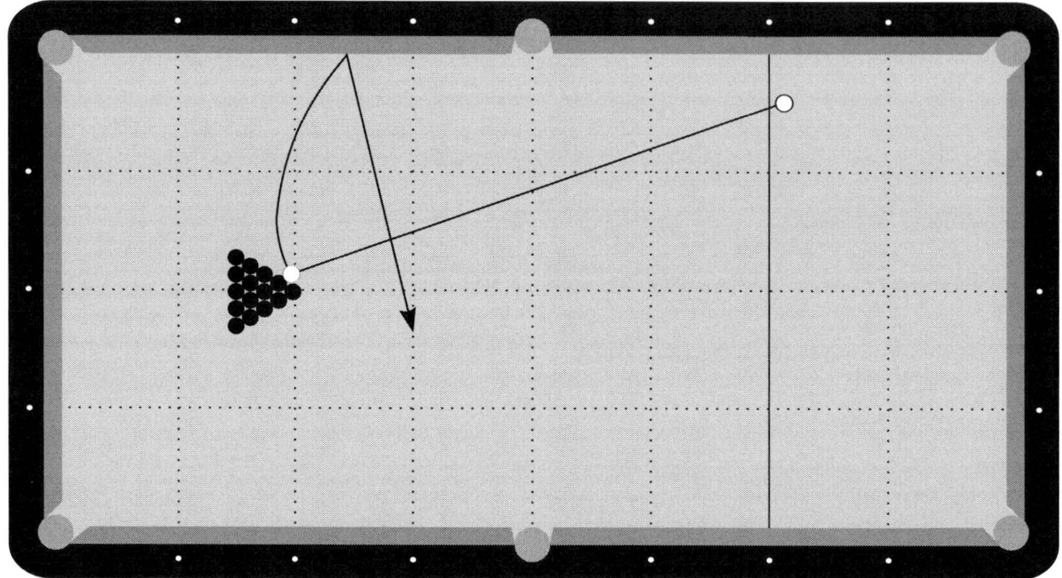

Abbildung 156: Alternativer 8-Ball Break.

Der Anstoß im 8-Ball entspricht im wesentlichen dem des 9-Balls, daher kann auf den vorhergegangenen 9-Ball-Break verwiesen werden. Da man im 8-Ball allerdings nicht darauf angewiesen ist, die vorderste Kugel zu treffen, ergibt sich hieraus zumindest eine interessante kontrollierbare Alternative. Sie ist in der Abbildung 156 wiedergegeben. Die Weiße wird in diesem Fall tief rechts als normaler, fester Stoß gespielt. Dieser Break wird dennoch nur selten gespielt (wenn anders nichts fällt) und sei hier nur der Vollständigkeit halber aufgeführt.

4.18.3.2 Farbwahl / Situationsanalyse / Versicherungen

Die Farbwahl im 8-Ball nach dem Break richtet sich im wesentlichen nach den Problemsituationen. Liegen die halben Kugeln z.B. frei und die vollfarbigen etwas komplizierter (Presssituationen u.ä.), versteht es sich von selbst, dass man die halben Kugeln wählt (z.B. Abbildung 156a).

Liegen beide Farbgruppen problematisch, richtet man sich danach, inwieweit die freiliegenden Kugeln einer Farbgruppe zur Problemlösung benutzt werden können. Man wählt dann die Farbgruppe, bei der dies gut möglich erscheint. Bieten sich bei beiden Farbgruppen keine Lösungsmöglichkeiten, so sucht man nach den besten Safemöglichkeiten bei gleichzeitiger Problemlösung. 8-Ball ist dem 9-Ball also gar nicht so unähnlich. Jedenfalls kann man mit dieser Taktik die gegnerische Farbgruppe unter Kontrolle halten, sofern man keine Fehler macht.

Auch im 8-Ball kann man Safe und Ballchance in einem Stoß des öfteren anwenden. Ein Hinweis: Viele Spieler achten zwar darauf, ob ihre Kugeln freiliegen, viele vergessen dabei aber die Acht. Liegt diese in einer Problemsituation, so sollte man auch die Lösung parat haben, bevor man seine Farbgruppe wegspielt.

Es ist ein typischer Anfängerfehler, die freien Bälle wegzuspielen, um schließlich an den Problemsituationen zu scheitern. Dadurch wird es dem Gegner einfacher gemacht, schließlich hat er dann genügend Platz auf dem Tisch, denn die Hindernisse in Form der gegnerischen Kugelgruppe sind weg. Wer an der letzten Kugel oder der Acht scheitert, hat so gut wie verloren. Es ist für den Opponenten nun leicht auszustoßen. Auch wenn tatsächlich noch schwierige Situationen für ihn vorhanden sind, behält er mit einem cleveren Safespiel weiterhin leicht die Kontrolle über das Geschehen. Es gilt also, eventuelle Probleme bereits zu Anfang zu erkennen und so bald wie möglich zu lösen.

Wenn man eine Problemsituation bis zum Schluss aufbewahrt, sollte man sich seiner Sache schon sehr sicher sein. Man könnte auch sagen, je früher man scheitert, um so größer die Chance, dass man noch einmal an den Tisch kommt - je später dagegen, um so kleiner ist die Chance.

4.18.3.3 Gruppeneinteilung im 8-Ball

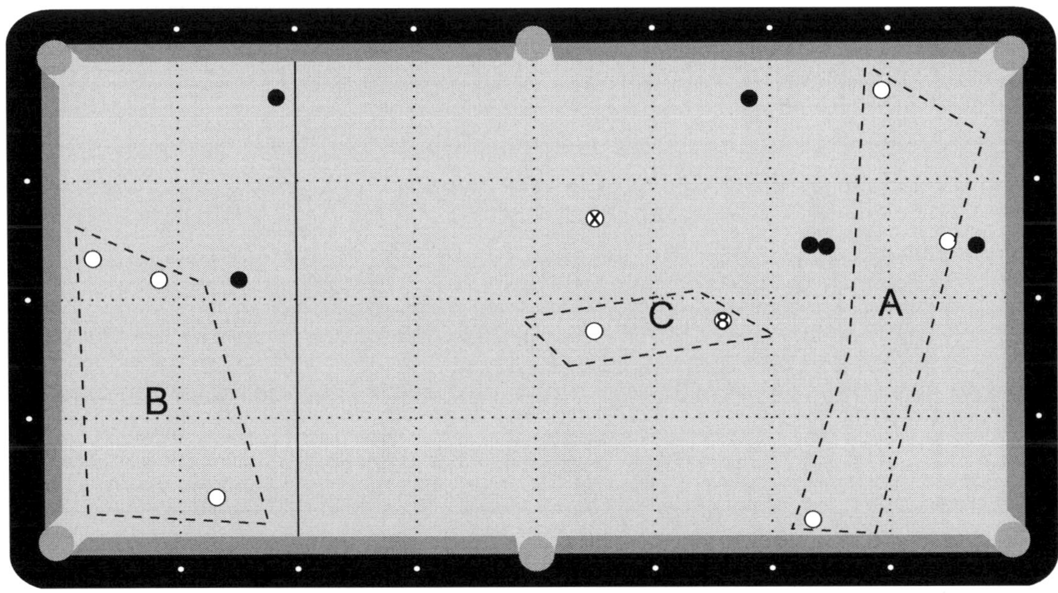

Abbildung 156a: (A) Anfangsgruppe, (B) Hauptgruppe, (C) Schlußgruppe

Abbildung 156a zeigt eine weitere Möglichkeit der Gruppeneinteilung. Diese Möglichkeit ist immer gegeben, wenn keine Problemsituationen vorhanden sind. Die Reihenfolge in der Anfangsgruppe wird gewöhnlich durch die Weiße beeinflusst. Selten ist die

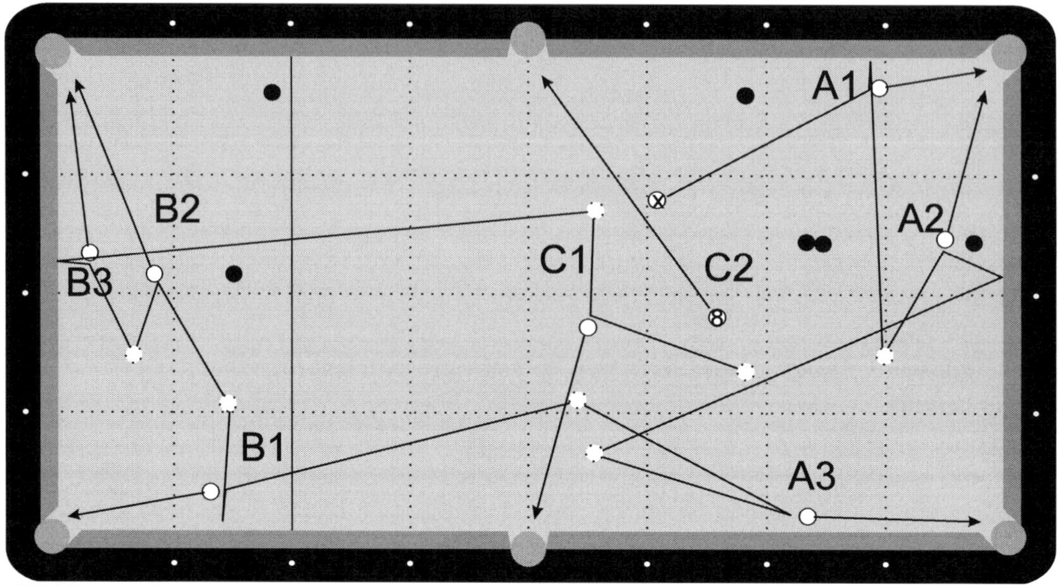

Abbildung 156b

Weiße in einer Position in der man zwei oder drei Kugeln der Anfangsgruppe zur Auswahl hat. In der Hauptgruppe ist die Reihenfolge meist beliebig und ergibt sich erst mit der exakten Position beim Übergang von der Anfangsgruppe zur Hauptgruppe. In der Schlussgruppe ist die Reihenfolge nicht mehr ganz beliebig, die Acht kommt schließlich zuletzt.

Man muss also, wenn man nach dem Break beginnt, nicht die Reihenfolge aller Kugeln direkt im Kopf haben. Vielmehr bestimmt man zuerst die Gruppen und die Reihenfolge der Gruppen (Anfangs-, Haupt- und Schlussgruppe). Die Gruppenzugehörigkeit der einzelnen Kugeln ergibt sich gewöhnlich durch ihre Nähe zueinander und durch die Positionsmöglichkeit mit der Weißen von einer zur anderen. Durch die Position auf die letzte Kugel der Anfangsgruppe wird entschieden, wie in die Hauptgruppe eingestiegen wird. Genauso entscheidet sich auch der Übergang von der Haupt-, zur Schlussgruppe.

Wenn man nach einem Eröffnungsstoß ein offenes Bild ohne Probleme vor sich hat, vereinfacht dieses System den Überblick. Es versteht sich von selbst, dass die Anzahl der Kugeln innerhalb einer Gruppe unerheblich ist.

Abbildung 156b zeigt noch eine mögliche Reihenfolge, der gleichen Situation wie in 156a.

4.18.3.4 Absichtliche Fouls

Absichtliche Fouls sind im 8-Ball stark regelabhängig und daher ist es schwer, allen Regeln gemäß darauf einzugehen. Bei der "Foul - Ball in Hand"-Regel gelten dieselben Kriterien wie im 9-Ball. Interessanter und komplizierter sind die Taktiken bei fast allen anderen Regeln. Diese sind aber im Turnier-8-Ball kaum noch von Belang, daher möchte ich diese hier gern übergehen und auf Lehrbücher älteren Datums verweisen.

4.18.4 One-Pocket

4.18.4.1 Anstoß

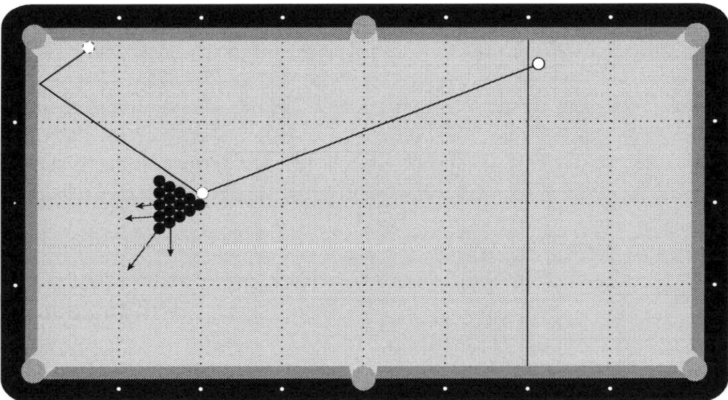

Abbildung 157: Typischer One-Pocket Break, leicht und mit linkem Effet gespielt.

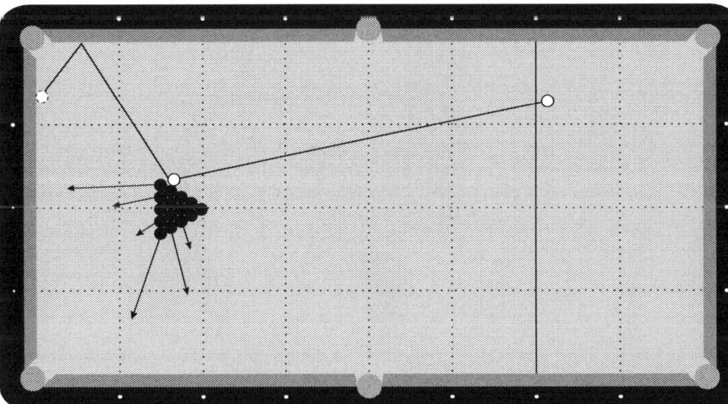

Abbildung 158: One-Pocket Break: Tief und mit Medium-Speed gespielt.

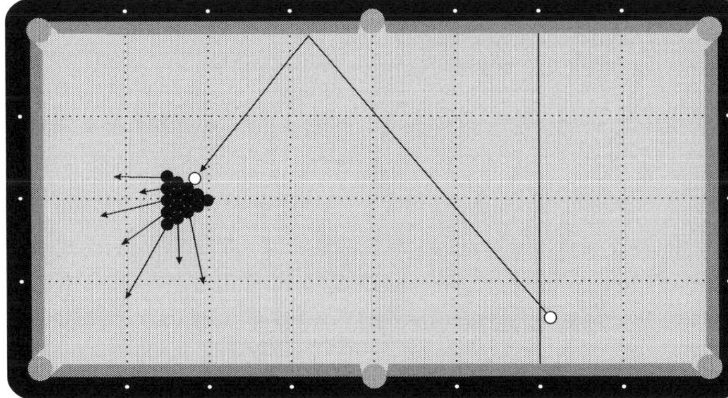

Abbildung 159: Selten gespielter One-Pocket Break.

Beim One-Pocket wird ähnlich wie beim 14.1e nicht offen gebreakt, sondern eher eine Art Sicher-heitsanstoss gemacht. Der Break beim One-Pocket gilt jedoch als großer Vorteil. Dieser ist so groß, dass man sagt, im One-Pocket breakt nicht der Gewinner der vorangegangenen Partie, sondern es wird abwechselnd gebreakt.

Doch warum ist der Break beim One-Pocket von Vorteil? Wenn man z.B. als Einspieltasche Fuß-links hat, so spielt man das Dreieck auf der rechten Seite zwischen der ersten und zweiten Kugel leicht mit etwas linkem Effet an, die erste Kugel sollte dabei nur sehr dünn getroffen werden.

Auf diese Art öffnet sich das Rack in Richtung der anvisierten Tasche und die Weiße bleibt relativ nahe vor der gegnerischen Tasche liegen, so dass der Gegner keine direkte Ballchance erhält. Außerdem besteht bei diesem Anstoß immer eine gute Chance, die linke Eckkugel des Racks eventuell ins Loch zu versenken. In den Abbildungen 157 bis 159 werden diese exemplarischen One-Pocket-Breaks und auch einige andere typische One-Pocket-Breaks aufgezeigt.

4.18.4.2 Spielweise

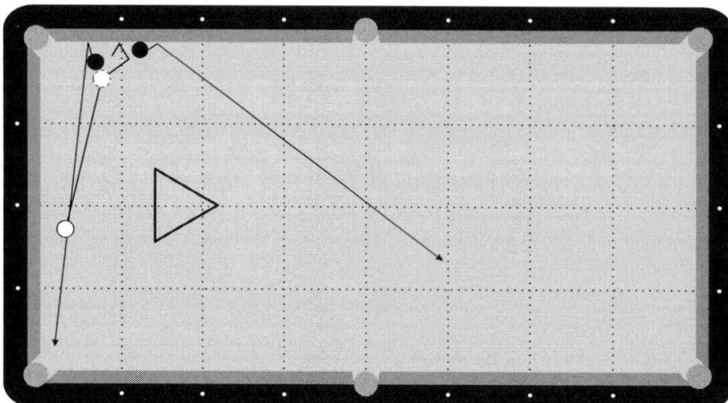

Abbildung 160: Hier ergibt sich eine Ballchance auf einen Banker, entfernt gleichzeitig eine weitere Kugel von der Tasche des Gegners und die Weiße wird in Safe-Position gehalten

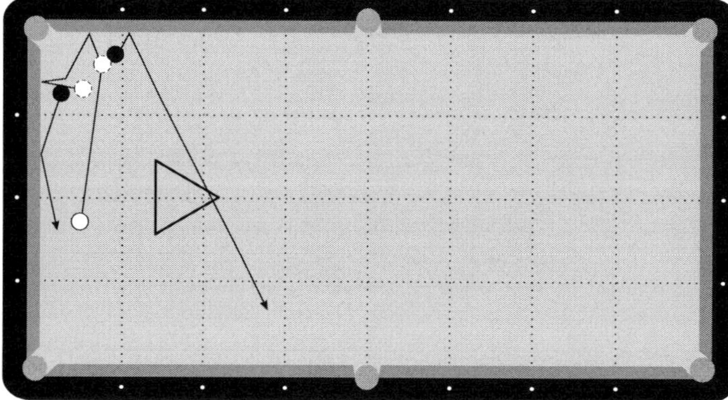

Abbildung 161: Eine Möglichkeit zwei Kugeln von der gegnerischen Tasche wegzuspielen, die Weiße vor selbiger zu plazieren und beide Kugeln in die Nähe der eigenen Tasche zu bringen.

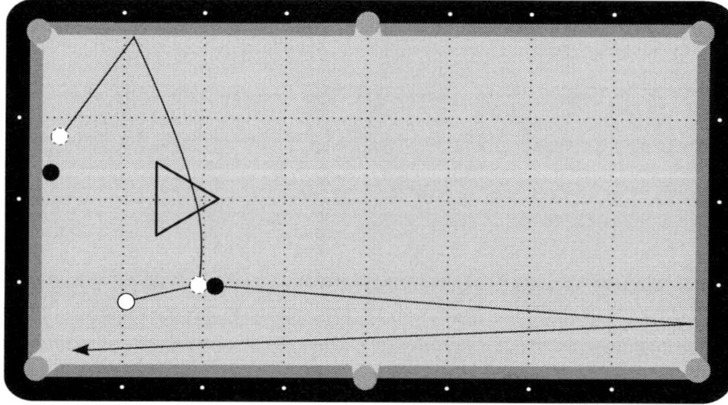

Abbildung 162: Hier ergibt sich eine Ballchance mit Safe und Position. Die Weiße wird tief links gespielt.

One-Pocket ist ein sehr defensives Spiel. Man bekommt nur selten vom Gegner einen direkten Stoß auf die Tasche hinterlassen.

Meist muss man die Chance wahrnehmen, wenn man eine Bankmöglichkeit bekommt. Man hat dann diese Ballchance, muss dabei aber unbedingt darauf achten, dass der Gegner bei Misslingen dieses Bankers auf jeden Fall ein Safe vorfindet. Gleichzeitig sollte man Position auf eine weitere Kugel ergattern, wenn der Banker gelingt.

Solche Multifunktionsstöße sind bereits aus den vorangegangenen 9-Ball-Ausführungen bekannt. Ansonsten besteht das Sicherheitsspiel im One-Pocket natürlich auch darin, Kugeln vor dem Loch des Gegners wegzuholen und möglichst in die Nähe des eigenen Loches zu bringen.

Fällt eine Kugel in ein Mittel- oder Kopfloch, so wird die betreffende Kugel wieder am Fußpunkt aufgesetzt. So etwas wird natürlich auch des öfteren absichtlich gemacht.

Daher vergleicht man One-Pocket auch gerne mit dem Schachspiel.

Wenn man auf Sicherheit spielt, ist übrigens der

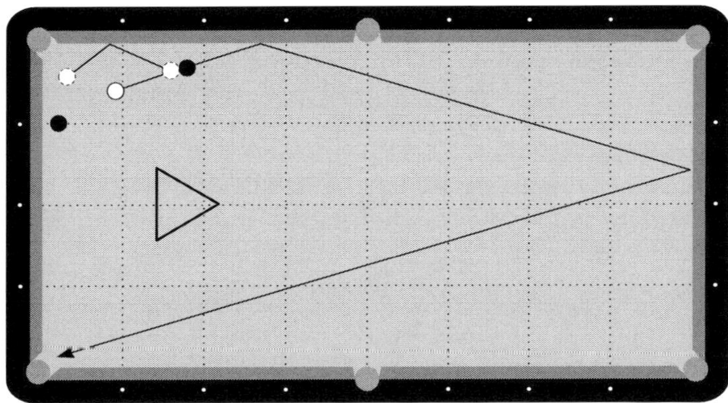

Abbildung 163: Ballchance mit Safe und Position.

Raum vor der gegnerischen Tasche am besten dafür geeignet die Weiße zu platzieren. Von dort aus hat der Gegner keine Chance, eine Kugel direkt in seine Tasche zu spielen. Man sollte ihm natürlich auch keinen einfachen Bank-Shot hinterlassen. Im folgenden werden einige kommentierte One-Pocket-Stöße aufgezeigt (Siehe Abbildungen 160 bis 163).

Für One-Pocket können sich meist nur sehr gute Spieler begeistern. Grady Mathews (wohl einer der besten One-Pocket-Spieler der Welt) hat es einmal als das wohl schwierigste aller Poolspiele bezeichnet.

Daher würde es den Rahmen dieses Buches sprengen, hier auf alle Feinheiten dieses phantastischen und facettenreichen Spieles einzugehen.

Die Möglichkeiten dieses Spiels gehen schier ins Endlose, man sollte aber mit jeder gegebenen Situation umgehen können. Die kommenden Sessions sollen die Kenntnisse daher entsprechend vertiefen.

4.19 Bandenspiel/Diamantensysteme (ein, zwei und drei Vorbanden)

4.19.1 Allgemeine Voraussetzungen

Die nachstehend angeführten Bandensysteme basieren alle auf einem waagerechten, geradlinigen Stoß, einem möglichst immer gleichmäßigen Stoß mit einem lederbreit Laufeffet.

Vom Tempo her muss er so gespielt werden, dass die Weiße auch auf einem Tisch mit langsamen Tuch über drei Banden läuft und die vierte Bande auch noch erreicht (Klassischer Dreibanden-Stoß, also nicht zwischen den kurzen Banden hin und her). Sich diesen Stoß anzueignen ist Grundvoraussetzung für alle Bandensysteme.

Verfügt man über einen solchen Stoß, ist man in der Lage, aus Safesituationen die zu treffende Kugel nicht nur zu treffen, sondern man hat auch immer eine sehr gute Chance, diese auch zu versenken. Diese Bandensysteme finden meist in Spielen wie 9-Ball, Rotation oder One-Pocket Anwendung.

4.19.2 Eine Vorbande, Grundsystem

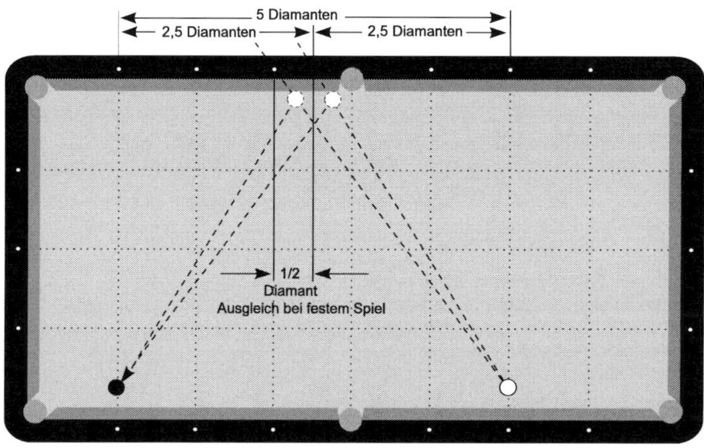

Abbildung 164

Zunächst zum Grundsystem der einfachen Vorbande: Hier treffen die obengenannten Voraussetzungen noch nicht zu. Das Grundsystem basiert lediglich auf dem Prinzip Ausfallwinkel gleich Einfallwinkel. Dieses Winkelgesetz gilt allerdings nur bei leichtem und effetfreiem Stoß.

Selbst dann lässt das einfache Drehmoment, das die Weiße benötigt, um über den Tisch zu laufen, dieses Gesetz schließlich nicht zu.

Nach dem Verlassen der Bande wirkt das Drehmoment an der Weißen kurzzeitig immer noch in Richtung der ursprünglichen Laufrichtung. Dieser kaum sichtbare Effekt sorgt dafür, dass sich der Ausfallwinkel etwas vergrößert.

Obwohl kaum sichtbar, macht er im weiteren Verlauf an der gegenüberliegenden Bande etwa eine Kugelbreite Abweichung aus, je nachdem, wie stumpf oder spitzwinklig man in die Bande spielt - genug auf jeden Fall, um eine Kugel zu verfehlen. Man gleicht das entsprechend aus, indem man auf den Diamanten zuspielt statt auf die Vorderkante.

Liegen die Kugeln z.B. fünf Diamanten auseinander, spielt man auf Diamant 2,5 zu (siehe Abbildung 164).

Liegt der anzuspielende Punkt auf einem Mittelloch, so kann man rechts oder links des Mittellochs mit dem entsprechenden Effet den Lauf der Weißen ausgleichen. Will man aus bestimmten Gründen den Ball lieber etwas fester spielen, so kann man in Situationen, in denen die Kugeln mehr als vier Diamanten auseinander liegen, den normalen Treffpunkt einfach um eine halbe Diamantenlänge verschieben.

Im vorausgegangenen Beispiel bedeutet das, anstatt auf Punkt 2,5 zuzuspielen, auf Punkt 3 zu spielen. Die Begründung für die Verkürzung des Ausfallwinkel bei festerem Spiel wurde übrigens bereits bei der Bank-Shot-Drill-Session erwähnt.

Liegen die Kugeln weniger als vier Diamanten auseinander, so genügt es, etwa um eine Kugelbreite ausgleichen. Das hängt ganz von der Kraft ab, mit der die Weiße gespielt wird. Ob man die Weiße hoch oder tief spielt, spielt mit erhöhter Kraft ebenfalls eine Rolle, besonders wenn man dabei gut durchgeht (siehe auch Nachläuferbogen / Rückläuferbogen nach der Bandenberührung, Sondersession Kapitel 4.17).

Wenn die Weiße bei der Bandenberührung mehr als nur ihr eigenes Drehmoment besitzt, wirkt sich dies entsprechend aus. Liegen die Kugeln versetzt, also nicht auf gleicher Höhe, so verlängert man die Lauflinie einer Kugel, bis man den Punkt hat, an dem sie mit der anderen Kugel gleichauf liegt. Von dort kann man wieder normal ausgehen.

Dies bis jetzt aufgeführte Grundsystem ist für einfache Fälle, in denen es nur auf das Treffen der Kugel ankommt, ausreichend. Da die Spielstärke, der Effet, Nach- oder Rücklauf nicht festgelegt ist, ist dieses Grundsystem allerdings noch relativ ungenau und verlangt vom Spieler ein gewisses Einschätzungsvermögen. Die folgenden Systeme bieten jedoch aufgrund der zu Anfang dieser Session aufgeführten Stoßvoraussetzungen eine weitaus höhere Genauigkeit.

Bei besonders wichtigen weitwinkligen oder versetzten Bällen, bei denen dann auch noch eine gute Chance auf Versenken oder Resafe bestehen soll, ist das folgende System immer vorzuziehen. Das folgende Vorbandensystem basiert auf den eingangs bereits erwähnten Voraussetzungen wie ein lederbreit Laufeffet, Drei-Banden-Speed und geradlinig waagerechten Stoß.

4.19.3 Eine Vorbande, Spiegelsystem

Dieses System geht ebenso wie das noch folgende Dreibandensystem auf Jimmy Reid zurück, einen der besten Pool-Spieler der Welt seiner Zeit. Ich hatte kurz nach unserer ersten Begegnung 1991 auf einem Turnier in Greensville, SC., das Vergnügen, dieses System bei einem kleinem Informationsaustausch von ihm persönlich eindrucksvoll vorgeführt und erläutert zu bekommen.

Es ist das gleiche System wie das später noch aufgeführte (siehe Critical-Shot- Session) gleichnamige Spiegelsystem, das besonders gern von Grady Mathews verwendet wird, mit dem Unterschied, dass hier die Kugel mittels Spiegelachse nicht visualisiert wird, sondern unter Zuhilfenahme des Queues der Bandentreffpunkt genau festgelegt wird.

Dieser festgelegte Bandentreffpunkt wird nun mit dem oben beschriebenen Stoß angespielt. Der gleiche Punkt könnte jedoch auch ohne Laufeffet und dafür leichter (kein

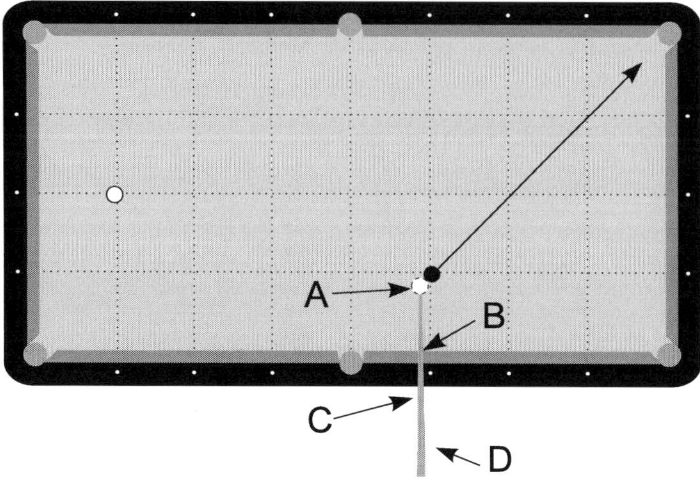

Abbildung 165: (A) Das Leder des angelegten Queues soll immer den Mittelpunkt der Weißen darstellen, an deren Stelle die Kugel getroffen werden soll, (B) Daumen auf dem Queue an der Stelle der Bandenkante, (C) Angelegtes Queue immer parallel zur Kopf- und Fußbande, (D) Queue

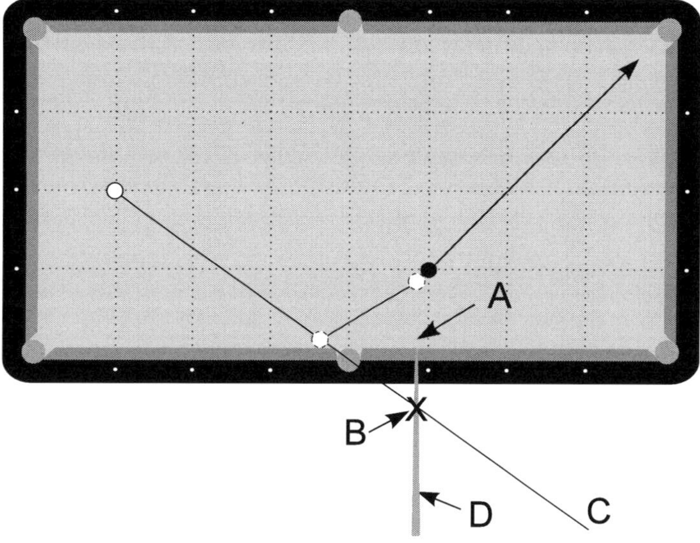

Abbildung 166: (A) Queuespitze an der Bandenkante, (B) Daumen, (C) Blickrichtung, (D) Queue

Drei-Banden-Speed) angespielt werden. Je nach gegebener Situation sollte man entscheiden, wie man am günstigsten vorgeht. Dieses System wird anhand eines Beispiels in den Abbildungen 165 und 166 erklärt.

Man legt das Queue so an, dass es mit der Spitze an der Stelle liegt, an der man die zu treffende Kugel treffen möchte (die Queuespitze bildet dabei den Mittelpunkt der gedachten Weißen).

Das Queue bildet dabei immer die Mittelsenkrechte an der zu treffende Bande.

Als nächstes legt man den Daumen genau an die Stelle des Queues, die sich genau über der Bandenkante befindet (s. Abb. 165).

So dann schiebt man das Queue zurück, bis das Leder genau an der Bandenkante anliegt. Man bleibt mit dem Daumen aber an der gleichen Stelle.

Dann blickt man über den Daumen zur Weißen. Spätestens jetzt ist klar, ob man sich zu Beginn auf die richtige Seite des Queues gestellt hat.

Die dabei gedachte Linie von Daumen zur Weißen kreuzt an einem bestimmten Punkt die Bande.

Diesen Punkt muss man sich merken, bzw. im Auge behalten, denn das ist der Punkt, den man mit der Weißen treffen muß. Zu Trainingszwecken kann man den Punkt zu Anfang markieren.

Nicht vergessen sollte man beim Drei-Banden-Speed, den geradlinigen, waagerechten Queueverlauf mit einem lederbreit Laufeffet und in diesem Fall (Abb. 166) linkem Effet.

Dieses System eignet sich vor allem, wenn die weiße Kugel frei liegt, damit man selbige gemäß den Stoßvoraussetzungen anspielen kann. Liegt die Weiße press an einer Bande oder ungünstig an einer Kugel, so dass man mit dem Queue die Weiße schwer geradlinig anspielen kann, bekommt dieses System entsprechend mehr unbekannte Faktoren und wird somit zunehmend gefühlsabhängiger.

Hat man seinen Stoß erst einmal auf das System eingespielt, so arbeitet dieses äußerst präzise.

4.19.4 Zwei Vorbanden, (kurze Bande, lange Bande)

Dieses Zwei-Bandensystem basiert ebenfalls auf dem Drei-Banden-Speed, geradlinigen, waagerechten Stoß und einem lederbreit Laufeffet. Es gilt ebenfalls, dass man auf den Diamanten zuspielen muss und nicht auf die Vorderkante.

Dieses System mutet zu Anfang etwas kompliziert an, wenn man sich jedoch damit vertraut gemacht hat funktioniert es äußerst zuverlässig mit guter Chance zum Versenken des Balles. Auch im Spiel kann man so sehr schnell den Punkt finden, den man anspielen muß, ohne lange zu messen oder zu rechnen.

Zunächst werden die Diamanten der langen Bande gemäß Abbildung 167 von 0 bis 8 bezeichnet. An der kurzen Bande trifft man eine entsprechende Zuordnung in Schritten von einer halben Diamantenlänge. Man verbindet die zugehörigen Diamanten von 1 bis 7

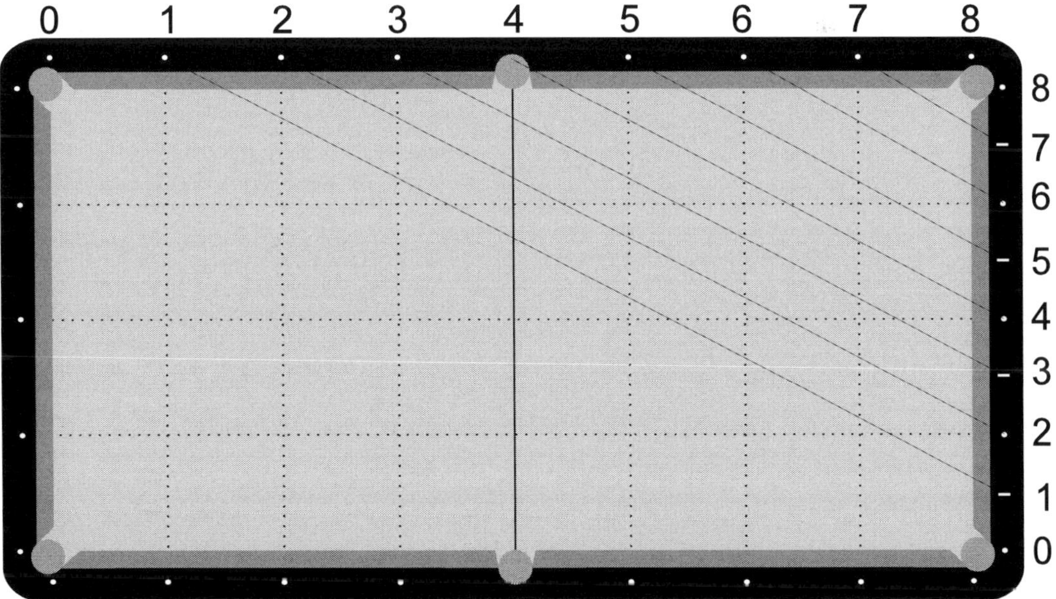

Abbildung 167

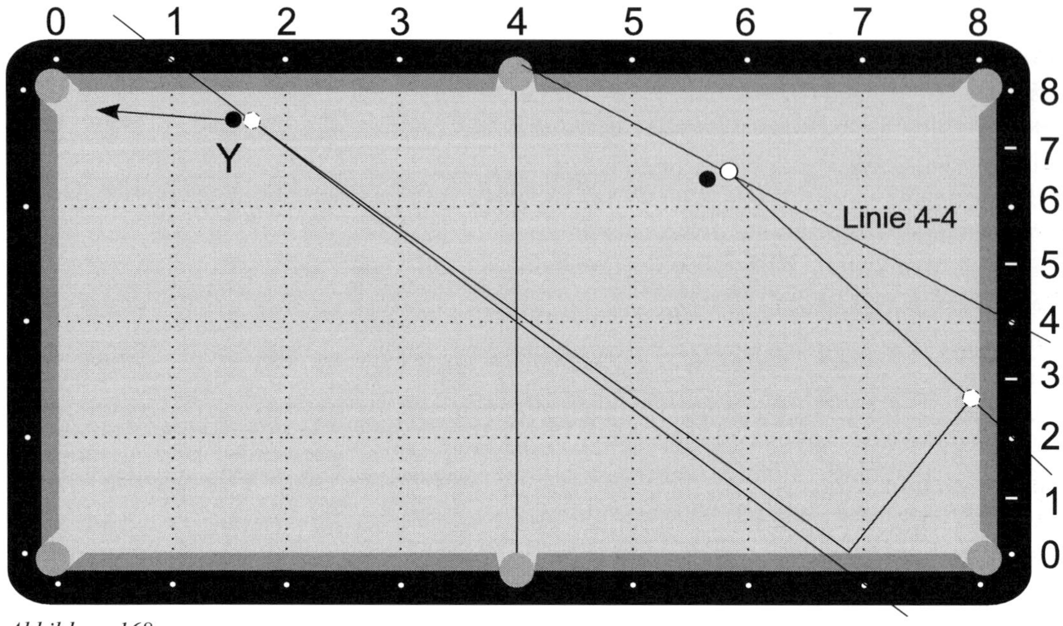

Abbildung 168

mit Geraden. Diese dienen zur Grundorientierung und zur Lagebestimmung der Weißen. Im Spiel dient das Queue als Gerade. Liegt jetzt z.B. die Weiße auf der 3-3-Geraden, so muss die Weiße nur mit - in diesem Fall rechtem - Laufeffet auf Punkt 3 der kurzen Bande gespielt werden und sie wird in das Eckloch laufen.

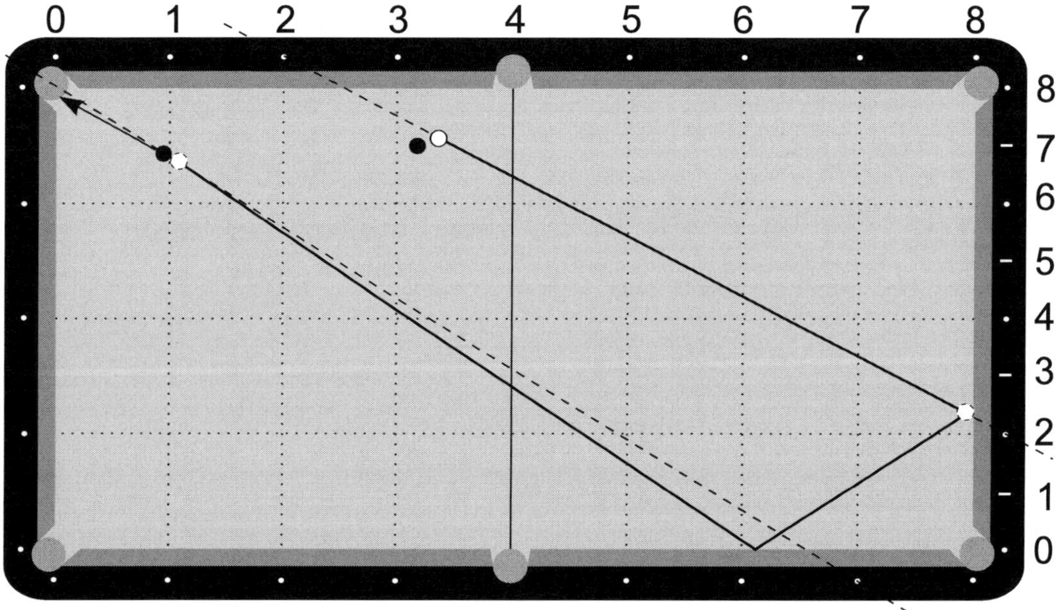

Abbildung 169

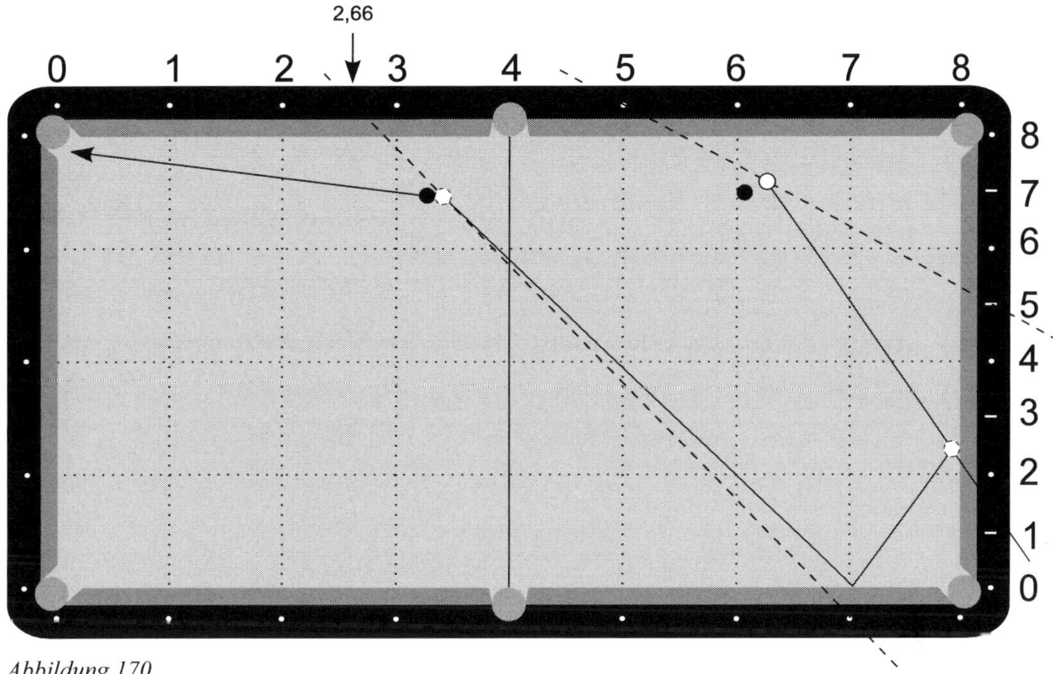

Abbildung 170

So verhält es sich mit allen Geraden, bzw. wenn die Weiße zwischen zwei Geraden liegt, muss auch der Punkt zwischen den halben Diamanten der kurzen Bande angespielt werden. Eines gilt es allerdings unbedingt zu beachten: Wenn die Weiße hinter der Mittellinie liegt, bezeichnet man dies als "Bandensprung". Das bedeutet, sobald die Weiße hinter der Mittellinie liegt, muss man an der kurzen Bande jeweils einen halben Diamanten abziehen. D.h. liegt die Weiße auf Linie 4-4 (4-4 Linie liegt ohnehin komplett hinter der Mittellinie), darf man die Weiße nicht auf Punkt 4 der kurzen Bande spielen, sondern einen halben Diamanten weiter rechts, also auf Punkt 3.

Es gehört übrigens zu den Einspielgepflogenheiten bei einem unbekannten Tisch, erst einmal einige Vorbanden systemgemäß zu spielen, um zu sehen, ob der Tisch systemgemäß läuft oder eventuell etwas kürzer oder länger. Läuft ein Tisch z.B. etwas länger als nach System, so kann man im Spiel den systemgemäß ermittelten Bandentreffpunkt entsprechend eine kugelbreit verlagern.

Wenn man sich mit den verschiedenen Systemen vertraut macht, stellt diese weitere Einschätzung kein Problem mehr dar. In den seltensten Fällen soll die Weiße jedoch in Richtung Eckloch laufen, sondern meist auf eine andere Kugel, die sich in der Nähe der Bande auf Höhe zwischen Punkt 0 und 4 der langen Bande befindet. In der Abbildung 168 wird exemplarisch ein Beispiel dafür behandelt.

Zunächst bestimmt man unter Zuhilfenahme des Queues als Gerade die Zielposition von Kugel Y. Dazu schätzt man mit dem Queue den gewollten Ausfallwinkel der Weißen aus der zweiten Bande, meist vom siebten Diamanten der anderen langen Bande ausgehend auf Kugel Y zu, so wie man sie treffen müsste, um sie zu versenken. Diese Gerade verlängert man mit dem Queue bis über die lange Bande. Im gezeigten Beispiel geht sie genau durch den ersten Diamanten.

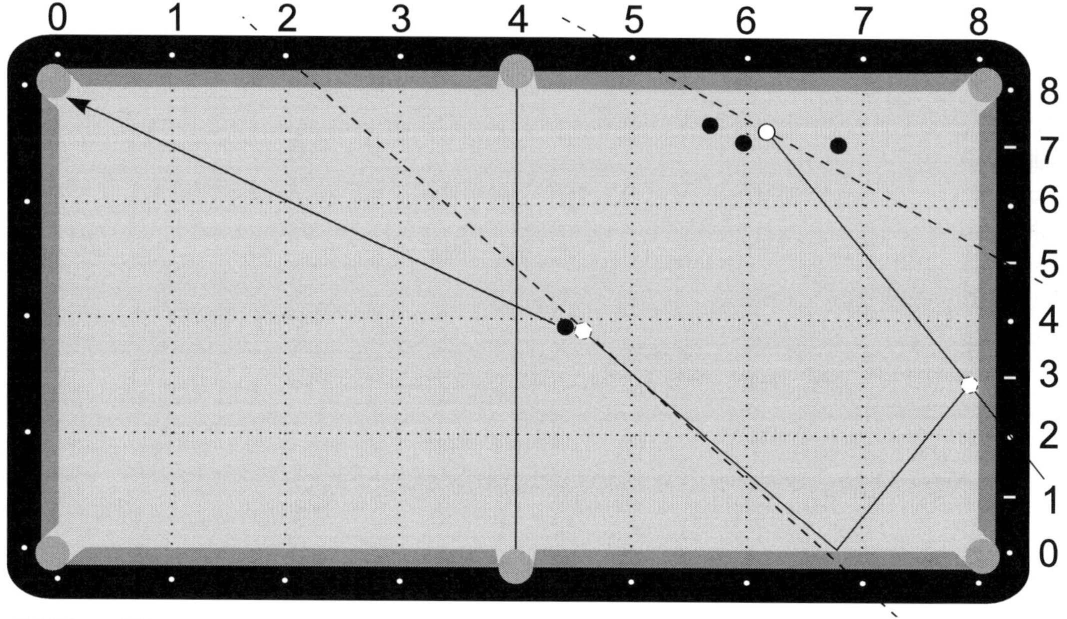

Abbildung 171

Die Weiße liegt genau auf der 4-4-Positionsgeraden. Da die Weiße nicht auf das Eckloch zulaufen soll, sondern vielmehr auf Punkt 1, um vorher natürlich Kugel Y zu treffen, versetzt man an der kurzen Bande den Zielpunkt um einen halben Diamanten auf Punkt 3. Da die Weiße sich außerdem hinter der Mittellinie befindet, muss man um einen weiteren halben Diamanten auf Punkt 2 ausgleichen. Die nachfolgend aufgeführten Beispiele (Abbildungen 169 bis 171) sollen weitere Anwendungsmöglichkeiten zeigen und weiteres Verständnis für dieses System verschaffen.

4.19.5 Zwei Vorbanden, (lange Bande, kurze Bande)

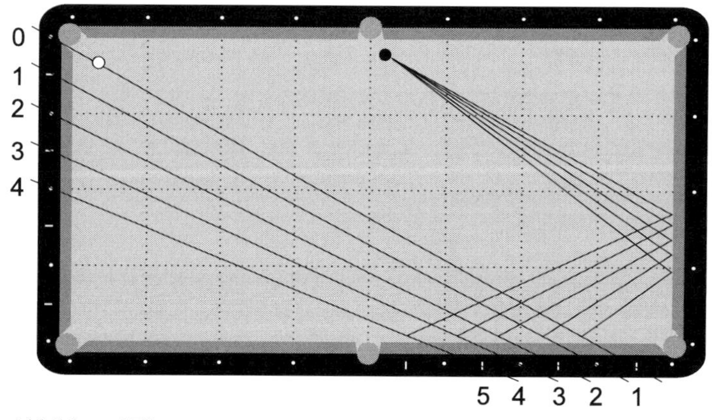

Abbildung 172

Das folgende Diamantensystem (siehe Abbildung 172) bezieht sich nur auf das Mittelloch wie eingezeichnet.

Wenn also eine Kugel vor dem bezeichneten Mittelloch liegt oder eine Kugel auf der Strecke dorthin, kann man dieses System gut anwenden, wie immer mit einem lederbreit Laufeffet.

4.19.6 Dreibandensystem

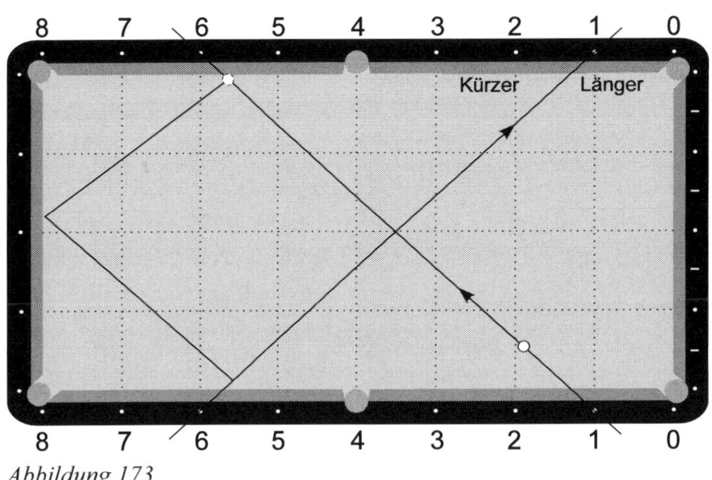

Abbildung 173

Für dieses System, das wieder auf Jimmy Reid zurückgeht, gelten ebenfalls die eingangs erwähnten Stoßvoraussetzungen. Diesem System liegt zunächst einmal ein Kontrollstoß zugrunde. In der Abbildung 173 ist dieser Stoß aufgezeichnet.

Läuft er gemäß Abbildung vom ersten Diamanten über den sechsten Diamanten der anderen langen Bande schließlich auf den ersten Diamanten dieser Bande zu, so sind die Verhältnisse an diesem Tisch perfekt. Natürlich wird der Stoß mit einem lederbreit Laufeffet, Drei-Banden-Speed und einem geradlinigen, waagerechten Durchgang gespielt.

Bei den meisten Tischen kommt der Ball etwas länger, besonders bei frisch bezogenen. Das macht aber nichts aus, wichtig ist nur, dass man die Stelle kennt, an der die Weiße an diesem Tisch immer ankommt. Auf diese Kenntnis wird später noch eingegangen. Zunächst eine exemplarische 9-Ball-Situation als Erklärung:

Die Kugeln liegen gemäß Abbildung 174, die Kugel Nr. 5 ist anzuspielen. Die zwei Möglichkeiten als kurze Vorbänder sind jeweils durch die Neun und Acht versperrt, der direkte Weg ebenfalls durch die Acht. Die lange Vorbande erscheint durch die Sieben zu riskant. Daher versucht man, über drei Banden zu spielen.

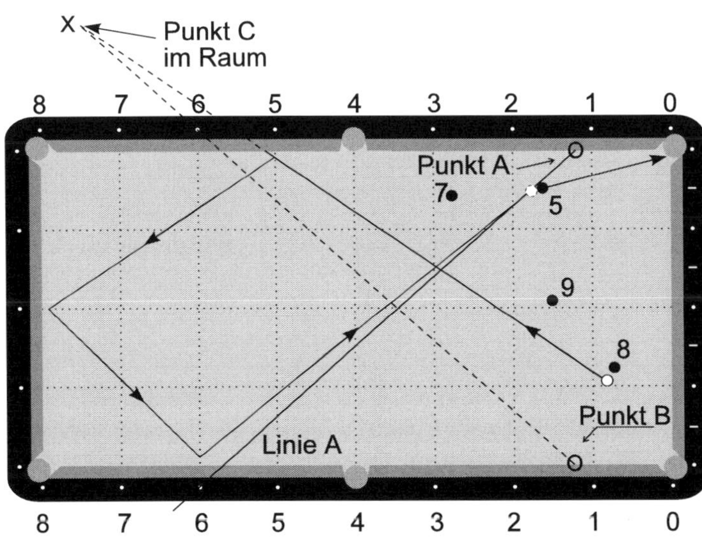

Abbildung 174

Unter Zuhilfenahme des Queues als Gerade zieht man vom eingezeichneten sechsten Diamanten aus eine Gerade als gewünschte Lauflinie der Weißen nach Verlassen der dritten Bande, also genau so, wie die Weiße theoretisch laufen müsste, um Kugel Nr. 5 zu versenken.

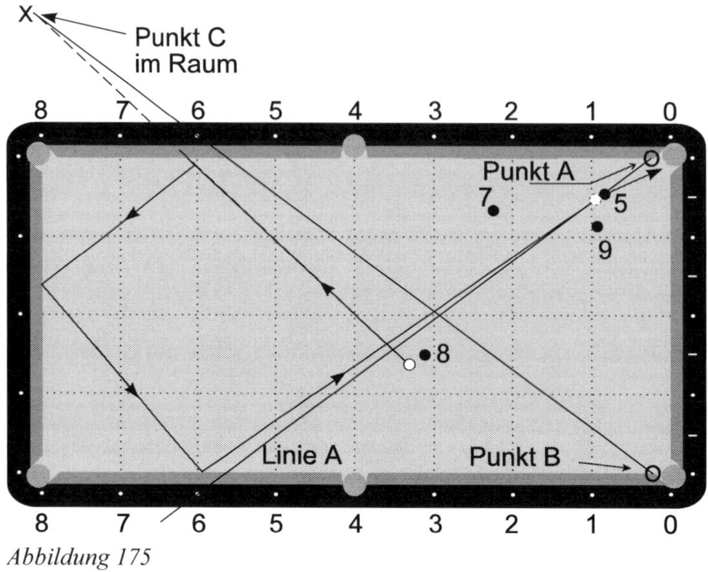

Abbildung 175

Diese als Linie A gekennzeichnete Gerade verlängert man bis zur Bande. Der somit ermittelte Punkt (Punkt A) wird auf die gegenüberliegende Bande (Punkt B) übertragen.

Von diesem Punkt aus sucht man über den sechsten Diamanten der rechten langen Bande einen beliebigen, möglichst markanten Punkt im Raum (Punkt C).

Die optimale Entfernung für Punkt C ist der imaginär aufgeklappte Billardtisch, also ca. 1-1,5m entfernt. Es kann ein Stuhl- oder Tischbein sein, irgendein Fleck an der Wand oder was auch immer. Er muss aber auf gerader Linie mit Punkt B und dem sechsten Diamanten liegen. Die Entfernung von Punkt C ist relativ vernachlässigbar. Bei Entfernungen von mehr als vier Metern können jedoch Abweichungen entstehen.

An dieser Stelle wird erneut der Kontrollstoß wichtig. Durch den sechsten Diamanten zielt man nämlich nur dann, wenn die Weiße bei dem Kontrollstoß auch auf den ersten Diamanten der rechten langen Bande zugelaufen ist.

Hat sie das nicht getan und ist dabei vielmehr regelmäßig auf das Eckloch (Diamant 0) zugelaufen, darf man nicht durch den sechsten Diamanten den Punkt im Raum suchen, sondern durch Punkt 5,5. Ist die Weiße beim Kontrollstoß (der Kontrollstoß wird natürlich auf einem unbekannten Tisch vor Spielbeginn ausgeführt. Man sieht dabei sozusagen, wie der Tisch läuft.) auf den Diamanten 0,5 zugelaufen, sucht man sich den Punkt im Raum eben durch den Diamanten 5,75, und ist er durch den Diamanten 2 gelaufen (selten), sucht man den Punkt im Raum durch den Diaman-

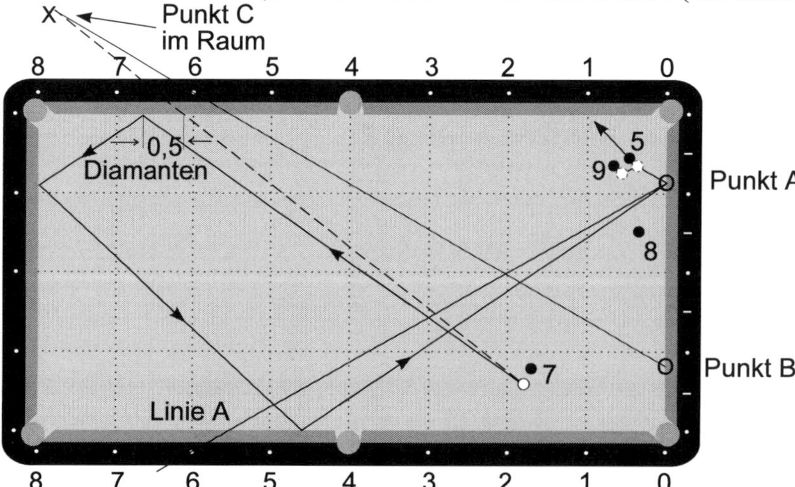

Abbildung 176: Re-Safe Situation, unter Berücksichtigung von 0,5 Diamanten aufwärts, da Punkt A an der kurzen Bande liegt.

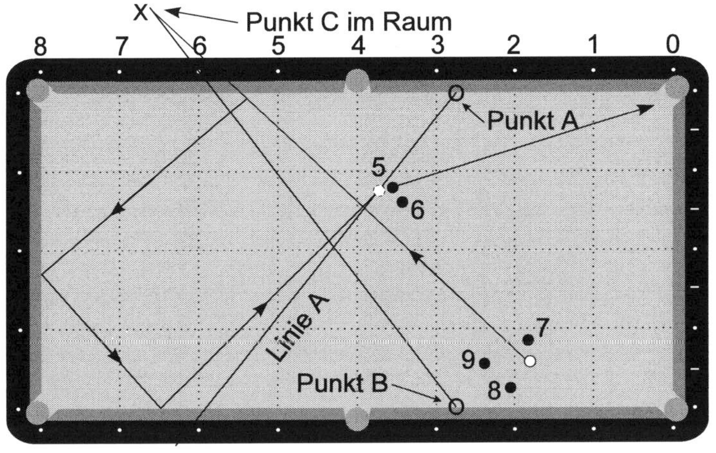

Abbildung 177

ten 6,5.

Ist der Punkt im Raum ermittelt, so braucht man nur noch die Weiße auf diesen Punkt im Raum zuzuspielen (Laufeffet, Stoß, Speed). Dann trifft man die richtige Stelle an der Bande, um entweder den Ball 5 über drei Banden zu versenken oder zumindest zu berühren.

Verblüffend übrigens ist, dass die Weiße jetzt fast überall liegen kann. Man muss nur auf den gewählten Punkt im Raum spielen, und der Anspielwinkel an der Bande wird sich immer von selbst ausgleichen. Wenn die Weiße an einer Stelle liegt, an der der Ball nicht mehr möglich ist, merkt man das daran, dass die Weiße auf ihrem Weg auf den Punkt im Raum in das Mittelloch oder Eckloch fallen würde oder auf eine andere Bande laufen müsste.

Zur Vervollständigung muss noch hinzugefügt werden, dass, wenn Punkt A nicht an der langen Bande liegen sollte sondern an der kurzen (Punkt B liegt dann an der gleichen Bande, nur eben spiegelverkehrt am anderen Ende der Bande), Punkt C im Raum zwar auf gleiche Weise ermittelt wird, der daraus resultierende Treffpunkt an der Bande aber um einen halben Diamanten aufwärts ausgeglichen werden muß.

Die Begründung hierfür liegt im bereits erwähnten Bandensprung. Mehrere Beispiele sollen zur weiteren Verdeutlichung dienen und weitere Anwendungsmöglichkeiten, auch über vier Banden, aufzeigen (siehe Abbildungen 175 bis 177).

4.20 Kritische Stöße (Critical Shots)

Dieses Kapitel stellt ein Sammelsurium von kritischen Stößen in meist kritischen Situationen dar. Es sind Bälle und Situationen, die zwar nur selten in der jeweils dargestellten Lage vorkommen, aber auf andere Situationen durchaus übertragbar sind.

Das Kapitel soll mit außergewöhnlichen Situationen vertraut machen, die auch außergewöhnliche Ideen und Fertigkeiten erfordern. Es soll auch Wissen darüber ergänzen und erweitern, was im Pool-Billard alles im Bereich des möglichen liegt.

Viel wichtiger aber: Der Billardspieler soll solche Stöße kennenlernen und probieren, um sie schließlich in einer gegebenen Situation auf ihre Erfolgsaussichten hin richtig einschätzen zu können.

Manchmal bewegt man sich dabei nahe an der Grenze der Trick-Shots, aber so mancher Trickstoß konnte schon wichtige Spiele entscheiden. Zumal bei den hier aufgeführten Stößen eigentlich kein Trick dabei ist. Es geht nur darum zu wissen, wie man den betreffenden Stoß spielt, und dass man auch in der Lage ist, diesen dann auszuführen. Es handelt sich daher bei einem Teil der gesammelten Bälle eher um Kunststöße. Im Rahmen des Lernprogramms sollte jeder der aufgezeichneten Bälle zumindest einmal gelingen. Die Reihenfolge ist dabei beliebig.

Anwendungen aus dem Karambolagebereich

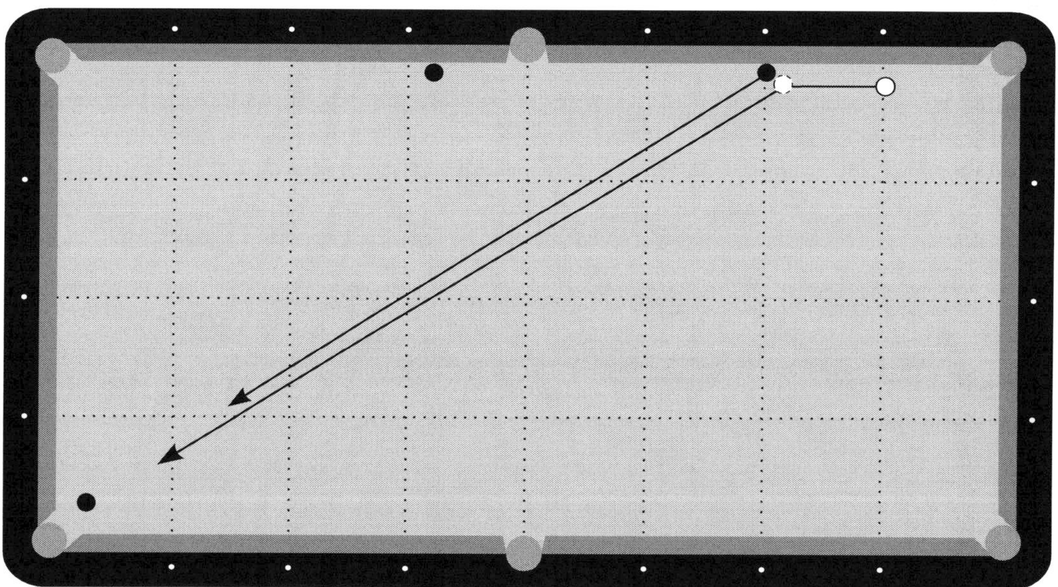

Abbildung 178

Abbildung 178: Wenn man diesen Stoß mit rechtem Effet oberhalb der Mitte der Weißen spielt, stellt man fest, dass nicht nur die Weiße, sondern auch die angespielte Kugel auf die im Eckloch befindliche Kugel zuläuft. Das hat im 9-Ball z.B. den Vorteil, dass die angespielte Kugel nach dem Stoß wieder in der Nähe der Weißen liegt und damit in Position. Man muss dazu die anzuspielende Kugel mit der Weißen etwa halbvoll treffen. Wichtig ist auch das richtige Tempo.

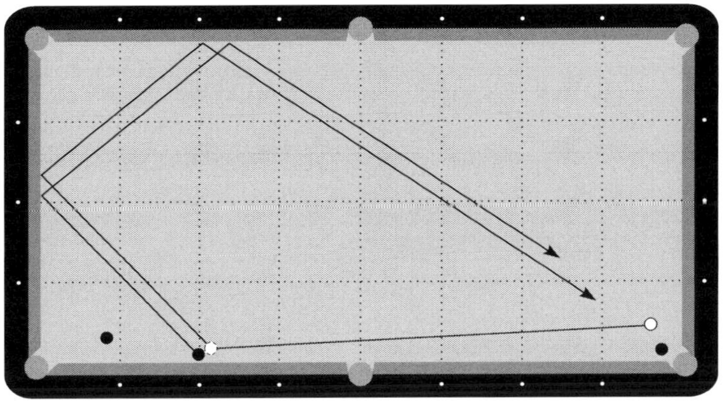

Abbildung 179

Abbildung 179: Eigentlich ist dies genau derselbe Stoß wie beim vorhergehenden Ball. Er hat seine Anwendung hier lediglich über drei Banden.

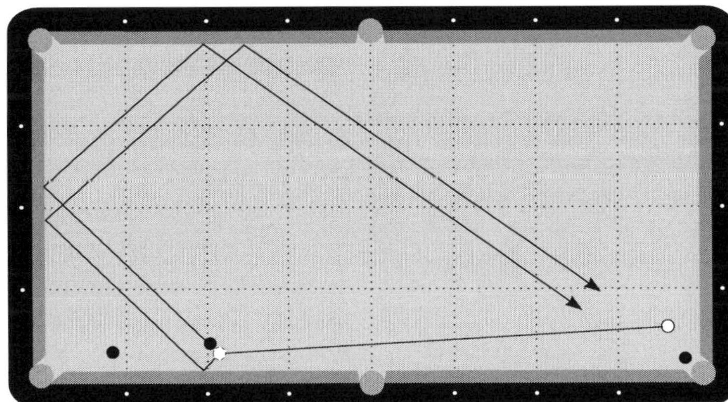

Abbildung 180

Abbildung 180: Weitaus öfter als der vorhergehende Ball kommt diese Version zur Anwendung. Es gibt in der Lage der anzuspielenden Kugel auch weit mehr Toleranz. Die Spielweise ist hier die gleiche wie bei den vorhergehenden.

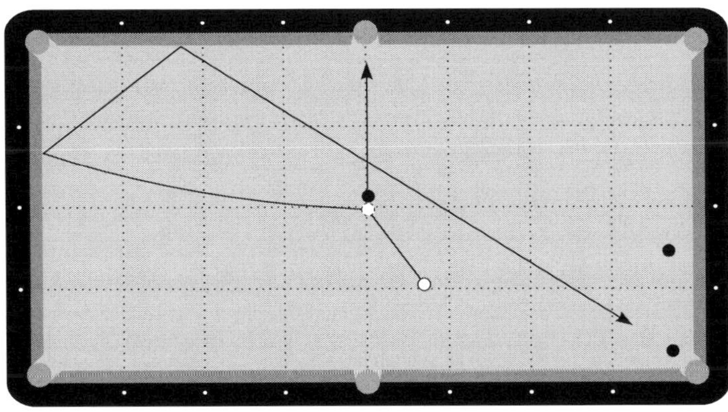

Abbildung 181

Abbildung 181: Mit viel rechtem Effet wird dieser Zweibandenstoß gespielt, der vielfältig angewendet werden kann. Die anzuspielende Kugel muss dabei nicht unbedingt fallen, auch ihre Position kann stark von der angegebenen abweichen.

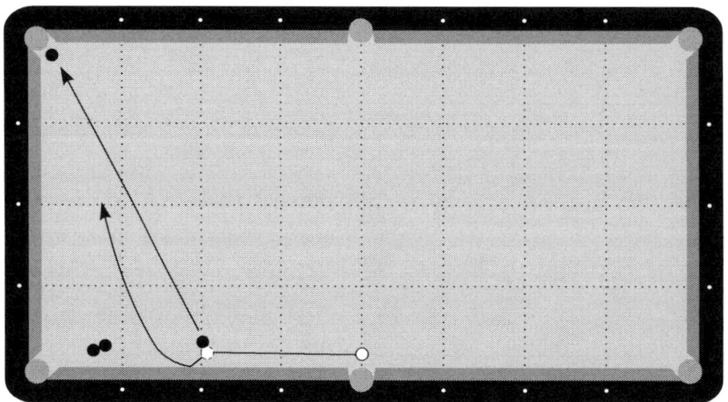

Abbildung 182

Abbildung 182: Der Sinn des hier abgebildetem Stoßes liegt darin, nach dem Versenken des in der Ecktasche befindlichen Balles wieder Position auf den anzuspielenden Ball zu erhalten. Die Weiße ist dabei tief wie ein Rückläufer zu spielen.

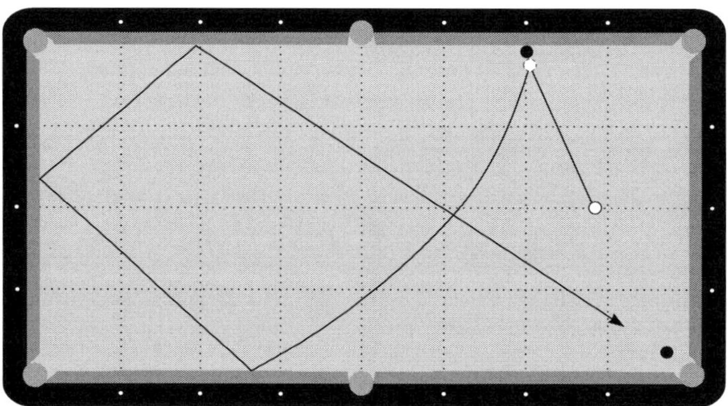

Abbildung 183

Abbildung 183: Als extrem schwierig wird sich dieser hier abgebildete Stoß noch herausstellen. Die Weiße wird relativ voll auf die anzuspielende Kugel gespielt. Der dabei entstehende Double-Kiss soll die Weiße gemäß Abbildung an die lange Bande bringen, um schließlich im Zusammenwirken mit dem hochgespielten rechten Effet die Weiße über drei Banden auf die vor dem Eckloch befindliche Kugel zu bringen. Der Lauf der anzuspielenden Kugel spielt nach dem Double-Kiss kaum eine Rolle. Sie verbleibt aber gewöhnlich im eingezeichneten Kopffeld, bereit, als weiterführende Position zu dienen.

Double-Kiss-Shot

Abbildung 184: Der hier eingezeichnete Stoß ist gar nicht so schwer, wie man vielleicht glauben mag. Dieser Stoß kommt zur Anwendung, wenn die anzuspielende Kugel so nah am örtlichen Eckloch ist, dass ein Bank-Shot eben durch den Double-Kiss verhindert würde. Ebenso muss die Weiße dazu so nah an der kurzen Bande liegen, dass es nicht mehr möglich sein sollte, die anzuspielende Kugel noch direkt zu versenken.

Man spielt dabei die Weiße fast ganz gerade auf die anzuspielende Kugel. Da die Weiße aber nicht gerade, sondern etwas weiter links zurücklaufen soll, muss man die anzuspielende Kugel ebenfalls wenige Millimeter links von deren Mittelpunkt treffen. Somit sollte die Weiße eine im gegenüberliegendem Eckloch befindliche Kugel versenken können. Wichtig ist, dass man nicht zu leicht spielt, denn durch das umgekehrte Drehmoment nach

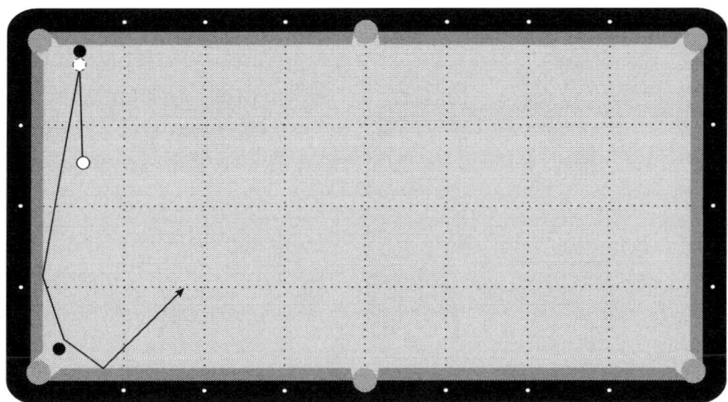

Abbildung 184: Die Weiße wird hier zur Double-Kiss-Shot-Anwendung

dem Double-Kiss bremst die Weiße ihre Geschwindigkeit stark ab. Spielt man die Weiße dabei als Nachläufer an, so erhöht sich damit der Bremseffekt nach dem Double-Kiss. Spielt man die Weiße wie einen Rückläufer, verhindert man Ihn.

Dieser Double-Kiss-Shot ist auch möglich, wenn die anzuspielende Kugel der Bande entlang etwas weiter oben liegt (etwa bis zum mittleren Diamanten der jeweiligen Bande). Er kommt dann allerdings kaum noch in Frage, da sich genügend Alternativen bieten.

Kopf- und Bogenstöße

Wie wir in der Effet-Session schon erfahren haben, beschreibt die Weiße einen Bogen, wenn sie mit Effet gespielt wird und dabei das Queue am Ende leicht angehoben wird. Dieser Bogen ist aber, außer der Bande entlang gespielt, kaum sichtbar. Extremer und damit auch sichtbar wird er durch entsprechendes Anheben des Queueendes. Je steiler also mit dem Queue in die Weiße gegangen wird, um so extremer ist die Wirkung.

Ein weiterer wesentlicher Faktor ist natürlich die Kraft, die dem Stoß mitgegeben wird. Je flacher dabei das Queue gehalten wird, um so mehr wirkt sich die Kraft ausschließlich in Stoßrichtung aus.

Wird das Queue steiler gehalten, so bekommt die Weiße damit zusätzliche Drehmomente, die in anderer Richtung wirken als die Stoßrichtung und somit den Lauf der Weißen maßgeblich beeinflussen können. Ist die Kraft dominant, tritt entsprechend spät die Richtungsänderung ein und umgekehrt. Hält man das Queue nun zunehmend steiler, geht die Kraft immer weniger auf die Stoßrichtung über. Statt dessen wandelt sie sich mehr zum Effet und geht sozusagen in das Drehmoment über.

Spielen wir die Weiße schließlich senkrecht mit dem Queue, von oben gesehen, mit rechtem Effet an, ist eine Stoßrichtung praktisch nicht mehr vorhanden. Die Weiße wird dann zuerst ein kleines Stück nach links laufen, um schließlich schnell eine Richtungsänderung zurück nach rechts vollführen. Spätestens dann spricht man vom reinen Kopfstoß.

Eine Grenze zwischen Bogen- und Kopfstoß ist nicht nachvollziehbar. Amerikanische Spieler benutzen im übrigen die Ausdrücke "Curve- and Massê-Shots" dafür. Die Stöße nun im einzelnen:

Abbildung 185: Bei diesem Stoß ist die Haltung etwa wie in Foto 40 gezeigt. Man zielt dabei etwa auf einen Diamanten rechts bzw. links der Zielkugel. Ziel ist es, die Eckkugel zu versenken, jeweils rechts und links an der Hinderniskugel vorbei.

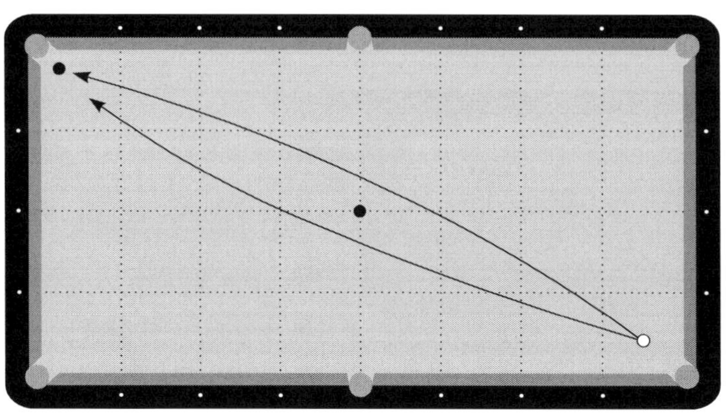

Abbildung 185

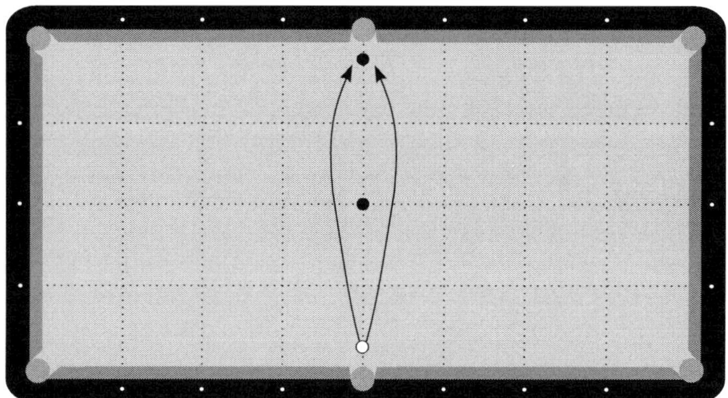

Abbildung 186

Abbildung 186: Das gleiche versuchen wir bei dieser Aufgabe, nur aus einer anderen und etwas kürzeren Position. Das Queue wird dabei noch steiler und der Unterarm dabei etwa waagerecht gehalten.

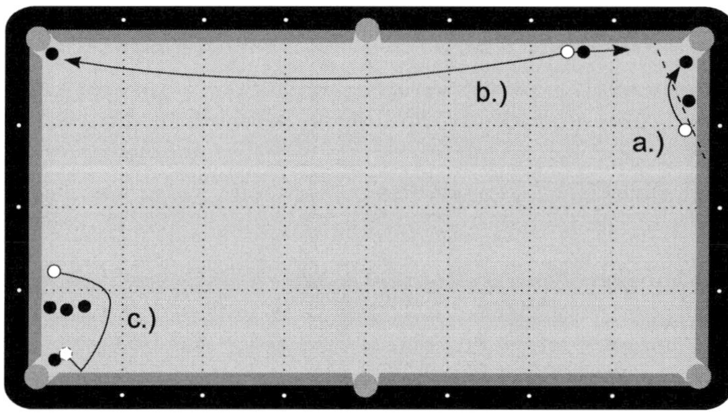

Abbildung 187

Abbildung 187: Bei diesen Stößen halten wir das Queue etwa wie in den Fotos 41, 42 und 43 gezeigt. Kopfstoß A ist mitunter ein kurzer und damit leicht zu spielender Stoß (auf das Stoßtempo bezogen). Kopfstöße B und C verlangen etwas mehr Power.

Foto 40: Bogenstoßhaltung

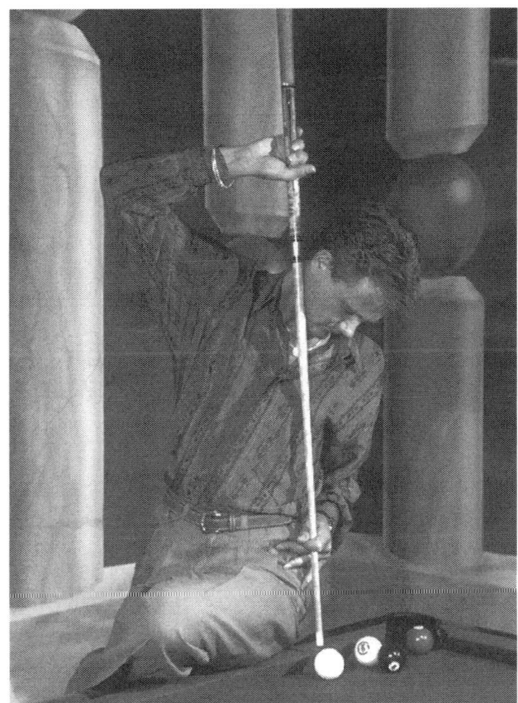

Foto 41: Kopfstoßhaltung mit Bein

Foto 42: Kopfstoßhaltung mit normalem Stand

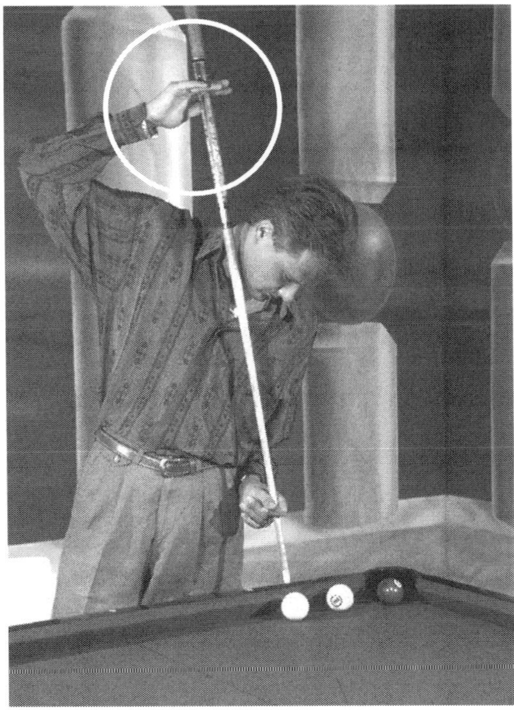

Foto 43: Besonderer Queuegriff für leichte Kopfstöße

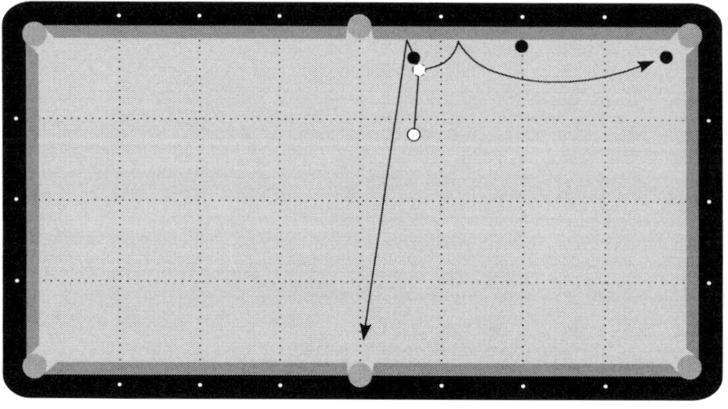

Abbildung 188

Abbildung 188:

Eine andere Form der Bogenstöße (flachgehaltenes Queue) wird hier gezeigt. Auch hier beschreibt die Weiße einen Bogen, jedoch aus ganz anderen Umständen.

Diese Bälle verstehen sich auch als Ergänzung der Nachläuferbögen aus Punkt 4.17. Bei diesem Stoß berührt die Weiße kurz nach der Karambolage die Bande. Da die Weiße dabei hoch angespielt wird, wirkt ihr Drehmoment entgegen ihrer natürlichen Laufrichtung, was wiederum den in der Abbildung eingezeichneten Bogen entstehen lässt.

Spezial-Mittellochbanker

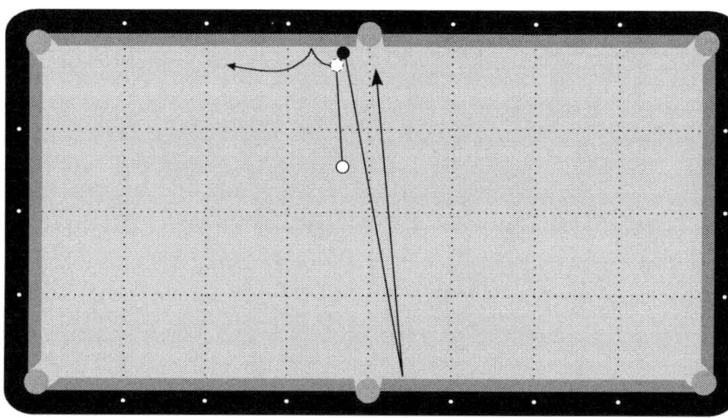

Abbildung 189

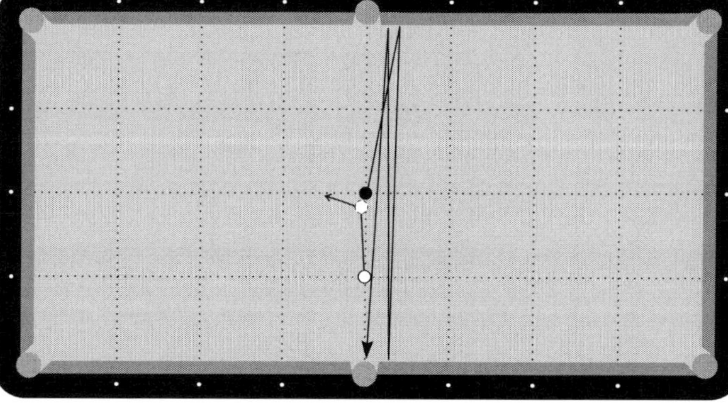

Abbildung 190

Abbildung 189: Dieser Stoß wird sehr kräftig, aber dennoch glatt und durchgehend gespielt, gemäß der Zeichnung mit rechtem Effet.

Abbildung 190: Dieser Stoß ist einer meiner Favoriten. Wenn er erst mal gelungen ist, kann man ihn sogar sehr konstant mehrere Male hintereinander schaffen, gemäß der Abbildung mit rechtem Effet und ausreichender Kraft. Mit diesem Stoß kann man, so man ihn beherrscht, so manche Wette gewinnen, denn wenn man die Kugeln gemäß Abbildung platziert und die zu treffende Kugel über drei Banden in das betreffende Mitteloch ansagt, kann sich der Angesprochene wohl nicht gleich vorstellen, wie dies möglich sein soll.

Bandensprungbälle

Hart an der Grenze zum Kunst- oder Trickstoß sind die folgenden Bälle. Drei davon werden häufig in Trickstoßshows zum besten gegeben.

I. Bank-Jump-Shot

Dieser Stoß (Abbildung 191) dürfte sich als sehr schwierig erweisen. Für gewöhnlich benötigen selbst Könner einige Versuche, bevor er gelingt. Man muss die Weiße dabei knapp über der Mitte ohne Effet anspielen. Das Queue muss dabei leicht von oben kommen (ca. 20°), so dass die Weiße einen kleinen Sprung macht. Dadurch dass die Weiße die zu treffende Kugel damit ebenfalls oberhalb der Mitte trifft, gibt sie ihren Sprung sozusagen weiter. Trifft die zu treffende Kugel auf die Bande, erhöht sich ihr Sprung, so dass sie dabei eine Kugel überspringen und in das gegenüberliegende Mittelloch laufen kann. Dieser Stoß erfordert zu Beginn sehr viel Geduld, man könnte ihn fast als einen nur der Vollständigkeit wegen aufgeführten Stoß bezeichnen. Im praktischen Spiel wird er, wie einige andere kritische Stöße, so gut wie nie angewendet.

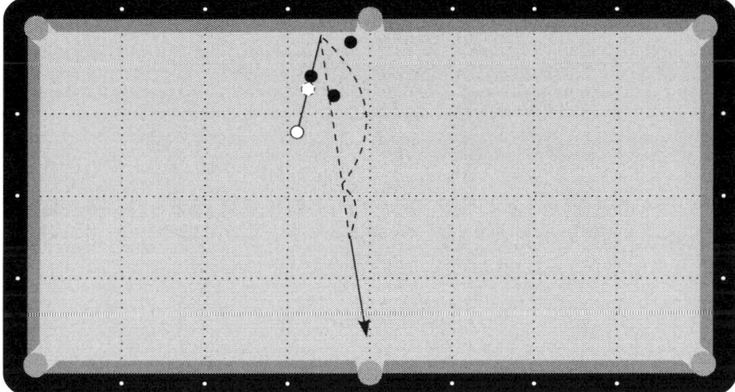

Abbildung 191

II. Jump-Bank-Shots

Dies ist ein Stoß, wie man ihn bereits in einem Werbespot einer bekannten Jeansmarke zu sehen bekam. Das Queue wird mit erhöhter und offener Handbrücke geführt. Die Weiße wird oberhalb der Mitte getroffen und das Queue im weiteren Stoßverlauf nach oben weggezogen. Dieser Bank-Shot ist fast schon ein Trickstoß-Klassiker.

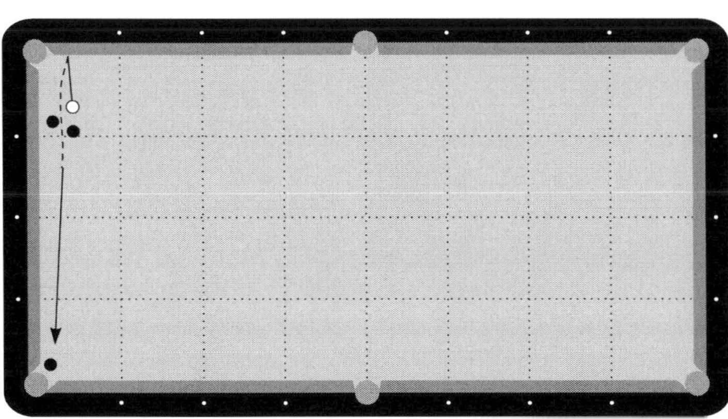

Abbildung 192

III. Bank-under-Jump-Shot:

Bei diesem Stoß wird das Queue ebenfalls mit erhöhter und offener Handbrücke geführt. Die Weiße wird unterhalb der Mitte getroffen. Das Queue soll dennoch leicht von oben kommen. Man spielt die zu treffende Kugel dann so an, wie man sie anspielen müsste, wenn sie als Banker ginge. So als wäre die Weiße gar nicht da. Die Weiße soll dabei fast senkrecht nach oben springen, so dass die zu treffende Kugel praktisch unter ihr durchlaufen kann und in das Eckloch fällt. Natürlich mutet dieser Stoß im ersten Moment etwas realitätsfremd an, jedoch kein geringerer als Earl Strickland soll diesen Stoß in einem Turnierendspiel im entscheidenden letzten Spiel über die lange Bande gespielt haben. Es war ein 9-Ball-Turnier und er spielte diesen Ball mit der Acht, die er auf diese Art versenkte, mit Position auf die Neun, welche ihm Spiel-, Match- und Turniersieg einbrachte.

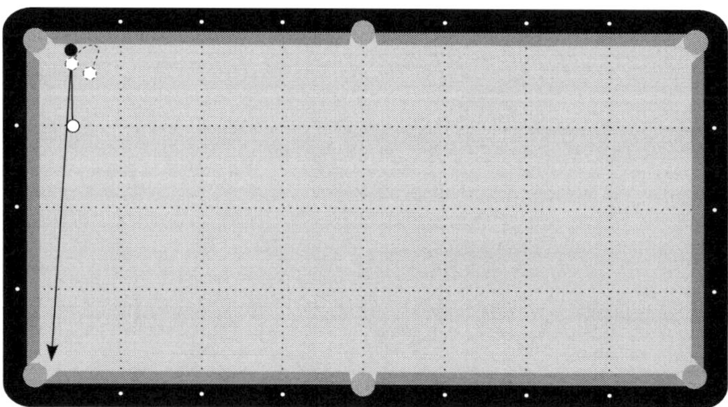

Abbildung 193

IV. Jump-Bank-Shot die Bande entlang

Dieser Stoß ist selbstverständlich kritisch, aber ein eindrucksvoller Ball und die Trefferquote ist nach einigen Probestößen doch sehr hoch. Das Queue wird wieder mit erhöhter und offener Handbrücke geführt. Die Weiße wird etwas oberhalb der Mitte mit - in dieser Abbildung - leichtem linkem Effet getroffen. Das Queue wird dabei leicht von oben her geführt. Man spielt die Weiße also als kleinen Jump mit etwas Winkel gegen die Bande, die Weiße springt dabei über die Kugeln, läuft die Bande entlang und versenkt die im Eckloch befindliche Kugel.

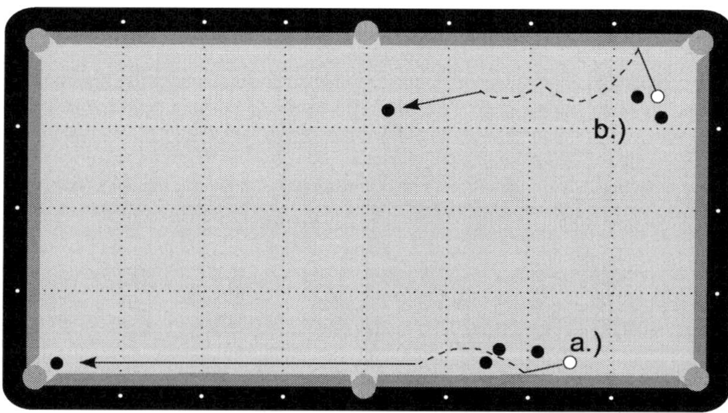

Abbildung 194

Abbildung 195: Der hier vorliegende Ball wird meist verschiedenartig probiert. Manche versuchen, ihn als Banker zu versenken oder direkt mit Effet und leichtem Bogen. Ersteres ist durch Double-Kiss und mangelndem Winkel fast unmöglich und letzteres äußerst schwierig. Abgesehen von fragwürdigen Safe-Versuchen besteht noch die eingezeichnete Möglichkeit. Kurz vor dem Mittelloch mit etwas Laufeffet an die Bande gespielt, hat dieser Ball eine bessere Chance, als es auf den ersten Blick erscheinen mag. Ich habe diesen Stoß von einem amerikanischen Spieler, der in Deutschland bei der Army stationiert war abgeschaut. Er war ein echtes Original, ein Schwarzer mit viel Schmuck, etwa fünfzig Jahre alt, und bei Turnieren pflegte er einen eindrucksvollen Anzug mit Hut zu tragen. Diesen Hut trug er fast ständig und legte ihn nur bei langen Bällen ab. Er war ein brillanter Allround-Spieler, er spielte nicht nur sämtliche Regeln des Pool-Billard, sondern auch Dreiband und Snooker, vornehmlich um viel Geld. Mitte der 80er Jahre hatte er das 8-Ball-Turnier der Swiss Open gewonnen. Es gäbe viel über ihn zu erzählen, leider ist er seit einigen Jahren verschwunden. Dennoch blieb er vielen in guter Erinnerung, sein Name war John Thomas.

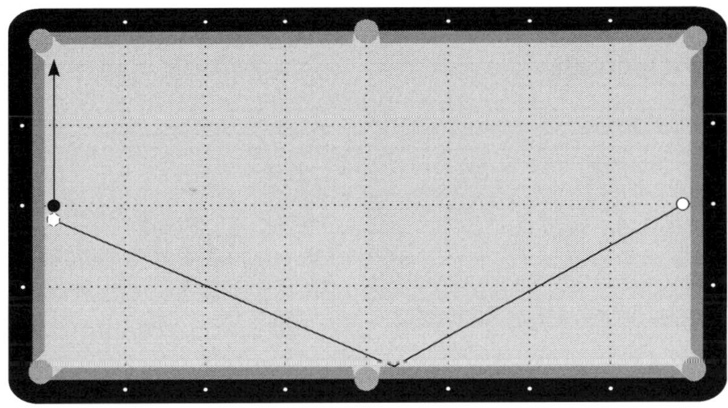

Abbildung 195

Dreiband-Wettstoß

Dies ist ebenfalls ein Stoß, mit dem man so manche Wette gewinnen kann. Man platziert dabei die Kugeln gemäß Abbildung. Die Weiße darf hinter der Kopflinie verlegt werden. Von dort aus soll die Weiße über drei Banden laufen, ohne eine der platzierten Kugeln zu berühren. Außerdem darf man jeweils nur die Bandenhälfte hinter der ersten und vor den nächsten beiden Kugeln benutzen. Dieser Stoß beruht auf dem Prinzip des Rückläuferbogens nach der Bandenberührung. Man muss die Weiße also nur tief als Rückläufer spielen und das Tempo dabei richtig abschätzen - etwa Dreibanden-Speed. Wenn man diesen Stoß jemanden probieren lässt, ohne ihm gesagt zu haben, wie er zu spielen ist, so kann dieser schon mal graue Haare bekommen, bis er dahinterkommt, wie die richtige Spielweise ist.

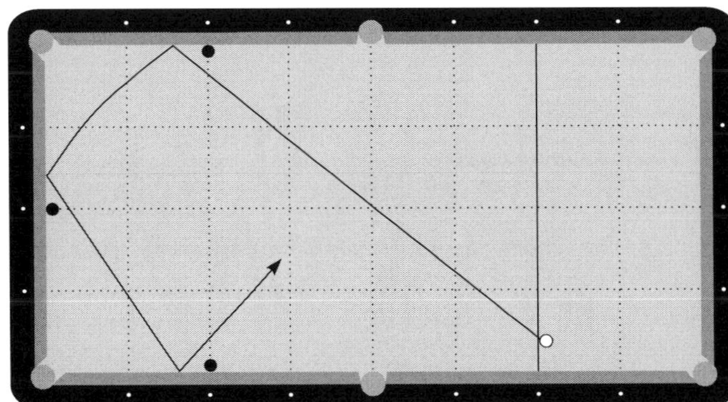

Abbildung 196

Hustler-Shot:

Hier jetzt ein Stoß wie im Film: Dieser Stoß wurde 1961 im Film "The Hustler" gezeigt, in Deutschland besser bekannt unter dem Titel "Haie der Großstadt". Tatsächlich ist dieser Stoß etwas älter und stammt von einem unbekannten Spieler, etwa aus dem Jahre 1918. Das Queue wird dabei mit offener Brücke geführt. Wichtig ist, dass sich das Queueende etwa auf Höhe des zu erreichendem Eckloch befindet. Die Weiße wird hoch angespielt und nur ein wenig rechter Effet wird genügen, der zu treffenden Kugel den richtigen Lauf zu geben. Der Stoß wird hart und durchgehend ausgeführt, das Queue wird nach dem Auftreffen auf die Weiße durch die eigene Flexibilität noch oben ausweichen.

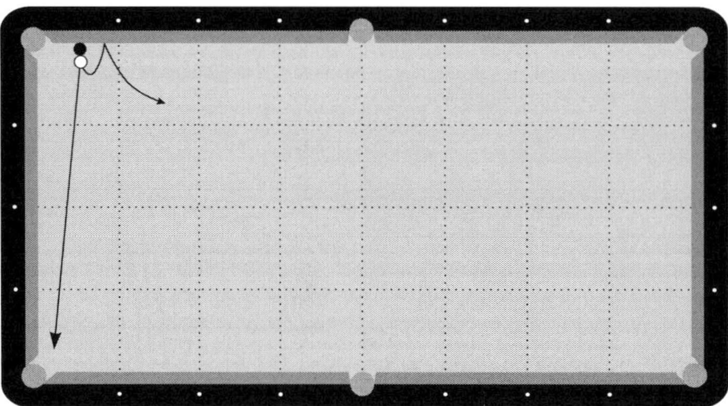

Abbildung 197

Abbildung 198: Der hier aufgeführte Stoß funktioniert durch das Eindrücken der Weißen in die Bande. Dadurch, dass das Queue mit einem gewissen Winkel in die Weiße bzw. Bande geführt wird, verlässt die Weiße die Bande an einer anderen Stelle und trifft die vor ihr liegende Kugel an entsprechend versetzter Stelle. In den aufgeführten Versionen dient die eingezeichnete Anspiellinie der Weißen als Anhaltspunkt dafür, aus welcher Richtung das Queue zu führen ist. Es spielt dabei eine Rolle, ob die Weiße dabei hoch oder tief angespielt wird.

Abbildung 199: Ein ähnlicher Ball wie der vorhergehende ist dieser. In diesem Fall liegt die Kombination allerdings bereits in Richtung des zu treffenden Ecklochs. Würde man die Weiße in der Spielrichtung anspielen, so hätte man es schwer, die Position zu halten, um die wir uns hier bemühen. Also spielen wir sie wie die vorgehenden Bälle zuerst in die Bande. Da die Kombination bereits in Lochrichtung liegt, spielen wir die Weiße gerade und effetfrei. Wir spielen mit offener und stark erhöhter Handbrücke. Es versteht sich, dass die

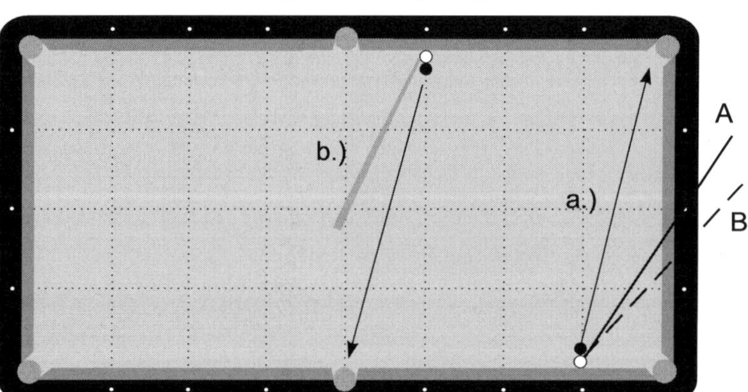

Abbildung 198: (A) Tief gespielt, (B) Hoch gespielt

Weiße hoch angespielt wird und das Queue dabei mit der Handbrücke nach oben weggezogen wird. Durch das auf die Bande zugerichtete Drehmoment wird die Weiße dabei automatisch in Position für die nächste Kugel gehalten.

Peitschenrückläufer:

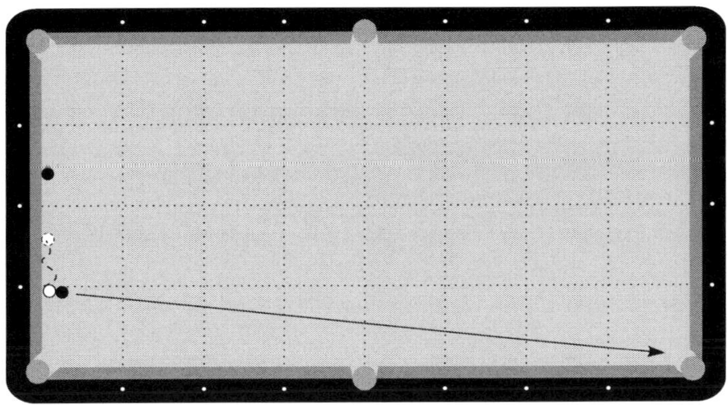

Abbildung 199

Dieser sogenannte Peitschenrückläufer kommt in Betracht, wenn die Weiße und die zu treffende Kugel so nah beieinander liegen, dass ein normaler Rückläufer nicht mehr möglich ist. Die einzige Alternative wäre hier eventuell ein Kopfstoß oder Warp-Shot, je nach zu erreichender Position. Beim Peitschenrückläufer ist die offene Brücke empfehlenswerter, aber nicht Voraussetzung. Am Queueende wird das Queue dabei, entgegen anderer Gewohnheit, äußerst locker gehalten. Die Weiße wird normal tief mit etwas Effet gespielt. Die Tatsache, dass der Peitschenrückläufer ein korrekter Stoß ist und kein Durchstoß, liegt im Abpralleffekt des Queues von der Weißen begründet. Dies klingt zwar ziemlich unwahrscheinlich, aber wenn man das Queue nimmt und es gegen die Wand spielt, in der Art und Weise wie man den Peitschenrückläufer ansetzt, so merkt man, wie das Queue von der Wand abprallt. Auch wenn dies für einige Leute recht lustig anmutet, ist vielleicht vorstellbar, welchen Effekt man bei diesem Stoß erzielen muss, um die Weiße trotz ihrer schlechten Lage ein beträchtliches Stück zurückziehen zu können. Aus dem Obengenannten ergibt sich auch, dass die Verwendung eines leichteren Queues hier von Vorteil ist. Sollte nach einigen Versuchen dieser Stoß nicht gelingen, sollte man ihn nicht weiter versuchen. Es besteht sonst nur unnötig Gefahr, dass man sich seinen Stoß dadurch kaputtmacht. Gelingt der Stoß jedoch recht schnell und gut, so sei es gegönnt, nicht jeder hat das Talent dafür. Da dieser Stoß ohnehin nur schwer zu kontrollieren ist und es Alternativen für ihn gibt, kann man auch getrost auf ihn verzichten.

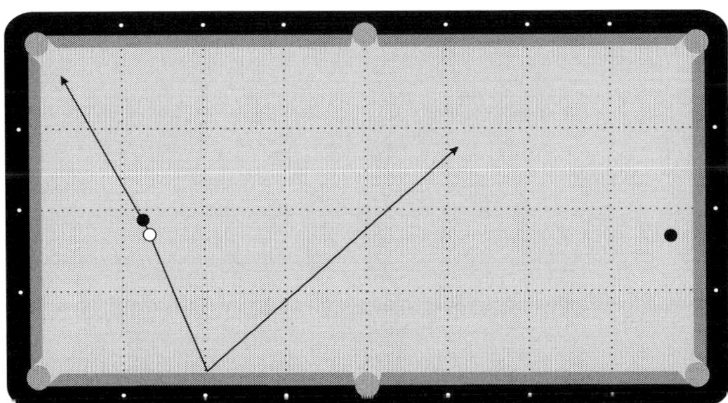

Abbildung 200

Peitschennachläufer

Für den Peitschennachläufer gilt im wesentlichen das gleiche wie für den vorgehenden Peitschenrückläufer. Es ist das gleiche Prinzip, nur wird die Weiße hoch angespielt. Dennoch fällt vielen die Nachläuferversion des Peitschenstoßes weitaus leichter. Mit etwas Effet nimmt die Weiße, sobald sie an die Bande kommt, noch deutlich an Geschwindigkeit zu. Vielfältige Anwendungen sind hier möglich.

Jump-Shot-Session:

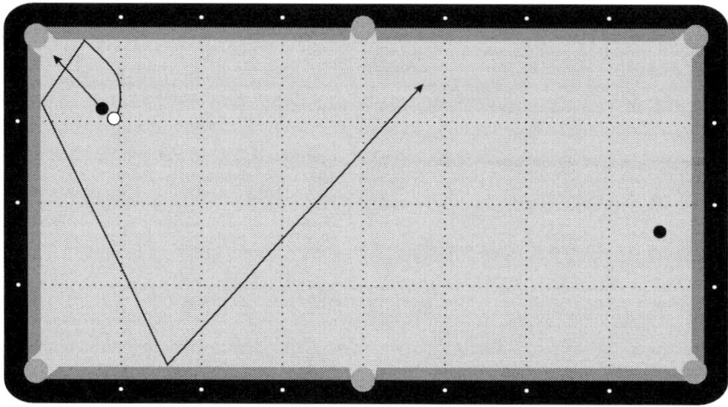

Abbildung 201

In dieser Session stellt es sich als großes Problem dar, diese Art von Stößen in schriftlicher Form zu vermitteln. Die Fotos und Abbildungen der Situation sollen den Ablauf daher verdeutlichen. Zunächst einmal müssen die Bedingungen genannt sein, die erfüllt sein müssen, um einen korrekten Jump-Shot spielen zu können.

Die Hauptbedingung ist schon in der Regel aufgeführt. Man muss die Weiße oberhalb ihres Zentrums anspielen. Sogenannte Heber, wie sie in einigen Kneipen gespielt werden, bei denen die Queuespitze tief an der Weißen angesetzt wird, um selbige regelrecht über eine andere Kugel rüberzuschaufeln, sind absolut regelwidrig. Nicht nur, dass dieser Stoß, sofern man hier von Stoß reden kann, einfacher ist als ein korrekter Jump-Shot, man beschädigt damit auch das Tuch.

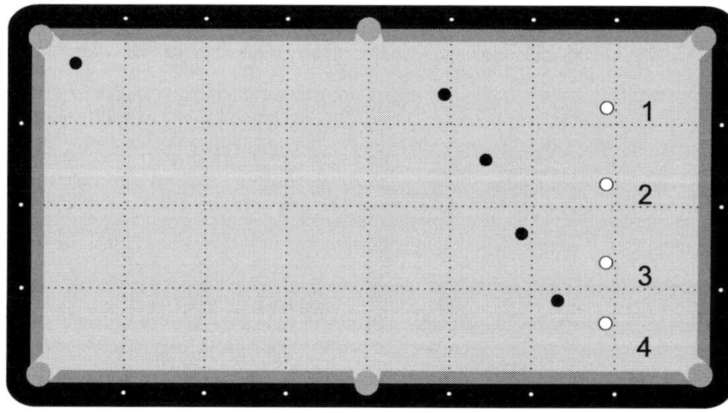

Abbildung 202

Ein regelgerechter Jump-Shot hingegen, oberhalb der Mitte angespielt, stellt an sich schon eine Kunst dar. Jedenfalls, wenn er mit dem ganzen Queue gespielt wird. In den letzten Jahren ist die Benutzung spezieller Jump-Queues jedoch üblich geworden. Solche Queues sind weitaus kürzer als normale Spielqueues, und da bei Jump-Shots das Spielqueue weitaus kürzer (und steiler) gehalten wird als gewöhnlich (meist etwa an der Stelle des Queueschwerpunkts), ist ein kürzeres Queue hier von Vorteil. Es macht sogar Jumps möglich, die mit dem regulären Spielqueue fast nicht mehr machbar wären.

Der Jump selbst kommt zustande, indem die Weiße ihren Kraftimpuls vom Queue von oben bekommt. Dieser Impuls geht vom äußeren Treffpunkt der Weißen durch deren Schwerpunkt auf die Tischplatte. Die von der Tischplatte ausgehende Gegenkraft erwirkt die Resultierende und diese geht in Spielrichtung nach oben weg.

Man darf dabei nicht den Fehler machen und im Stoß das Queue in der Spielrichtung zu weit durchführen. Ein kurzer Impuls genügt also. Als Anfänger ist man gewöhnlich froh, wenn man es schafft, die Weiße in einer Safe-Situation über die im Wege liegende Kugel springen zu lassen, um die zu treffende Kugel dann noch zu berühren.

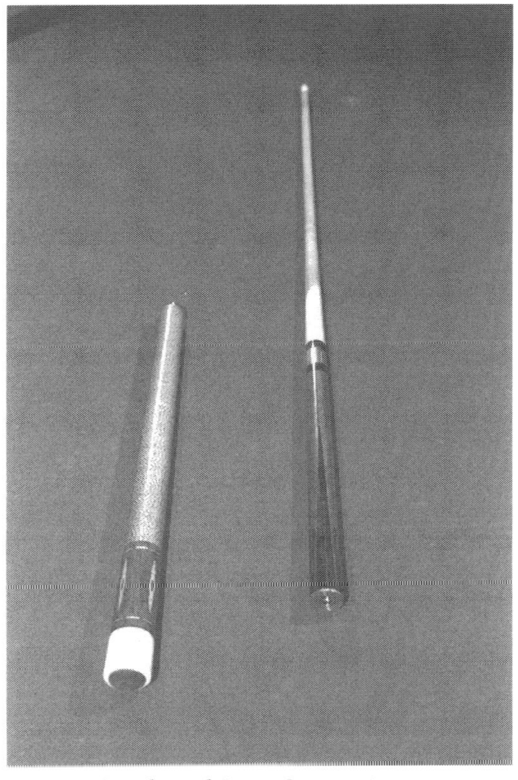

Foto 44: Break- und Jump-Queue mit abgeschraubtem Griffteil

Grundsätzlich jedoch kann man an der Weißen mit der gleichen Stoßtechnik verschiedene Drehmomente erzeugen, die einem eine eventuelle Position oder einen Resafe ermöglichen. Da wäre zum einen das rückläufige Drehmoment (Backspin-Jump-Shot) und zum anderen das nachlaufende Drehmoment (Follow-Jump-Shot).

Backspin-Jump-Shot

Das Queue wird mit offener und hoch aufgerichteter Handbrücke geführt. Beim Schwingen sollte es nicht geradlinig hin- und hergezogen werden, sondern eher von oben nach unten gehen, ähnlich wie beim 9-Ball-Break (siehe Foto 45). Diese Technik, zusammen mit einem etwas steiler geführten Queue als beim Jump-Shot Nachläufer, soll das rückläufige Drehmoment erzeugen. Mit dieser Technik lassen sich Stoppbälle und mit etwas Übung sogar Rückläufer erzeugen, bzw. bei winklig getroffenen Bällen wird ein Weglaufen der Weißen von der Kiss-Shot-Tangente bewirkt.

Zumindest kann man damit ein ungewolltes Nachlaufen der Weißen nach der Karambolage mit der zu treffenden Kugel verhindern. Diese Technik eignet sich auch für relativ nah liegende Kugeln. Vor dem Abstoßen sollte man kurz und schnell schwingen.

Follow-Jump-Shot

Die Queueführung ist hier wie beim Backspin-Jump-Shot erläutert. Beim Schwingen lässt man jedoch hier das Queue mehr geradlinig laufen (Siehe Foto: 46). Beim Stoß hin-

Foto 45: Stand und Haltung beim Backspin-Jump-Shot

gegen muss darauf geachtet werden, dass das Queue praktisch nach oben weggeführt wird. Zusammen mit einem weniger steil gehaltenen Queue soll hier ein nachläufiges Drehmoment erzeugt werden. Mit dieser Technik lassen sich beim entsprechenden Kraftaufwand auch entsprechende Nachläufer erzeugen, bzw. beim Treffen von winkligen Bällen wird ein Kreuzen der Kiss-Shot-Tangente bewirkt. Diese Technik eignet sich nicht für Jumps über nah liegende Bälle.

Jump-Shot Nachtrag

In der vorgegebenen Übungssituation soll es gelingen, die Weiße über den im Weg liegenden Ball springen zu lassen, über jeweils verschiedene Entfernungen den zu treffenden Ball wenigstens einmal zu versenken und jeweils die Weiße dabei einmal nachlaufen zu lassen und einmal zu stoppen oder gar zurückzuziehen.

Situation 3 in der Abbildung 202 ist wohl die ideale Entfernung. Situation 4 ist schon recht kurz. Situation 1 birgt die Gefahr in sich, dass eine Kugel vom Tisch springt, da man sehr fest spielen muß.

Jumps über Kugeln, die weiter als zwei Diamantenlängen entfernt liegen, bedürfen entsprechender Übung und Einschätzungsvermögen. Des öfteren werden für extrem kurze Entfernungen auch noch kürzere Queues verwendet, manchmal sogar nur das Oberteil des Spielqueues. Davon sollte man allerdings absehen, da sich der weitere Richtungs-

Foto 46: Stand und Haltung beim Follow-Jump-Shot

Foto 47: Jump-Shot Haltung an der Bande

verlauf der Weißen nach dem Jump äußerst schwer kontrollieren lässt, abgesehen von der Schwierigkeit des Jumps an sich. Speziell für den Jump-Shot ist die mentale Technik des Visualisierens wichtig. Gerade für Jump-Shots ist ein vorheriges bildhaftes Vorstellen des gesamten gewollten Ablaufs geradezu unverzichtbar.

Warp-Shot:

Der Warp-Shot ist praktisch eine Art Kopfstoß, nur hat er hier einen ganz anderen Anwendungssinn. Wie aus den Abbildungen ersichtlich ist es hier mit konventionellen Mitteln äußerst schwierig, eine vernünftige Position zu erlangen. Wenn man diesen Ball jedoch als Kopfstoß ansetzt und den Treffpunkt an der Weißen beachtet, so kann man sogar sehr leicht die gewünschte Position erreichen. Was das Anzielen der zu treffenden Kugel betrifft, so muss man diese so anzielen, wie man sie aus normaler Haltung mit rechtem Effet (gemäß unserer Situation) anzielen würde. Am besten zielt man den Ball zunächst flach mit rechtem Effet an und richtet dann die Handbrücke und das Queue entsprechend steil auf. Mit einiger Übung kann man diese Bälle sehr sicher mit gewünschter Position versenken.

Es finden sich dann auch weit mehr Anwendungsmöglichkeiten, z.B. bei einem winkligen Ball noch einen Stoppball erzielen zu können, oder auch Möglichkeiten wie in Abbildung 204 und 205 gezeigt.

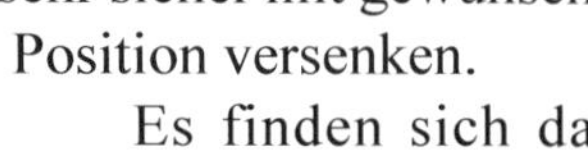

Abbildung 203

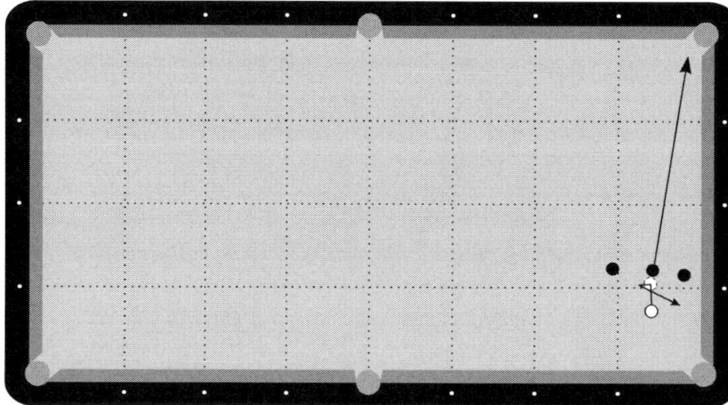

Abbildung 204

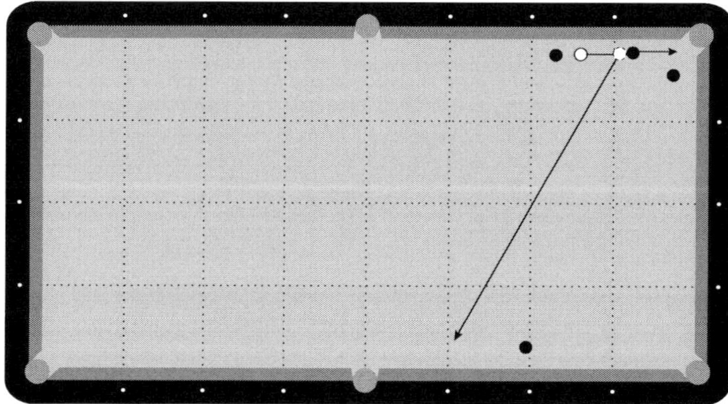

Abbildung 205

Positionsspiel aus der Bande heraus:

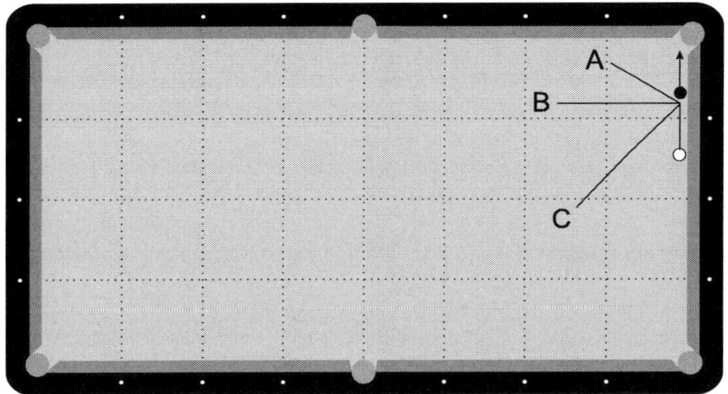

Abbildung 206: (A) Hoch (etwas weniger in die Bande zielen), (B) Mitte, (C) Tief (etwas mehr in die Bande zielen)

Liegt die zu treffende Kugel nahe zum Eckloch und die Weiße nahe an dieser, so ist es noch relativ einfach, fast jede beliebige Position auf dem ganzen Tisch zu erreichen.

Die Möglichkeiten sind hier allerdings stark von der jeweiligen Lochtoleranz abhängig.

Gemäß Abbildung 206 müssten wir mit der Weißen die zu treffende Kugel praktisch etwas weiter rechts anspielen. Die Weiße wird also in die Bande hinein gespielt. Dadurch trifft sie die Kugel effektiv weiter links, es ist also ein Winkel zwischen den beiden Kugeln entstanden, mit dessen Hilfe wir die Weiße weit aus der Bande herausbringen können.

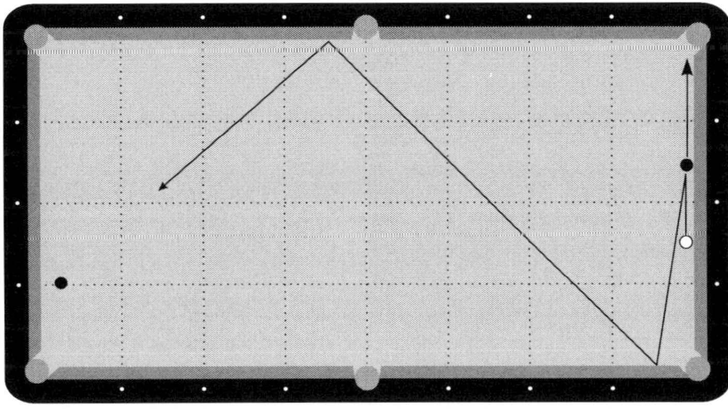

Abbildung 207

Die zu treffende Kugel wird zwar die Bande ein wenig verlassen, aber aufgrund ihrer Nähe zum Eckloch und einer durchschnittlichen Ecklochtoleranz wird sie dennoch fallen. Die Weiße kann in ihrem weiteren Verlauf durch hohes, mittiges oder tiefes Anspielen maßgeblich beeinflusst werden. Die Stoßweise ist hier ähnlich wie beim Druckstoß, wobei zu beachten ist, wenn wir die Weiße tief anspielen, müssen wir etwas mehr in die Bande zielen, als wir es bei hochgespielter Weißen tun müssen. Für diese etwas extreme Lage (siehe Abbildung 207) gilt eigentlich das gleiche wie in der vorher behandelten Situation. Um die verlangte Position zu erlangen, dürfen wir hier nicht allzu tief in die Bande spielen, dennoch müssen wir dabei einen qualitativ sauberen Rückläufer mit viel rechtem Effet hinlegen. Dieser Stoß ist eine Spezialität von Lou "Machine Gun" Boutera (Mitglied der "Hall of Fame").

In **Abbildung 208** hat man die Möglichkeit - wenn es anders nicht geht - die Weiße mit dem Queue etwas von oben kommend mit abbildungsgemäßem rechtem Effet oberhalb der Mitte anzuspielen. Bei einem mittelfesten Stoß wird die Weiße leicht springen, den Ball versenken und im weiteren Verlauf die Bande nicht flach anlaufen, sondern eher

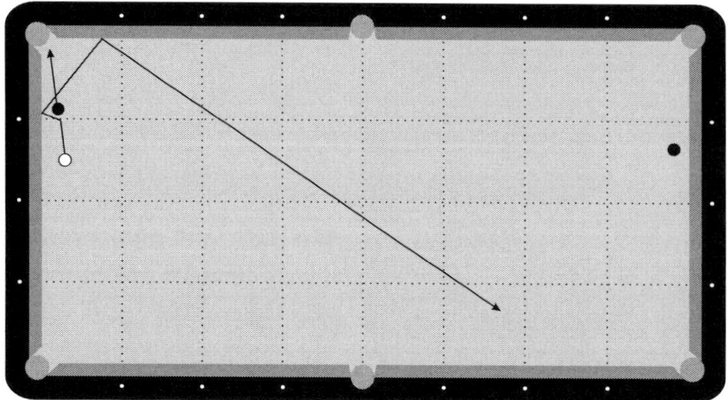

Abbildung 208

anspringen, was ihr zusätzliche Fahrt verleihen wird. Aber Vorsicht, man spielt leicht zu hart und dann kann die Weiße vom Tisch springen.

Andererseits lässt sich diese Spielart einfach auf andere Situationen übertragen, z.B. bei 14.1e-Breakbällen, die etwas zu geradlinig geraten sind. Die Weiße kann dann, auf diese Art gespielt, das Rack nicht nur leicht anlaufen, sondern anspringen, was weitaus mehr Wirkung auf das Rack hat als sonst.

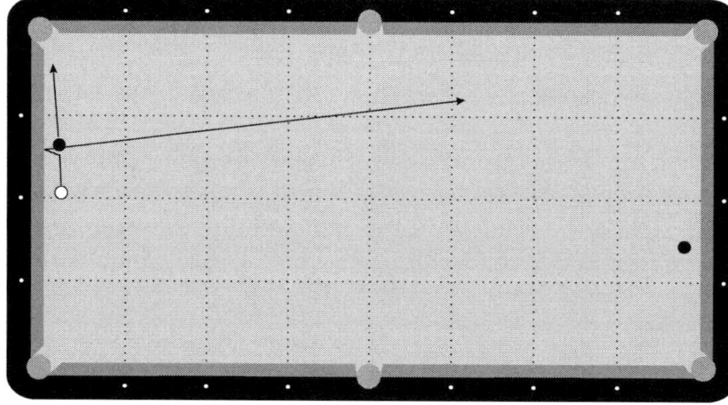

Abbildung 209

Eine ähnliche Situation sieht man in **Abbildung 209**. Dieser Ball hat nur minimalen Winkel, und wenn man diesen Stoß ansetzt wie einen Jump-Shot und diesen dann quasi zu leicht spielt (nicht dass man die Kugel überspringt), wird die Weiße nach der Karambolage auf die Bande springen und gegebenenfalls den ganzen Tisch wieder herunterlaufen. Ein Stoß, der viel Übung bedarf, jedoch wenn diese erst einmal vorhanden ist, lassen sich wirklich verblüffende Resultate erzielen.

Bälle aus dem geschlossenen Dreieck beim 14.1e

Bälle aus dem geschlossenen Dreieck heraus zu spielen, kommt für vernünftige Spieler des 14.1e nie in Betracht. Diese Bälle sind viel zu unsicher, was ihre tatsächliche Trefferquote angeht. Sie sollen deshalb hier also nur der Vollständigkeit wegen aufgeführt werden. Es gibt sicherlich noch mehr Möglichkeiten, eine Kugel aus dem Rack zu versenken als die aufgeführten, aber diese bieten dann noch geringere Erfolgsaussichten, als es die hier erwähnten tun.

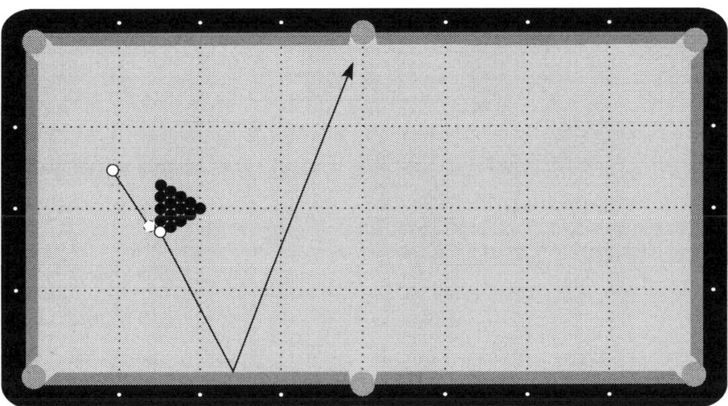

Abbildung 210

Abbildung 210: Der hier abgebildete Ball hat wohl mitunter die besten Erfolgsaussichten. Er wird abbildungsgemäß mit linkem Effet mittelfest gespielt.

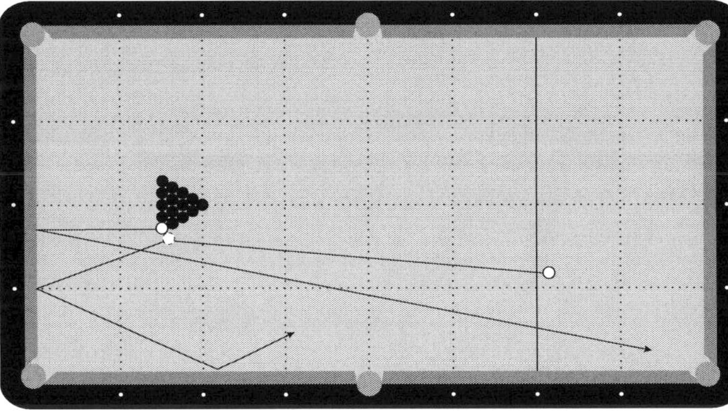

Abbildung 211

Abbildung 211: Dieser Ball diente einigen Spielern bereits als Alternative zum konventionellen 14.1e-Eröffnungsstoß. Er wird abbildungsgemäß mit rechtem Effet gespielt.

Abbildung 212: Dieser Stoß wird sehr fest mit rechtem Effet gespielt.

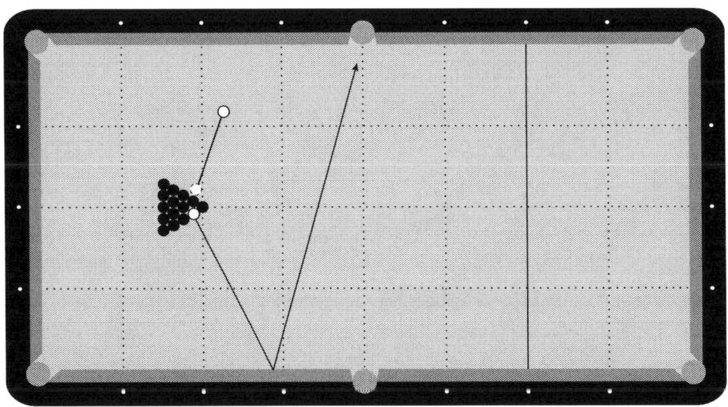

Abbildung 212

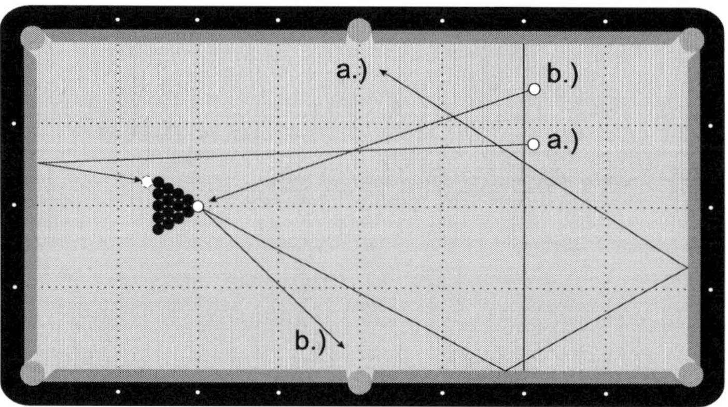

Abbildung 213

Abbildung 213:

a) Dieser Stoß wurde in dem Film "The Baltimore Bullet", in Deutschland besser bekannt unter den Titeln "Der Mann aus Baltimore" oder "Der Abstauber", zum besten gegeben. Der Film wurde mit Omar Sharif und James Coburn in den Hauptrollen 1979 in den USA gedreht. Dieser Stoß diente im Film Nick Casey, alias James Coburn, als Alternative zum 14.1e-Eröffnungsstoß. Ist die hintere Eckkugel des Dreiecks über eine Bande sauber und fest genug getroffen worden, hängt es nur noch von der exakten Lage der Kugeln im Dreieck und der Bandenbeschaffenheit ab, ob der Ball dann doch im Mittelloch landet oder nicht. Die Möglichkeit b) ist eine Methode, die wir schon vom 9-Ball-Break kennen.

Beeinflussen des Kiss-Shots

Zu beachten ist hierzu auch die Rubrik 4.8.1. Zur Beeinflussung des Kiss-Shots sind folgende Möglichkeiten gegeben: Wollen wir erstens, dass die anzuspielende Kugel in ihrem weiteren Verlauf die Kiss-Shot-Tangente kreuzt oder zweitens sich von ihr entfernt?

Für den ersten Fall gelten folgende Regeln.

1. Je voller wir die anzuspielende Kugel treffen, um so mehr Drehmoment wird von der Weißen auf sie übertragen.
2. Je mehr Rücklaufeffet wir der Weißen mitgeben, um so mehr Nachlaufeffet kann die anzuspielende Kugel aufnehmen.

Einfach ausgedrückt hieße das:

Je voller wir die zu treffende Kugel anspielen und je tiefer wir die Weiße anspielen, um so steiler wird die zu treffende Kugel die Kiss-Shot-Tangente kreuzen.

Einige sowohl praktische als auch extreme Anwendungsmöglichkeiten sind in den folgenden Abbildungen 214 und 215 vorgegeben.

Für den zweiten Fall gilt, dass dies eigentlich nicht möglich ist. Lediglich eine Ausnahmesituation wäre hier aufzuführen. Nur wenn hinter der zu treffenden Kugel auch die nötige Masse liegt, kann per Abpralleffekt die Kugel dazu gebracht werden, sich von der Kiss-Shot-Tangente zu entfernen. Der Ball muss dennoch hoch gespielt werden. (Siehe Abbildung 216).

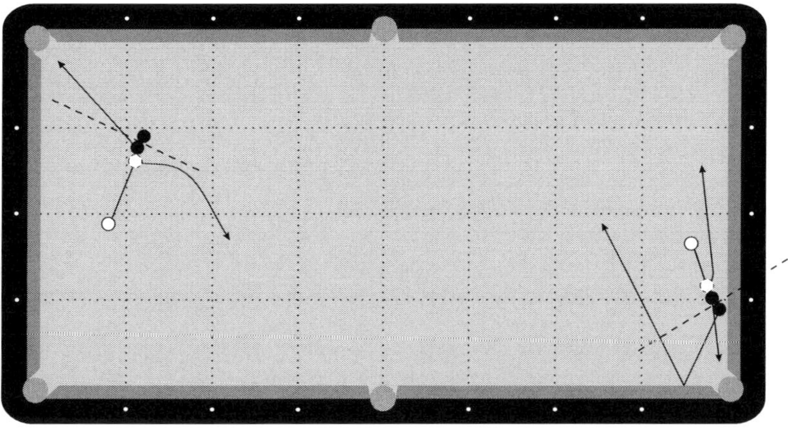

Abbildung 214

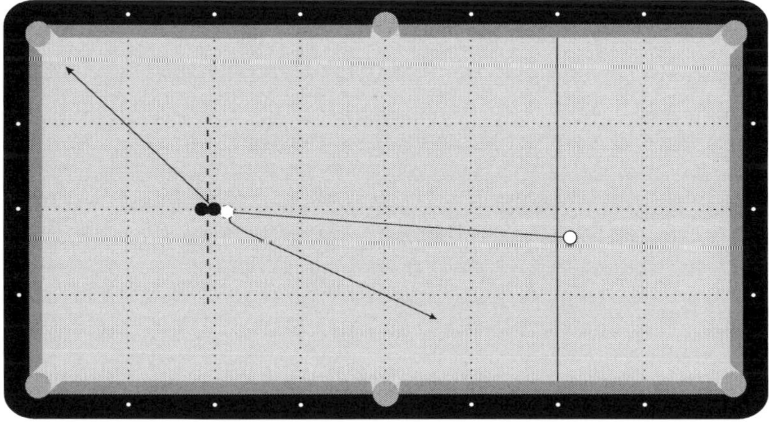

Abbildung 215

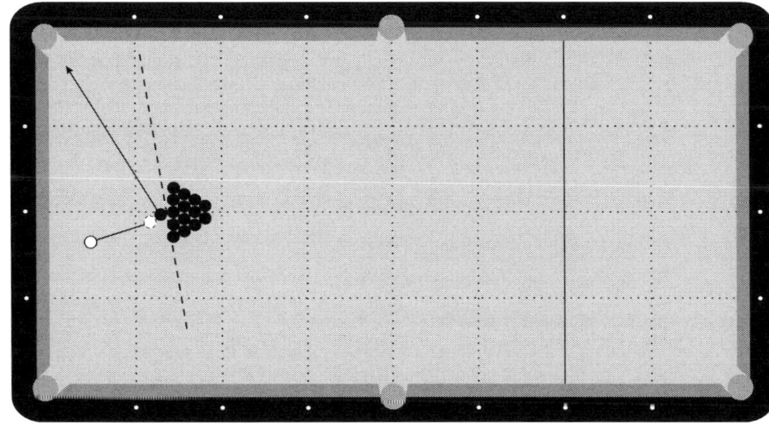

Abbildung 216

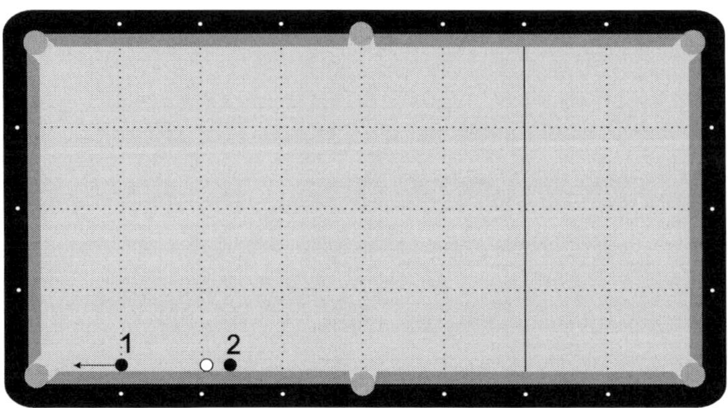

Abbildung 217

Abbildung 217: Hier ein Stoß, mit dem man so manche Wette gewinnen kann. Man platziert die Kugeln gemäß Abbildung press an die Bande. Danach versucht man, mit der Weißen Kugel Nr. 1 einzulochen und die Weiße dabei auf Kugel Nr. 2 zurückzuziehen. Die Weiße muss Kugel Nr. 2 lediglich berühren. Wenn man dies versucht, stellt man fest, dass es nahezu unmöglich ist, dies auszuführen, und dabei sieht es doch wirklich nicht sonderlich schwierig aus. Aber dadurch, dass Kugel Nr. 2 so nah an der Weißen liegt (etwa eine kugelbreit Abstand), muss man die Weiße als gestochenen Ball spielen, um noch Rücklaufeffet zu erzeugen. Wiederum dadurch entsteht zwangsläufig auch ein minimaler Jump. Die Weiße, deren Außenpunkt auf Höhe des Mittelpunktes quasi "unter" der Bandenkante liegt, wird dadurch zwangsläufig aus der Bande herausgetrieben. Somit kann man diese nicht mehr gerade zurückziehen. Lediglich in Form eines Kopfstoßes ist diese Aufgabe zu bewältigen, und dies dürfte sich als recht schwierig erweisen.

Banden-Kiss-Shots anstelle von Kombinationen:

Die abgebildeten Situationen (Abbildung 218 und 219) sprechen eigentlich für sich. Sie stellen eine ausgezeichnete Alternative zur ebenfalls möglichen Kombination dar. Lediglich ein wenig Übung wird hier hervorragende Früchte tragen. Man spielt die Weiße tief an, um der anzuspielenden Kugel noch zusätzlichen Lauf nach der Karambolage mit der anderen Kugel zu verschaffen. Es ist wirklich nicht schwer. Speziell im 8-Ball, wenn die gegnerische Kugel blockiert, finden diese Banden-Kiss-Shots ihre Anwendung.

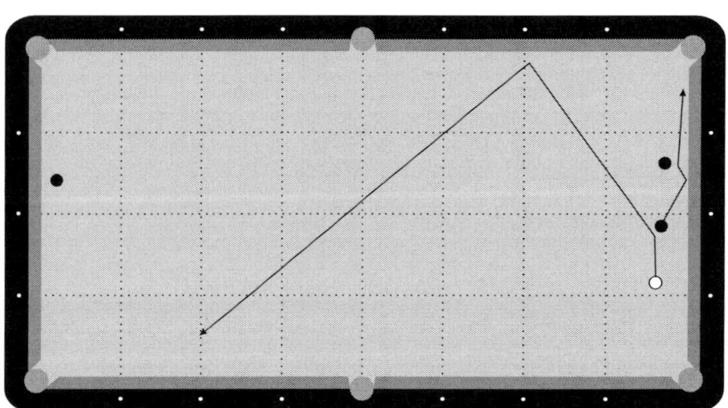

Abbildung 218

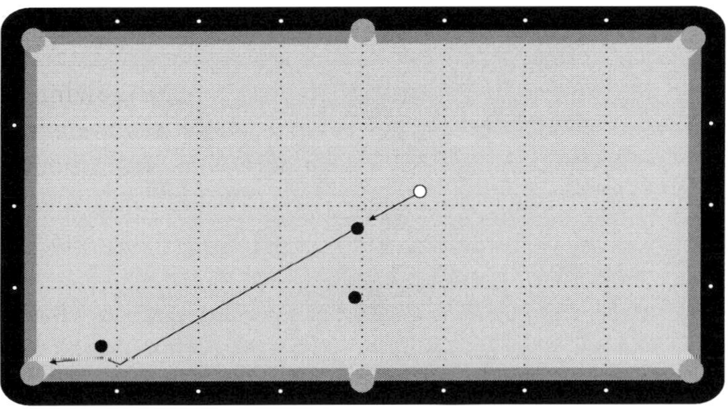

Abbildung 219

Press-Shots:

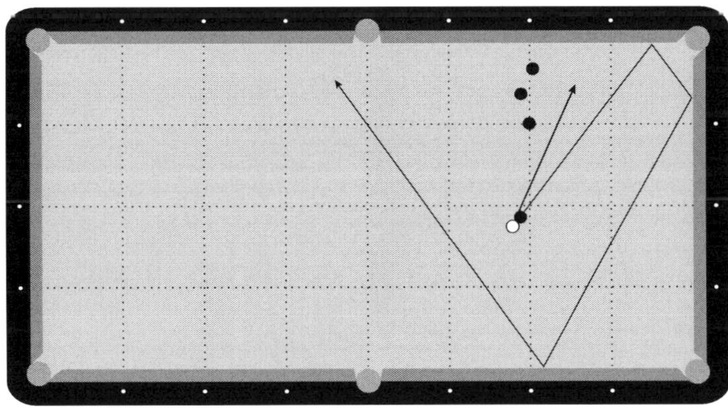

Abbildung 220

Im ersten Beispiel (Abbildung 220) kann man, indem man die Weiße kurz und tief anspielt, selbige hinter den eingezeichneten drei Kugeln halten, während die anzuspielende Kugel über drei Banden weiterläuft. Das Queue wird dabei flach gehalten.

Exkurs: Schiedsrichter und Regeln in den USA und Europa

In Europa würde man hier gerne von einem Durchstoß sprechen. In Amerika hingegen sind solche Stöße absolut legitim. In Europa ist die Situation auch die, dass deutsche "Regelmacher" die Durchstoßdefinition einfach vom Karambolagespiel übernommen haben, ohne darüber nachzudenken, ob diese Regelung für Pool-Billard überhaupt nötig ist bzw. einen Sinn hat.

Für die Amerikaner ist das ganz klar, solche Bälle bereichern das Spiel, sind ebenfalls schwierig zu spielen und legitim. In Europa sind Schiedsrichter oftmals damit beschäftigt zu entscheiden, ob ein Spieler nun einen Durchstoß begangen hat oder nicht. Für amerikanische Schiedsrichter stellen sich diese Probleme gar nicht.

Und es gibt noch eine weitere Regeldifferenz zwischen Europa und den USA. In den USA gilt es z.B. seit jeher als Versehen, wenn ein Spieler eine Kugel mit der Hand oder dem Hemd unwissentlich verschiebt oder auch nur touchiert. In einem solchen Fall hat der gegnerische Spieler das Recht zu entscheiden, ob die berührte Kugel an ihren Ausgangspunkt zurückgelegt wird oder dort liegenbleibt, wo sie gerade liegt. Aber der Spieler, der touchiert hat, bleibt weiterhin aufnahmeberechtigt! Da der Gegner jedoch das Recht hat zu entscheiden, wie die Sache liegenbleibt, kann jegliche absichtliche Manipulation vom ausführenden Spieler vermieden werden. In Europa hingegen gilt jedes Berühren einer Kugel außer mit dem Queueleder als Foul, auch mit Hemd, Gürtel oder Armkettchen. Auch dies ist eine vom Karambolagespiel übernommene Regelung.

Somit sind vielerorts Schiedsrichter nötig, die meist darauf zu achten haben, ob nun ein Spieler z.B. mit dem Hemd eine Kugel auch nur leicht berührt hat oder nicht. In Amerika hingegen kommt man auch bei größeren Turnieren meist ohne Schiedsrichter aus.

Im zweiten Beispiel (Abbildung 221) liegt die Kombination direkt auf die Tasche zu. Die Position zu der anderen eingezeichneten Kugel erweist sich jedoch als schwierig. Man spielt diese Kombination gemäß Zeichnung mit etwas rechtem Effet und beachtet dabei, dass die Kombination von links kommend angesetzt wird. Die Weiße sollte dann den eingezeichneten Verlauf nehmen. - eine interessante Alternative jedenfalls zu herkömmlichen Möglichkeiten.

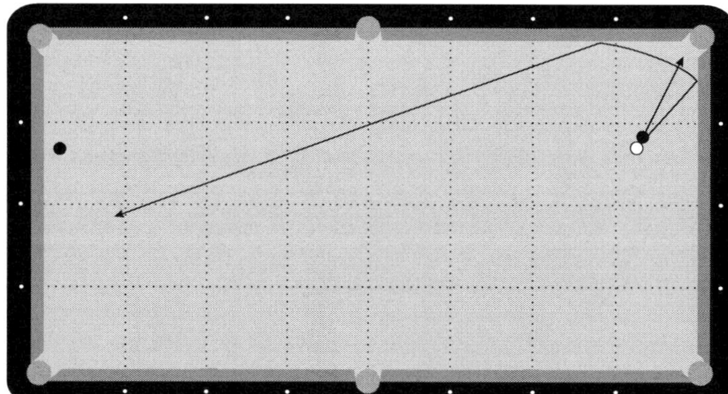

Abbildung 221

Weitere Stöße

Abbildung 222: Hier ein Ball, bei dem man sehen kann, ob man bei der Effet-Session aufgepasst hat. Beide Kugeln liegen gemäß Abbildung press an der Bande. Wenn die Weiße jetzt möglichst gerade und ohne Effet die Bande entlang gespielt wird, so schätze ich die Chance ca. 50:50, dass die Kugel an der Mittellochkante hängenbleibt.

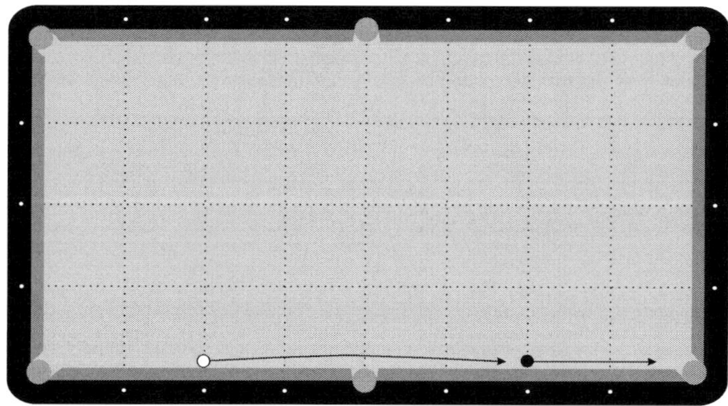

Abbildung 222

Eine bessere Möglichkeit wäre, geringfügig mit der Weißen in die Bande zu zielen, abbildungsgemäß rechten Effet zu geben und das Queue dabei leicht erhöht zu führen, also von oben kommend.

Der Effet bringt die Weiße zunächst einmal aus der Bande heraus, durch das leicht von oben geführte Queue läuft diese jedoch wieder in die Bande hinein, aber erst nachdem sie die Mittellochkante umlaufen hat. Sie läuft dann weiter die Bande entlang und versenkt schließlich die zu treffende Kugel. Dieser Stoß darf nicht zu hart ausgeführt werden.

Abbildung 223: Man legt die zu treffende Kugel so an die Mittellochkante, dass sie zwar sehr knapp, aber eigentlich direkt nicht mehr zu versenken wäre. Wenn man die Weiße in gerader Linie mit der zu treffenden Kugel in Richtung Mittelloch legt, sollte es dennoch möglich sein, die zu treffende Kugel zu versenken. Indem man gerade und recht fest auf die zu treffende Kugel spielt, drückt diese die Bandenecke so weit durch, dass sie eben doch noch fällt.

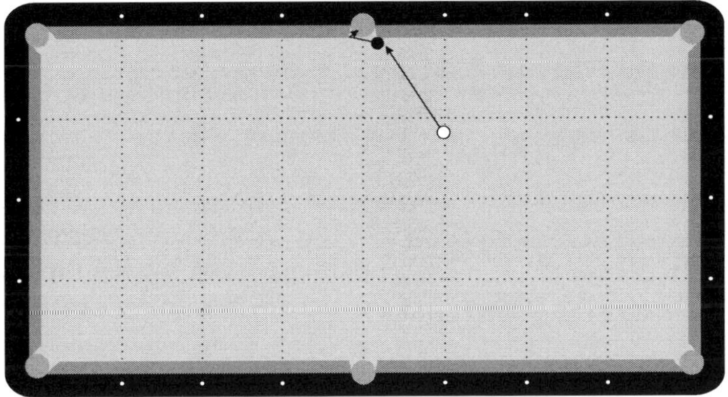

Abbildung 223

Liegen die Kugeln gemäß **Abbildung 224**, so ist die zu treffende Kugel durchaus noch direkt in das nebenliegende Eckloch zu versenken. Man muss dazu den schon behandelten Effet-Bogen bei langen Bällen entsprechend bewusste einsetzen.

Man spielt dazu die Weiße mit rechtem Effet, führt das Queue an dessen Ende leicht erhöht und verstärkt im Stoß den Effet durch leichtes Nach-Rechts-Ziehen des Queues (siehe auch Effet Session).

Zielpunkt wäre etwa eine kugelbreit links von der zu treffenden Kugel. Der entstehende Bogen sorgt dafür, dass die zu treffende Kugel dennoch dünn genug links außen getroffen werden kann, um sie noch zu versenken.

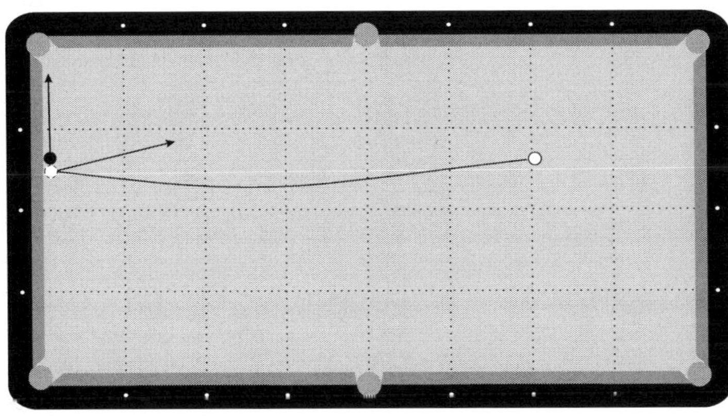

Abbildung 224

Man hat sogar etwas Toleranz, was das Treffen anbelangt. Trifft man nämlich etwas zu weit links, also zuerst die Bande, so sorgt der Effet dafür, dass die Weiße beim Verlassen der Bande - die sie leicht eingedrückt hat - die zu treffende Kugel noch von hinten trifft und versenkt.

Eine weitere **Abbildung 225** zeigt eine kleine Übung dieser Bälle mit steigendem Schwierigkeitsgrad. So kann man sich mit diesen immer wieder vorkommenden Bällen vertraut machen. Es wäre hervorragend, wenn alle drei Bälle hintereinander versenken werden könnten.

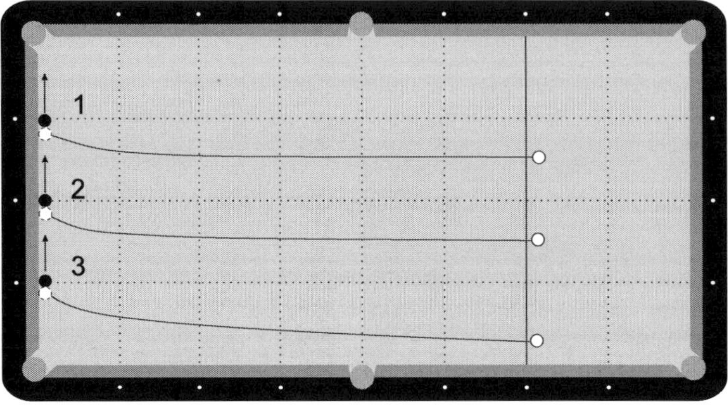

Abbildung 225

Abbildung 226: Hier eine Art von "Stroke-Shot", was heißen soll, dass man schon einen Qualitätsstoß benötigt, um den geforderten Lauf der Weißen zu erreichen.

Man platziert die Kugeln gemäß Abbildung, zwei kugelbreit von den angegebenen Diamanten. Von dort aus versucht man, die zu treffende Kugel zu versenken und die Weiße, hoch mit extrem rechtem Effet gespielt, über die kurze Bande doch wieder an die nebenliegende lange Bande zu bringen. Auf einem frisch bezogenen Tisch ist dieser Stoß nur schwer machbar.

Dies ist ein Stoß, der zwar selten in dieser Form vorkommt, aber dennoch eine Herausforderung ist. Ich habe diesen aufgeschnappt, als ein in Deutschland stationierter Soldat und Pool-Spieler Namens Chin Chance diesen Stoß einmal sehr engagiert probierte, bis er schließlich gelang.

Abbildung 227: Zu diesem Stoß gibt es zwar einige Alternativen, aber eine recht elegante Lösung wäre die vorliegende.

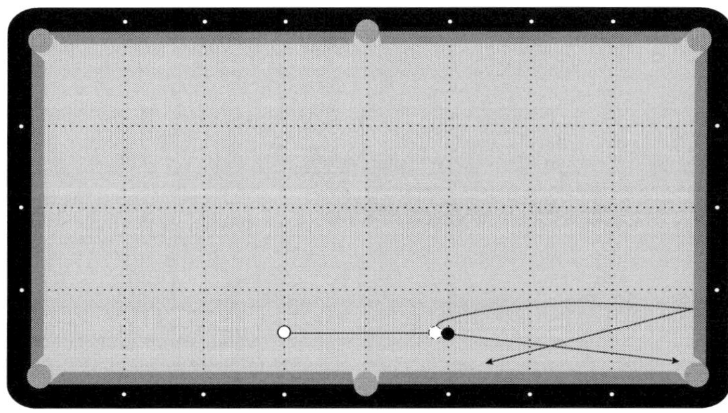

Abbildung 226

Die zu treffende Kugel wird normal angezielt. Das Queue wird mit offener Handbrücke und leicht erhöht geführt. Die Weiße wird oberhalb der Mitte angespielt. Durch diese Anspielweise macht die Weiße einen kleinen Jump.

Die zu treffende Kugel wird versenkt, die Weiße springt an die obere Taschenkante des Mittellochs, prallt von dieser wieder ab und landet entgegen anderer Erwartung wieder auf dem Tisch.

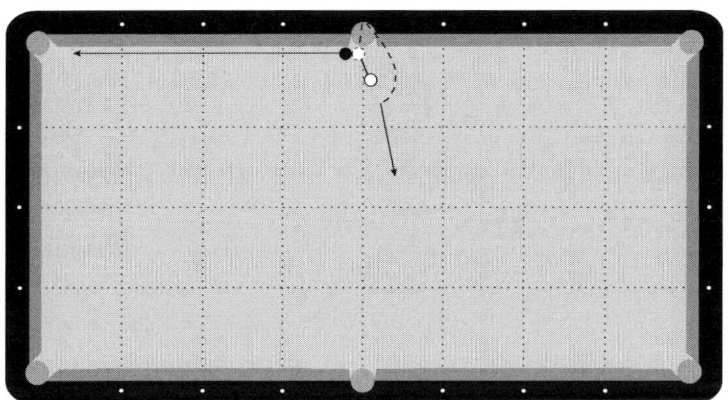

Abbildung 227: Achtung: Die anzuspielende Kugel darf nicht preß liegen

Abbildung 228: Ein Fünfbandenstoß soll hier nicht fehlen. Hier eine Situation, zu der es sogar kaum eine Alternative gibt. Die Weiße wird dabei fest mit linkem Laufeffet gespielt. Ein Stoß, der mir erstmals von der amerikanischen Profispielerin Cathy Vanover in Dallas vorgeführt wurde.

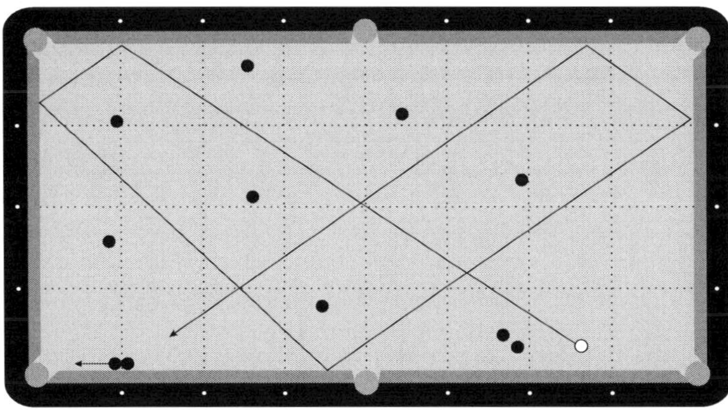

Abbildung 228

Abbildungen 229 bis 232: Wenn man die kommentierten Abbildungen studiert, wird man erkennen, um was es sich hier handelt. Es geht um die Frage: Was macht oder wohin läuft die Weiße, wenn sie press an einer Kugel liegt und wir in die Richtungshälfte der pressliegenden Kugel spielen?

Vom Lagepunkt der Kombination (Abb. 229) zur gewünschten Position der Weißen (eine eventuell vor dem Eckloch befindliche Kugel) ergibt sich die Spielrichtungsseite.

Nun hängt es lediglich davon ab, ob die Kugelkombination mehr auf die gewünschte Position der Weißen hin zeigt (positiver Winkelbereich) oder eben mehr von selbiger weg (negativer Winkelbereich).

Liegen wir im positiven Winkelbereich, so müssen wir die Spielrichtungsseite lediglich halbieren (plus der kleinen Korrektur von etwa einer halben Kugelstärke zurück, resultierend aus dem Bandensprung, schließlich befinden sich am Eckloch eben zwei Diamanten) und mit der Weißen auf den so ermittelten Punkt spielen.

Für den negativen Winkelbereich müssen wir die Spielrichtungsseite in vier gleiche Teile teilen, und somit finden wir drei Viertel der Spielrichtungsseite vom Lagepunkt aus auch hier unseren Zielpunkt (unter Berücksichtigung einer halben Kugelstärke Korrektur) vor.

Die Abbildungen 231 und 232 zeigen noch Anwendungsbeispiele aus anderer Perspektive. Zu beachten sind die aufgeführten Bedingungen auch hinsichtlich des Stoßes.

Dieser Ball wurde übrigens noch nie zuvor auf diese Art praktisch ausgerechnet. Die Anwendungsmöglichkeiten gehen über das hier Aufgeführte weit hinaus. Die Berechnung plus Beweisführung lieferte mir Tobias Kim, der abgesehen von anderen Fächern in anderen Ländern auch Mathematik und Physik an der Uni Heidelberg studierte.

Rückläuferbogen im Bandensystem:

Dieses System geht auf Grady Mathews zurück, der es auf einem Lehrvideo eindrucksvoll vorführte.

Die Ausgangssituation ist dieselbe wie in Abbildung 233. Wenn man von dieser Situation ausgeht, so hat man nicht immer die Möglichkeit, die Weiße an den mittleren Diamanten zu spielen. Manchmal versperren Kugeln gerade diesen Weg. Doch auch wenn dieser gewöhnliche Weg frei ist, ist der jetzt beschriebene Weg zu empfehlen. Vorausgesetzt, man macht sich mit diesem System und Stoß entsprechend vertraut.

Man spielt, von dieser Situation ausgehend, die Weiße mit Rücklaufeffet in Richtung des ersten Diamanten. Wenn die Weiße entsprechend nahe der Bande ist, hebt man

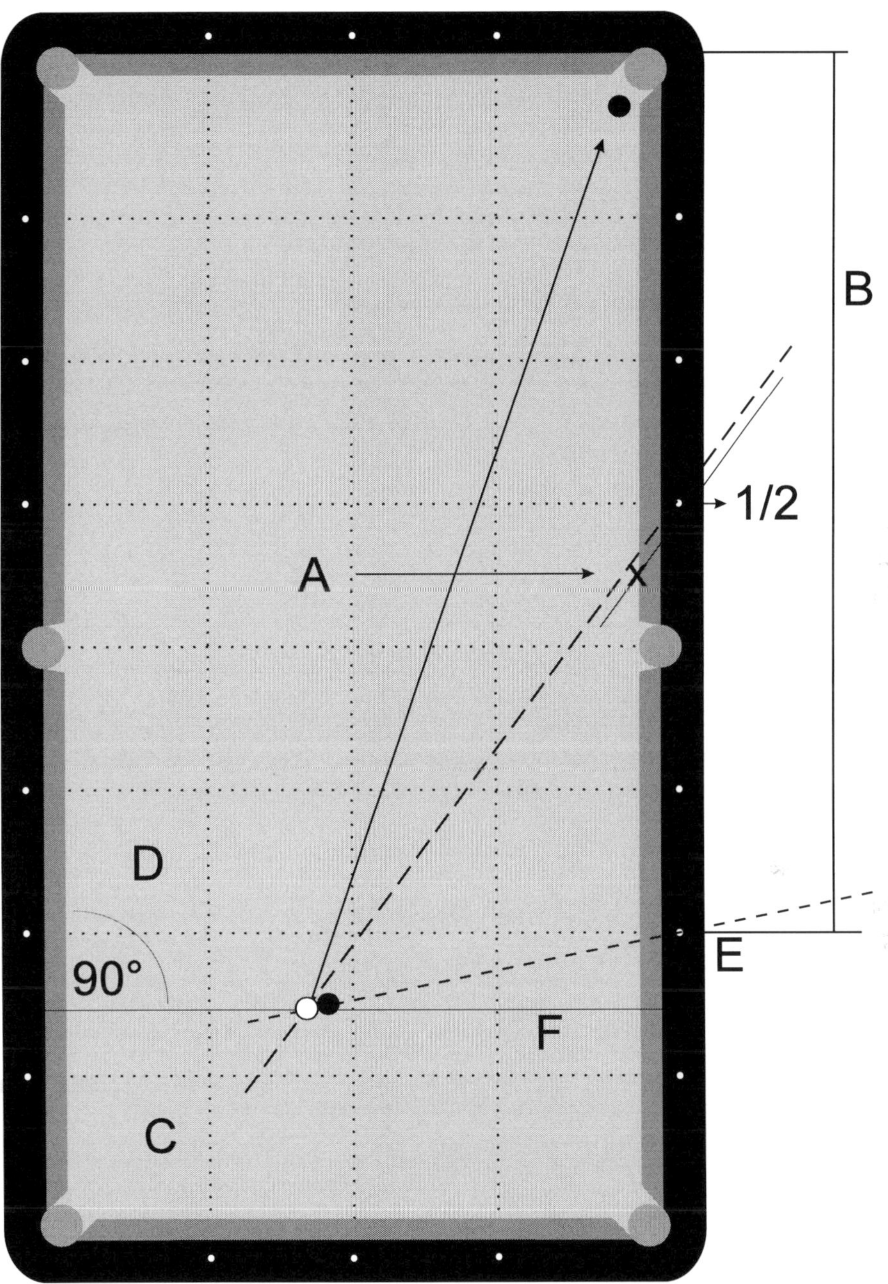

Abbildung 229: Bedingungen: -preßliegende Kugeln, - geschmeidiger, durchgehender Stoß, - Lagepunkt im positiven Winkelbereich, (A) Zielpunkt unter Berücksichtigung 1/2 kugelbreit Korrektur zurück, (B) Spielrichtungsseite sechs Diamanten, (C) negativer Winkelbereich, (D) positiver Winkelbereich, (E) Lagepunkt, (F) Trennlinie der Winkelbereiche

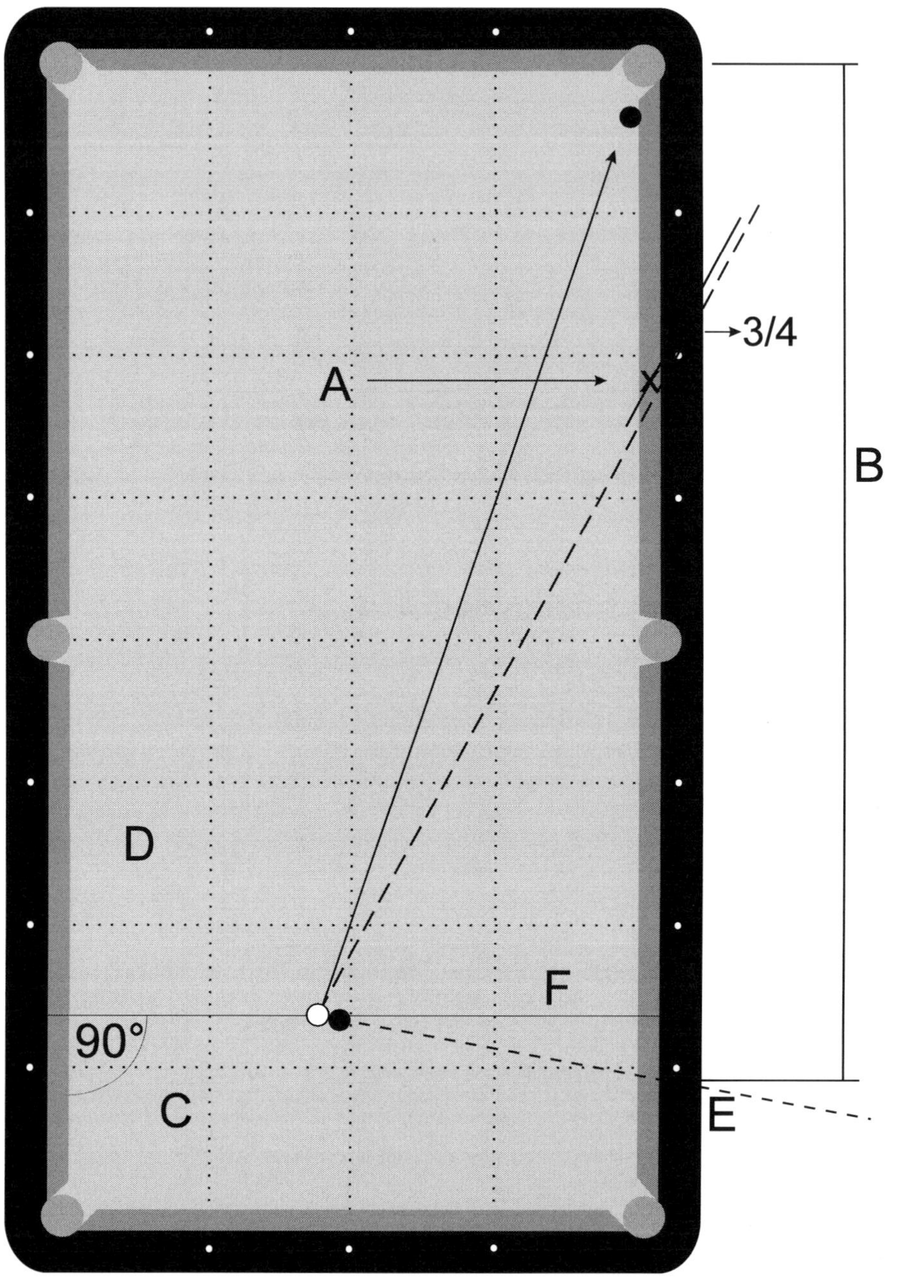

Abbildung 230: Bedingungen: - preßliegende Kugeln, - geschmeidiger,durchgehender Stoß, - Lagepunkt im negativen Winkelbereich, (A) Zielpunkt unter Berücksichtigung 1/2 kugelbreit Korrektur vor, (B) Spielrichtungsseite sieben Diamanten, (C) negativer Winkelbereich,(D) positiver Winkelbereich, (E) Lagepunkt, (F) Trennlinie der Winkelbereiche

Liegt der Lagepunkt im negativen Winkelbereich, so ist der Zielpunkt nicht 1/2, sondern 3/4 vom Lagepunkt ausgehend entfernt. In unserem Beispiel 5,25 Diamanten.

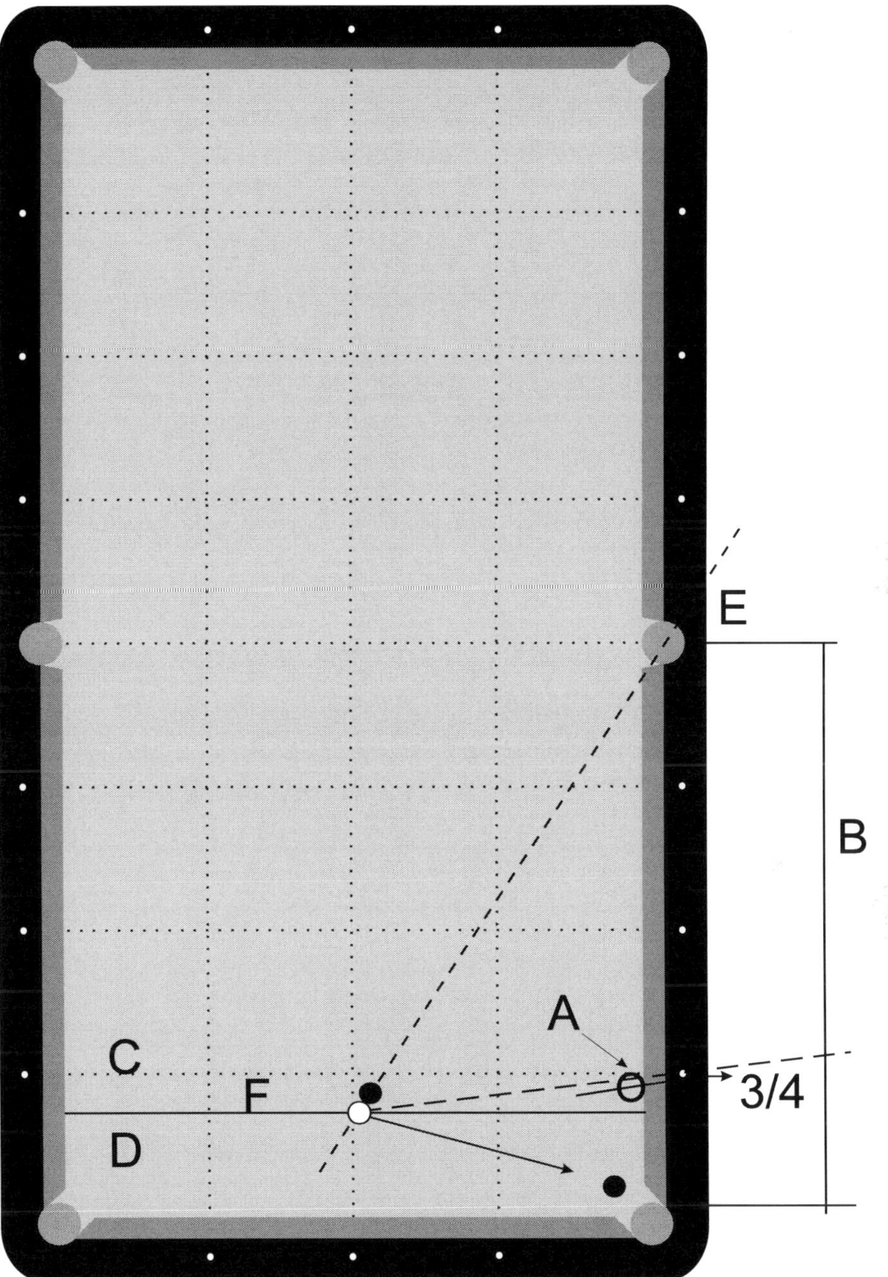

Abbildung 231: Bedingungen: - preßliegende Kugeln, - geschmeidiger,durchgehender Stoß, - Lagepunkt im negativen Winkelbereich. (A) Zielpunkt unter Berücksichtigung 1/2 kugelbreit Korrektur vor, (B) Spielrichtungsseite vier Diamanten, (C) negativer Winkelbereich, (D) positiver Winkelbereich, (E) Lagepunkt, (F) Trennlinie der Winkelbereiche

Der negative oder positive Winkelbereich definiert sich durch die Lage der Kombination: Zeigt die Kombination mehr von der Treffkugel weg, ist der Lagepunkt im negativen Bereich. Zeigt sie mehr in Richtung der Treffkugel, ist der Lagepunkt im positiven Bereich.

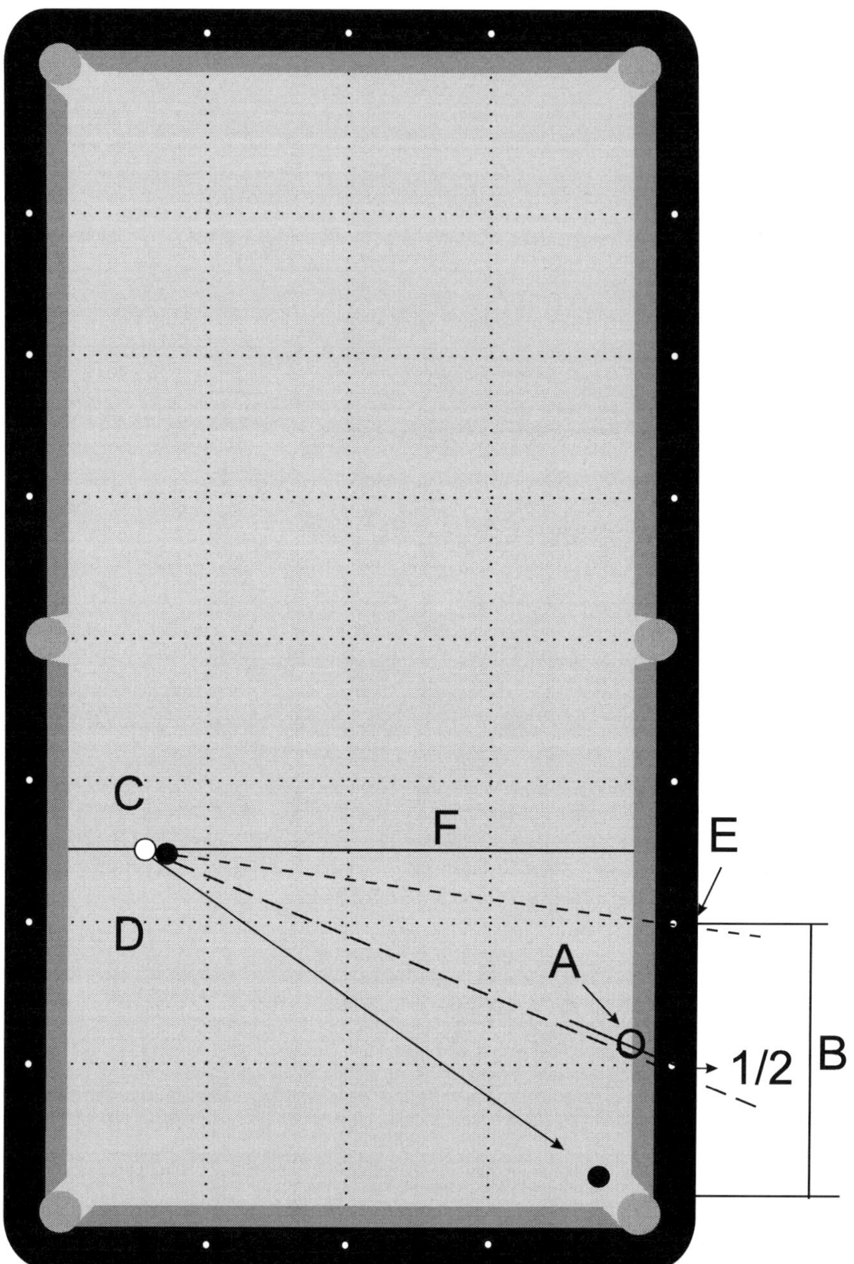

Abbildung 232: Bedingungen: - preßliegende Kugeln, - geschmeidiger,durchgehender Stoß, - Lagepunkt im positiven Winkelbereich.(A) Zielpunkt unter Berücksichtigung 1/2 kugelbreit Korrektur zurück, (B) Spielrichtungsseite zwei Diamanten, (C) negativer Winkelbereich, (D) positiver Winkelbereich, (E) Lagepunkt, (F) Trennlinie der Winkelbereiche
Der negative oder positive Winkelbereich definiert sich durch die Lage der Kombination: Zeigt die Kombination mehr von der Treffkugel weg, ist der Lagepunkt im negativen Bereich. Zeigt sie mehr in Richtung der Treffkugel, ist der Lagepunkt im positiven Bereich.

das Queue etwas an und spielt diesen Ball als gestochenen Ball. Auf jeden Fall spielt man diesen Ball so lange bis es gelingt, zeichnungsgemäß die im Eckloch befindliche Kugel zu versenken (siehe auch 4.17. Sondersession Rückläuferbogen im Bandenspiel).

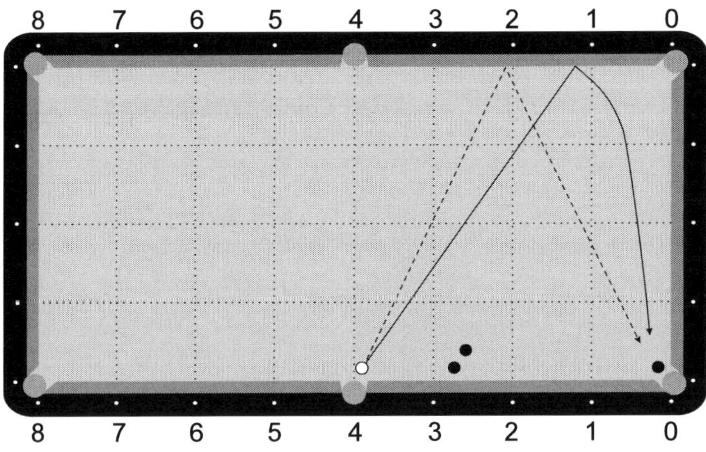

Abbildung 233

Infolge des immer flacher werdenden Ausfallwinkels ist die Chance hier viel größer, den Ball zu versenken, wenn er sich z.B. nicht vor dem Eckloch, sondern etwas weiter davor an der kurzen Bande befindet.

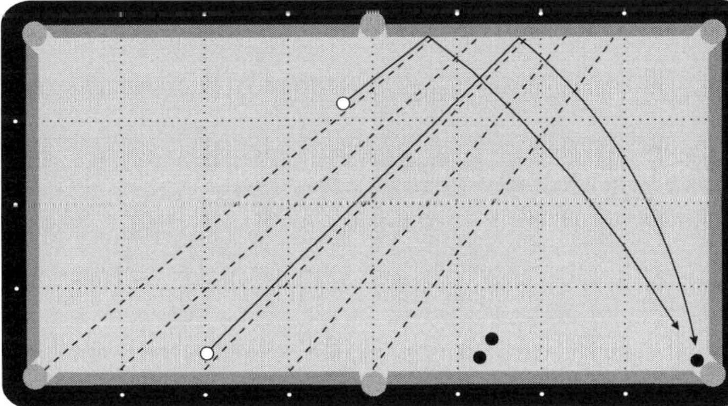
Abbildung 234

Wenn man den ersten Stoß gemeistert hat, fängt das System erst an. Vergrößert sich nun die Entfernung der Kugeln an der langen Bande zueinander, so versetzt man den Zielpunkt vom ersten Diamanten ausgehend um die Hälfte der zugenommenen Entfernung. D.h. wenn die Weiße wie in Abbildung 234 nun statt am Mittelloch zwei Diamanten weiter, also am sechsten Diamanten liegt, so zielen wir nicht mehr auf den ersten Diamanten der anderen langen Bande, sondern auf den zweiten. (Weiße am 7. Diamanten, Zielpunkt auf 2,5 Diamanten; Weiße vor Eckloch, Zielpunkt 3. Diamant; Weiße am 5. Diamanten, Zielpunkt 1,5. Diamant ...). Hat man sich mit dem Stoß und

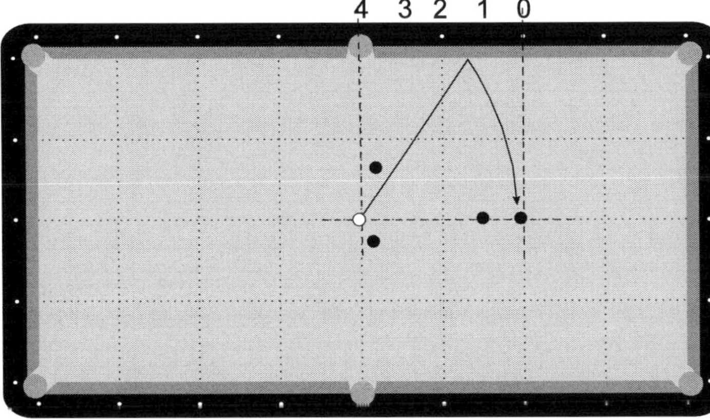

Abbildung 234a

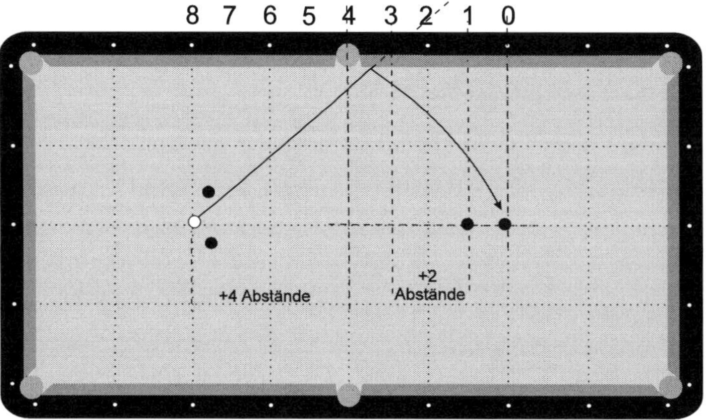

Abbildung 234b

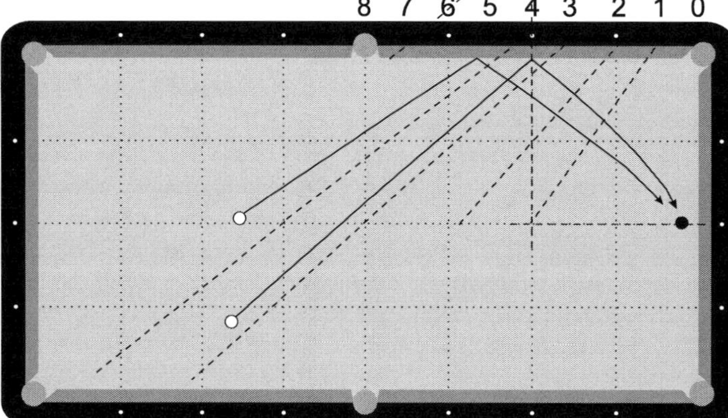

Abbildung 234c

System erst einmal vertraut gemacht, so kann man die beschriebenen Bälle sehr sicher versenken und auf ähnliche Situationen leicht übertragen.

Die Abbildungen 234a-c zeigen noch einige Beispiele wie dieses System auf fast beliebige Situationen übertragen werden kann. Ein wesentlicher Punkt ist bei Anwendung dieses Systems jedoch unbedingt zu beachten. Es gilt, je weiter man sich von dem Ausgangsquadrat entfernt, also je flacher der Winkel zur anzuspielenden Kugel wird, um so weniger extrem ist der Rücklaufeffet auszuführen. Es ist kein Problem mit der Zeit auch dafür ein gewisses Gefühl zu entwickeln. In Lagen wie in 234c fällt der Rücklaufefekt schon fast weg.

Abbildung 235: Dieser Stoß wird abbildungsgemäß mit linkem Effet im leichten Winkel gegen die Kopfbande gespielt. Die Kugel kommt, da sie rechten Effet hat, fast im gleichen Winkel wieder zurück und fällt in das bezeichnete Eckloch. Schon nach ein paar Versuchen erlangt man etwas Gefühl für diesen Ball.

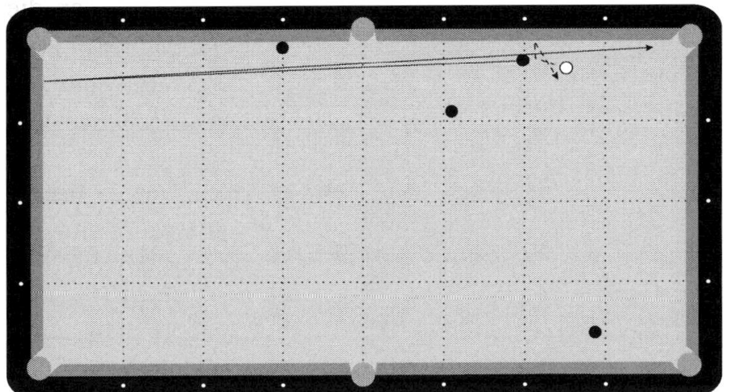

Abbildung 235

Abbildung 236: Gestochen, tief und mit etwas rechtem Effet kann dieser Ball in so mancher Situation recht nützlich sein.

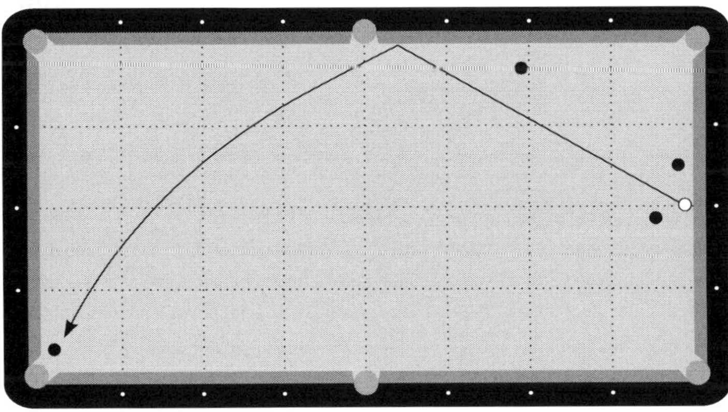

Abbildung 236

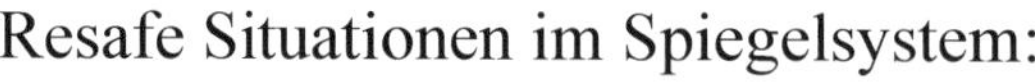

Resafe Situationen im Spiegelsystem:

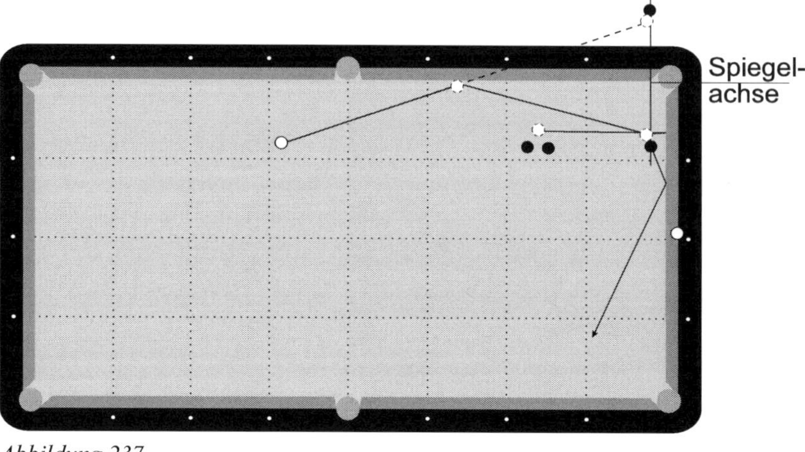

Abbildung 237

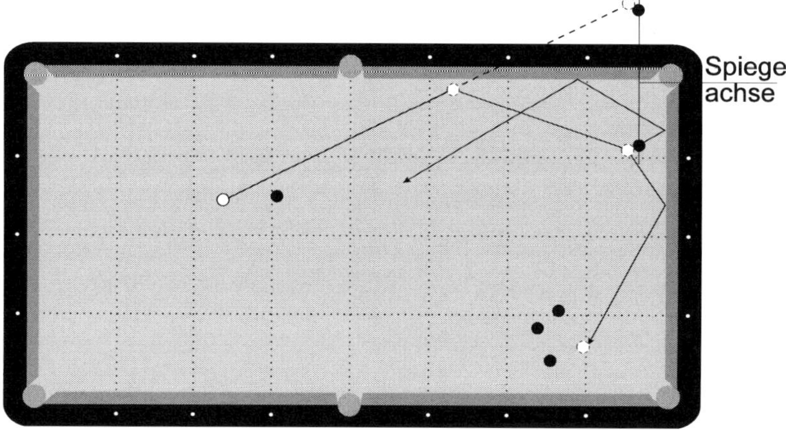

Abbildung 238

Eigentlich ist dies nichts Neues, dieses Spiegelsystem wurde im Kapitel der Bandensysteme bereits entsprechend erörtert. Hier folgen trotzdem noch einige Bemerkungen was die vorliegenden Resafes betrifft und die Vorstellungsweise bei Vorbändern im allgemeinen.

Wenn man mit Safes, wie den hier aufgeführten, konfrontiert wird, sollte man nicht nur darauf bedacht sein, diese irgendwie zu treffen. Mit etwas Übung sollte man durchaus in der Lage sein, vorherzusagen, ob man die zu treffende Kugel als Vorbänder mehr auf der rechten oder der linken Seite trifft. Dies hat dann schon den Vorteil, dass man auch den Kugelverlauf nach der Karambolage entsprechend vorhersagen und damit die Chancen auf einen Resafe entsprechend beeinflussen kann. Die abgebildeten Situationen zeigen zwei exemplarische Beispiele für solche Resafes.

Beachten sollte man hierbei aber auch die eingezeichneten Spiegelungen. Die Bandenkante dient hier, wie bereits im Kapitel der Bandensysteme erwähnt, als Spiegelachse. Man kann jetzt wieder gemäß dem "Ein-Vorbanden-System" mit dem Queue die Sache genau abmessen. Wichtig ist, sich die gespielte Kugel außerhalb des Spielfeldes bildhaft vorzustellen. Man visiert diese Kugel an und spielt, je nach Situation, leicht und effetfrei oder Drei-Banden-Speed mit einem lederbreit Laufeffet. Am Anfang mag es vielleicht noch nicht so gut gehen, aber mit der Zeit (und wenn es Jahre sind) kann man diese Bälle immer genauer visualisieren und letztendlich wird es entsprechend genau funktionieren. Grady Mathews z.B. führte diese Bälle jeweils beim ersten Versuch perfekt vor.

Rückläuferbogen, extrem:

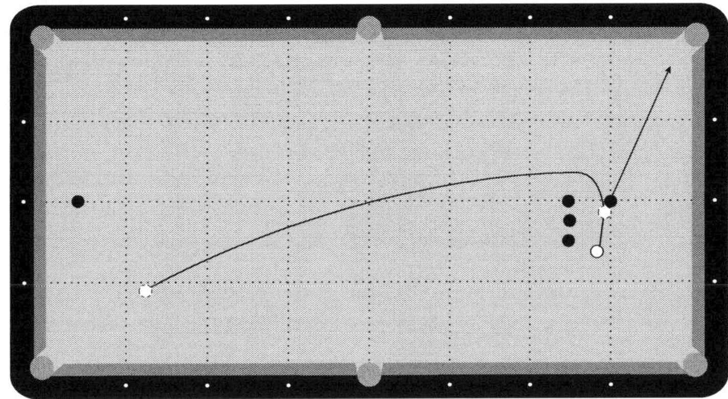

Abbildung 239

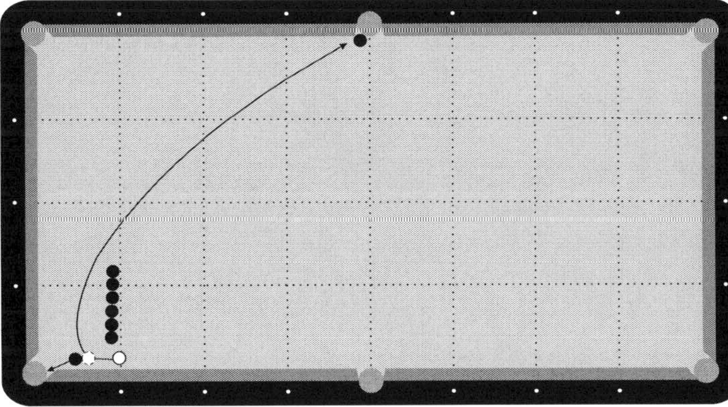

Abbildung 240

Man legt sich die Kugeln abbildungsgemäß hin und versucht, die eingezeichnete Wirkung an der Weißen hervorzurufen. Dies ist nicht ganz einfach.

Wenn man jedoch darauf achtet, den Stoß kurz und kräftig auszuführen, das Queue am hinteren Ende dabei leicht anhebt, könnte man mehr Erfolg haben. Man muss das Queue an der Weißen auch nicht besonders tief ansetzen, sondern nur knapp unterhalb der Mitte. Durch die erhöhte Queuehaltung kommt im weiteren Verlauf des Stoßes das Queue an die Weiße noch entsprechend tief heran. Im Karambolage kennt man diesen Stoß auch unter der Bezeichnung Nachläufer-Rückläufer, weil die Weiße zuerst der zu treffenden Kugel etwas hinterherspringt, bevor der Rücklaufeffet anfängt Wirkung zu zeigen. Dieser Stoß ist im übrigen vielseitig anwendbar.

Jumpies

Jumpies bezeichnen eine von mehreren Arten von Jump-Shots. Diese Bezeichnung ist von mir frei gewählt worden.

Wenn man die Situation von Abbildung 241 betrachtet, so sieht man, dass es nicht ganz einfach ist, auf konventionellem Weg hier die gewünschte Position zu erzielen.

Man führt das Queue hinten leicht erhöht, trifft die Weiße oberhalb der Mitte mit etwas linkem Effet, und die Weiße wird den gewünschten Verlauf nehmen, selbst wenn die im Weg liegende Kugel noch leicht mit der Weißen berührt wird.

Die weiteren Abbildungen zeigen Jumpies mit verschiedenen positionellen Anwendungen. Diese sind jeweils stichwortartig mit der Spielweise kommentiert.

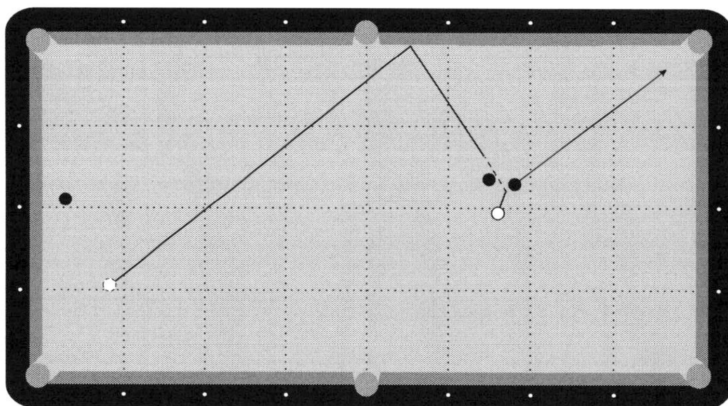

Abbildung241

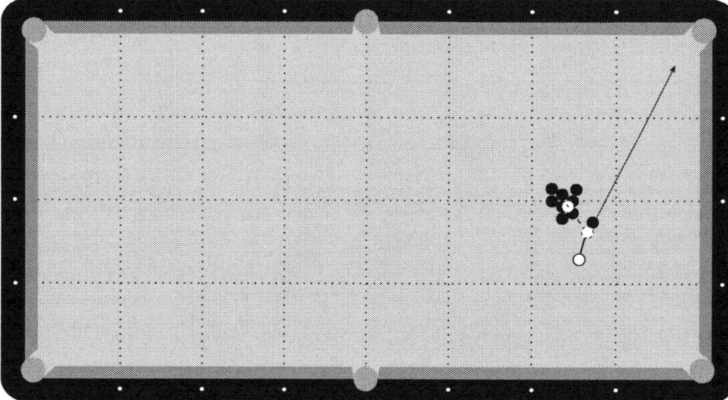

Abbildung 242: Durch den geringen Winkel kann man mit einem Jumpie auf den Pulk weitaus mehr Wirkung erzielen als ohne.

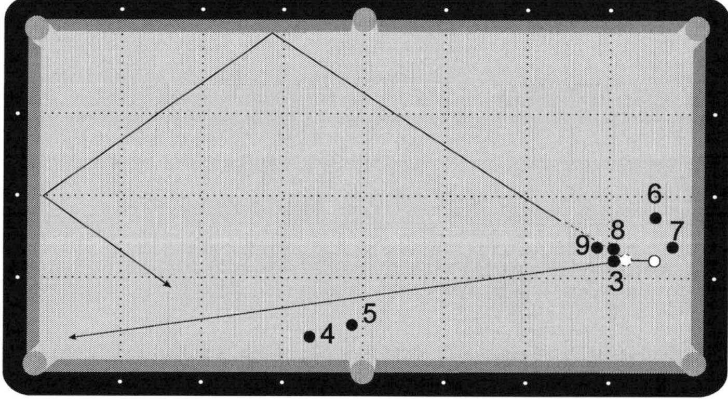

Abbildung 243: Abgesehen von der Safemöglichkeit, die sich hier anbietet, kann man mit einem Jumpie die Position zur Vier noch erreichen und somit die Partie noch ausstoßen. Die Weiße wird bei diesem Stoß eher tief angespielt (Queue wird hinten trotzdem erhöht geführt). Der exakte Verlauf ist auch tuchabhängig.

Nachläuferbogen, extrem:

Nachläuferbögen, wie hier eingezeichnet, sind möglich, jedoch in schriftlicher Form schwer zu vermitteln. Wenn man sich jedoch mit einem dieser Bälle beschäftigt und sich mit der erforderlichen Technik vertraut gemacht hat, wird er gar nicht mehr so schwer fallen. Bei den meisten Stößen dieser Art muss man das Queue übrigens nicht immer flach halten. Man kann bzw. sollte es, obwohl die Weiße natürlich oberhalb der Mitte angespielt wird, ruhig etwas erhöht führen. Wenn man das Queue zusätzlich etwas lockerer hält, erhöht man den Abpralleffekt der Weißen von der zu treffenden Kugel. Auch ist ein weites Durchführen des Queues bei diesen Bällen kein Muß. Ein kurzer Stoß ist bei diesen Bällen meist sogar erforderlich.

Wenn man sich mit diesen Bällen nach einiger Zeit vertraut gemacht hat, kann man die vielfältigsten Anwendungsmöglichkeiten auf dem Tisch vorfinden.

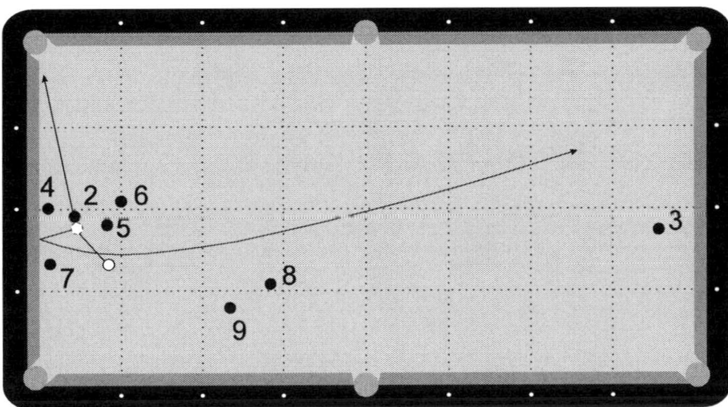

Abbildung 244

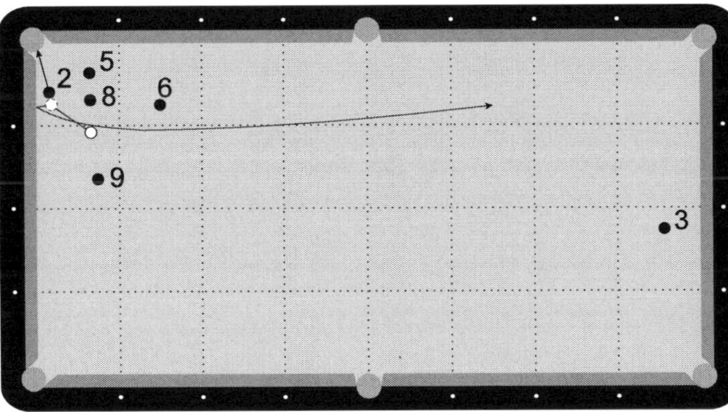

Abbildung 245

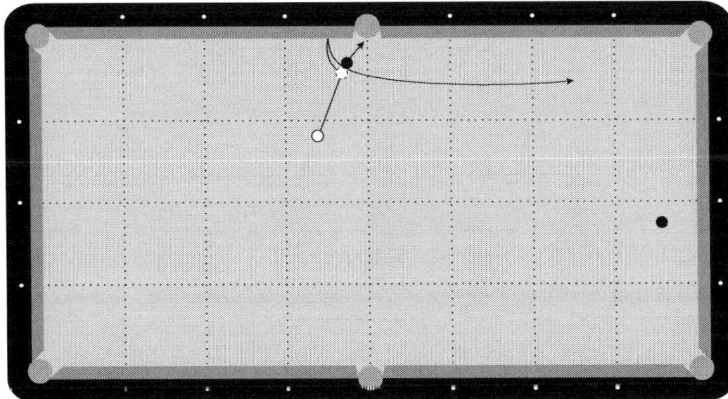

Abbildung 246

Gegeneffet, speziell:

Hier noch einige spezielle Situationen, bei denen sich allein durch einen gegenläufigen Effet, der dann erst an der zweiten Bande richtig zur Geltung kommt, doch sehr sichere und zugleich ungewöhnliche Positionen ermöglichen.

Die Abbildungen sprechen im weiteren für sich und bedürfen kaum eines weiteren Kommentars.

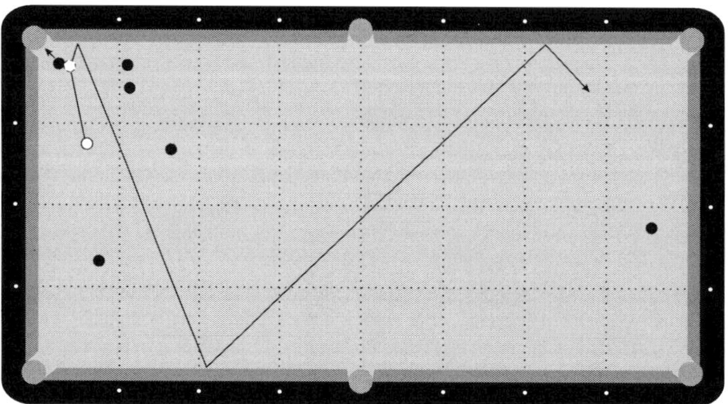

Abbildung 247: Dieser Stoß wird mit linkem Effet gespielt!

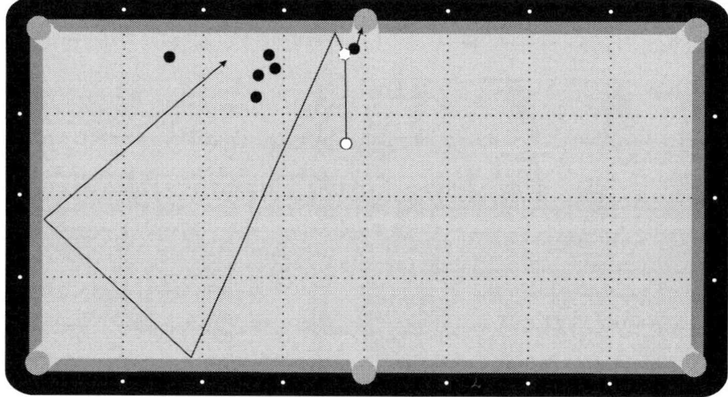

Abbildung 248: Dieser Stoß wird mit rechtem Effet gespielt!

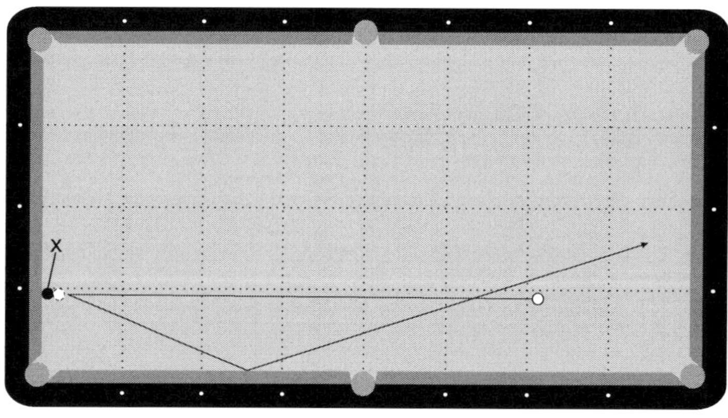

Abbildung 249: Hier eine Sicherheitsstoßanwendung des Double-Kiss-Shots von Grady Mathews. Wenn man die Neun aus dieser Lage nicht riskieren will, spielt man einfach gemäß dem Diagramm voll auf die Neun (lediglich wenige Millimeter auf der linken Seite der Neun). Wie man sieht, wird man einen excellenten Resafe erhalten. Grady Mathews führte diesen Stoß auf einem Lehrvideo vor und kommentierte ihn mit den Worten: "Dieser Stoß allein rechtfertigt den Preis für die Videocassette!". Somit ist auch der Preis für dieses Buch gerechtfertigt.

Schlussbemerkung:

Viele Wege führen bekanntlich nach Rom, so heißt es zumindest, und ähnlich verhält es sich auch im Pool-Billard. Kein Billardbuch kann den Anspruch erheben, alles vermittelt und jede Weisheit erklärt zu haben, doch mit dem Inhalt dieses Buches sind sie auf einem richtigen Weg. Es liegt nun an jedem Spieler selbst, diesen Weg auch zu gehen.

Man sollte jedenfalls nicht verzweifeln, wenn trotz genauesten Aufbaus und korrektem Stoß nicht das gewünschte Ziel erreicht wird. Man sollte statt dessen immer daran denken, dass jeder Tisch und jedes Tuch ein bisschen anders sind. Die vorgegebenen Übungen mit ihren Anforderungen strapazieren ebenfalls die Geduld mancher Spieler, außerdem ist noch kein Meister vom Himmel gefallen und vor dem Erfolg steht der Schweiß. Selbstdisziplin und Trainingseifer machen in Kombination aus einem Sportler einen Sieger.

Persönlichkeiten werden nicht durch schöne Reden geformt, sondern durch Arbeit und eigene Leistung

Albert Einstein

ACCOMPLISHMENTS

Ralph Eckert

→ ***Professionelles Training***
Große Nationale, Internationale und sogar Interkontinentale Erfahrung! 1998 von der EPBF zum Europatrainer h.c. ernannt! Seit 2002 Landestrainer von Baden-Württemberg und B-Lizenz Trainer der DBU! Seit 1998 auch Trainer des Nationalteams von Thailand (Asien Games 1998 & 2002, SEA Games 2001 & 2003). ....

→ ***Pool Billard Buch Autor***
1995 Veröffentlichung des ersten Buches „MODERNES POOL".
1999 Veröffentlichung des zweiten Buches „PROGRESSIVES POOL".
Zahlreiche Trainings-Kolumnen, Artikel und Beiträge in Billardzeitschriften. .....

→ ***Professionelle Artistic Pool Shows***
Erste Trickshow schon 1985! Seitdem weltweite Auftritte in Ländern wie; Marokko, Spanien, USA, Dänemark, Thailand, Griechenland, Österreich, Russland, Ukraine, Polen, Niederlande, etc.
Für große Firmen wie BASF, Daimler-Chrysler und DESTAG auf Messeständen international aktiv gewesen.
Billardszenen in TV Produktionen und Werbespots gedoubelt und arrangiert.
2 Trickstoß-Einladungsturniere (Deutschland und Österreich) gespielt und 2 Siege!
2003 European Stroke shot Champion
2003 US Open Artistic Pool, Special Art & Novelty Shot Winner. .....

→ ***Weltklasse Pool Billard Sportler***
Seit
1982 aktiv und seit 1985 Bundesligaspieler. Auch Nationalspieler 1988, 1993, 1995, 1996.
1984 bis 1997 zahlreiche Turniersiege der Masters-, Grand Prix- und Super Cup- Serie.
1990 3.Platz beim World Team Cup in Las Vegas, USA.
...
1999 Euro Tour Antalya Open Winner!
2000 Europäischer Ranglistenerster im 9-Ball (Euro Tour)
2001 9. Platz bei World Professional 9-Ball Championship in Cardiff.
2002 Deutscher Meister mit Team Fulda!

Geburtsort: Mannheim
Geburtstag: 28.03.1965
Homepage: http://www.ralpheckert.com/
Queue: Ein www.arthur-cue.de Einzelstück (Modell „Prince of Cnossos") im Wert von ca. € 12.000,-!

Für

⇨ **Artistic Pool Shows**

⇨ **Training**

⇨ **Schaukämpfe**

steht Ihnen Ralph Eckert gerne zur Verfügung.

http://www.ralpheckert.com/

Der Litho-Verlag e.K., gegründet 1991, befasst sich seit einigen Jahren speziell mit dem Thema Billard. So entstanden eine ganze Reihe von Fachbüchern zu den Themen Poolbillard und Dreiband von verschiedenen Autoren.

Ursprünglich firmierte der Verlag unter der Bezeichnung K&L Verlag - Thomas Lindemann und wurde im Dezember 2003 in Litho-Verlag e.K. umbenannt.

www.litho-verlag.de

David Alfieri & Uwe Sander

Grundlagen des Pool Billard
Einstieg in den Pool Billard-Sport nach den Lehrmethoden der POOL SCHOOL GERMANY, Band 1

192 Seiten • 19,95 Euro
Format: 16,5x22,5 cm
5. Auflage 2018
ISBN 3-9804706-6-0

Der erste Band von David Alfieri und Uwe Sander, beide BCA Lizenztrainer, ist ein Grundlagenwerk. Einfach und anschaulich vermittelt das Buch die Grundlagen des Poolbillard. Hierbei orientiert es sich an den Lehrmethoden der Pool School USA. Die Pool School USA wird geleitet von Jerry Briesath, einem der bekanntesten Trainer in Nordamerika. Von ihm bezogen Alfieri und Sander ihr Wissen und formulierten dies in dem ersten von drei Bänden. Dafür erhielten beide ein Diplom des Billiard Congress of Amerika (BCA) und sind auch in Deutschland vom Deutschen Sportbund und der Deutschen Billard Union anerkannt worden. Der erste Band beinhaltet neben den Grundlagen und den ersten praktischen Übungen am Billardtisch viele praktische Materialtipps für Einsteiger. Damit kann sich jeder, auch der fortgeschrittene Spieler, wichtiges Grundwissen über das Sportmaterial aneignen, das nicht nur im Spielbetrieb, von entscheidendem Vorteil sein kann, sondern auch bei Neuanschaffungen hilfreiche Kaufentscheidungen geben kann.

David Alfieri & Uwe Sander

Positionsspiel im Poolbillard
Einstieg in den Pool Billard-Sport nach den Lehrmethoden der POOL SCHOOL GERMANY, Band 2

264 Seiten • 19,95 Euro
Format: 16,5x22,5 cm
5. Auflage 2018
ISBN 3-9804706-7-9

Sie wollten schon immer wissen wohin ihre Kugel rollen und warum sie das tun? Im zweiten Band der Pool School Germany finden sie die nötigen Erklärungen zur Verbesserung Ihres Billardspiels. Alles über Effet und Bandenspiel wird didaktisch hervorragend vermittelt, und erklärt dem Spieler in Anlehnung an die Trainingskurse dieser einzigartigen Billardschule, wie die Einwirkung von Kugeldrehungen den Weg der Bälle verändern. Ziel ist es das Versenken der nächsten Kugel zu ermöglichen. Das ist der Schlüssel zum erfolgreichen Billardspiel. Hierbei nehmen die Autoren David Alfieri und Uwe Sander, beide BCA Lizenztrainer, besondere Rücksicht auf die physikalischen Grundbedingungen. Nur durch das Begreifen wie eine Kugel aus der Bande kommt wird es dem Spieler möglich sein sich auf die unterschiedlichsten Materialien einzustellen und damit dem Gegner die entscheidende Nasenlänger voraus.

Dr. Gerhard Hüpper

Handbuch des Billardspiels
- Dreiband -

Band 1: 280 Seiten • 30,15 Euro
Format: 19x26,5 cm
ISBN 3-9804706-2-8
3. Auflage 2005

Band 2: 264 Seiten • 30,15 Euro
Format: 19x26,5 cm
ISBN 3-9804706-3-6
1. Auflage 2002

Dreiband ist die höchste Kunst im Karambo-lagebillard. Drei Kugeln nacheinander zu treffen und dabei drei Banden zu berühren, zählt zu den schwierigsten Billarddisziplinen überhaupt. Sport, Kunst und Physik treffen hier in eindrucksvoller Weise aufeinander und dieses Buch zeigt es in Worten und Abbildungen.

Das vorliegende zweibändige Werk stellt die umfassendste Veröffentlichung über Dreiband-Billard dar, die bisher erschienen ist. Es behandelt eingehend alle Bereiche des Spiels, illustriert durch insgesamt mehr als 1.700 Abbildungen.

In Band 1 werden die Grundlagen besprochen:
Wahl des richtigen Lösungsweges – Stoßvorbereitung – Stoßausführung und Stoßarten – Genaues Zielen – Richtiges Tempo – Physikalische Prinzipien. Der Hauptteil, nach Dessingruppen geordnet, erörtert die vielfältigen Lösungsmöglichkeiten im einzelnen.

Band 2 befasst sich mit speziellen Problemen:
Kontervermeidung – Längen und Kürzen – Mehrfachchancen – Sensible Stöße – Technische Fragen – Training – Tische und Queues. Es folgt eine ausführliche Darstel-

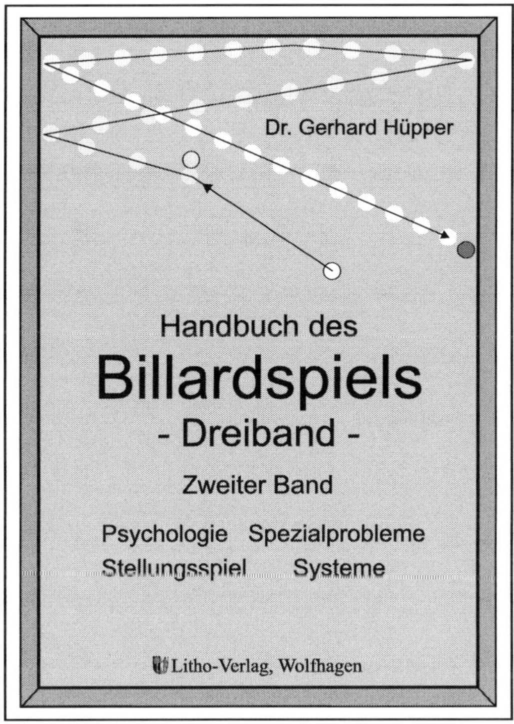

lung der Sportpsychologie unter billardspezifischen Aspekten. Sodann wird das Thema Angriff und Verteidigung (Spiel auf Fortsetzung und/oder Abwehr) abgehandelt. Der letzte, besonders umfangreiche Abschnitt ist den Möglichkeiten der Berechnung beim Dreiband, dem so genannten Systemspiel, gewidmet: Zahlreiche Dia-mantensysteme, Ballsystem, Ball-Bande-System.

Das Buch ist in Anbetracht der großen Informationsmenge und der teilweise tiefer gehenden Analysen nicht nur für Anfänger sondern insbesondere auch für Fortgeschrittene gedacht. Es eignet sich gut für Trainingszwecke und als Nachschlagewerk. Ratschläge werden, bei Berücksichtigung unterschiedlicher Spielstärken der Leser, differenziert gegeben. Im Vordergrund steht die Frage, wie man die jeweilige Aufgabe möglichst zuverlässig löst und auf welche Weise Positionsspiel und Systeme helfen können, seine Ergebnisse deutlich zu verbessern.

Ein besonderes Anliegen war es, dem Spieler zu vermitteln, wie und warum etwas auf dem Billardtisch geschieht. Man könnte sich zum Beispiel bei der Behandlung von Systemen darauf beschränken, Zahlen auswendig zu lernen, wird dann aber keine hervorragenden Ergebnisse erzielen, weil jede Änderung der Verhältnisse den Spieler ratlos lässt. Es sollte ein tieferes Verständnis geweckt werden, wobei die Vermittlung grundlegender Kenntnisse der Reaktionen von Bällen und Banden als Voraussetzung dient. Die Freude, welche man aus sportlicher oder künstlerischer Betätigung gewinnt, ist nicht allein abhängig vom Grad des instinktiven Könnens. Auch als Zuschauer wird man beim Erleben eines Top-Ereignisses um so größeren Genuss haben, je mehr man von der Sache versteht.

David Alfieri & Uwe Sander

Trainingsspiele mit der
POOL SCHOOL GERMANY
Poolbilalrd Trainingsspiele für Anfänger
& Fortgeschrittene
inkl. der aktuellen Poolbillard-Regeln
256 Seiten • 14,95 Euro
Format: 12x18 cm
1. Auflage 2003
ISBN 3-9804706-9-5

Poolbillard ist ein Spiel mit viel größerem Facettenreichtum als die meisten Spieler es wissen. Spiel, Spaß und Geselligkeit sind die Grundvoraussetzungen eines Spieles, eines Sportes. Hier setzt dieses Buch an und erfüllt zwei wesentliche Funktionen:

1. **Es ist eine Spielesammlung,**
   die dazu dienen soll Neulinge an den Sport heranzuführen und Trainingsmüdigkeit mit anderen, eben neuen und geselligen Spielen in Lustgewinn umzuwandeln. Das Spielen in größeren Gruppen oder auch mit einer ungeraden Anzahl von Spielern wird ermöglicht, so dass alle Beteiligten ihren Spaß haben.
2. **Es ist ein Regelnachschauwerk.**
   Ein Spiel ist eine Sache, aber wenn es hart auf hart kommt braucht man Gesetze und Paragrafen. Die gültige Fassung der in Deutschland eingesetzten Poolbillard-Regeln für 8-Ball, 9-Ball und 14/1e sind beigefügt und durch das praktische und handliche Format immer dabei.

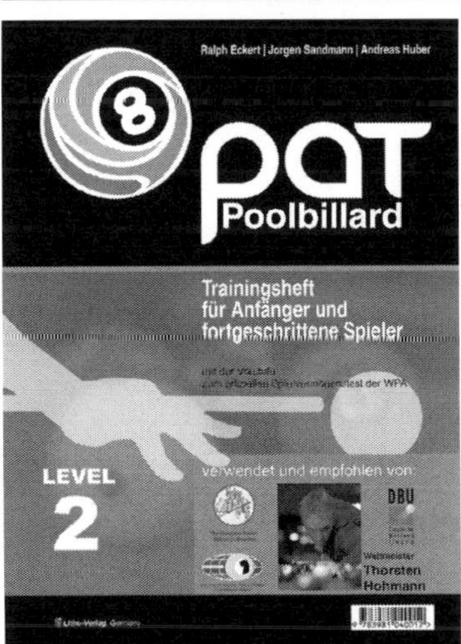

PAT – Trainieren mit System

Der Playing Ability Test, kurz PAT, ist ein Spielvermögenstest für den Billardsport, der es ermöglicht Training und Leistungskontrolle zu verbinden. Neben einer Vielzahl von Trainingsübungen kann der Übende durch regelmäßige Leistungskontrollen seinen PAT-Level abprüfen lassen. Nach erreichen bestimmter Punktzahlen erhält man, wie in den asiatischen Kampfsportarten, Leistungsabzeichen, die für einen entsprechenden spielerischen Level stehen. Um zum Training zu ermuntern kann man, auf freiwilliger Basis, seine Prüfungsergebnisse in eine Rangliste eintragen lassen. Damit ist ein weltweiter Vergleich möglich (siehe www.pat-billiard.com). Dies hat auch der Welt- (WPA) und der Europaverband (EPBF) erkannt und nutzt den PAT-Test als offizielles Kriterium um Nationen und Regionen vergleichbar machen zu können, oder aber einfach Talente schneller zu sichten und zu fördern. Der PAT-Test eignet sich auch für Verbände und Vereine, als hervorragendes Kriterium um das Entwicklungsniveau von Spielern im Einzelnen oder als Gruppe über die Zeit zu verfolgen und zu dokumentieren.
Die acht Stufen des PAT-Systems sind in drei Arbeitsbüchern erschienen.

PAT- Trainingsheft 1
ISBN 3-9810400-0-7 • 26,- Euro
PAT- Trainingsheft 2
ISBN 3-9810400-1-5 • 26,- Euro
PAT- Trainingsheft 3
ISBN 3-9810400-2-3 • 26,- Euro

Sportliches Pool Billard I

Technik und Training nach dem PAT System Teil 1

von Ralph Eckert

Das Begleitbuch zum Playing Ability Test I (Spielvermögenstest) veranschaulicht mit vielen zusätzlichen Tipps und Informationen den Einstieg in das Billard Trainingssystem.

1. Auflage 2006
ISBN: 3-9810400-8-2
176 Seiten, Format 12x17 cm
Preis: 14,95 Euro

Sportliches Pool Billard II

Technik und Training nach dem PAT System Teil 2

von Ralph Eckert

Bisher noch nie in einer Fachveröffentlichung geschildert zeigt der Autor völlig Neues wie Positionsfelddifferenzierungen, Übungen hierzu und Positionssysteme. Besonderen Wert legte der Autor auf den Übergang von trockenen, theoretischen Übungen zu praktischen Anwendungen im Spiel im Bereich der Treff-, Positions- oder Safe Situationen.

1. Auflage 2008
ISBN: 3-9810400-8-2
240 Seiten, Format 12x17 cm
Preis: 17,95 Euro